펜션 사업을 위한 최고의 조언,
내 인생을 바꾼 멘토의 이야기

# 펜션 사업을 위한 최고의 조언

## 내 인생을 바꾼 멘토의 이야기

김성택 지음

한국경제신문 i

1억 원을 투자해서 매년 1억 원 정도의 순수익을 얻을 수 있을까요? 네, 분명히 가능합니다. 실제로 최근엔 6,000만 원을 투자해서 1년에 4억 원을 번 펜션 사장도 있습니다. 물론 10억 원, 20억 원이상을 투자한다면 더 자유롭고 여유롭게 창업하고 더 큰 수익도얻을 수 있을 것입니다. 제가 말하는 1억 원의 투자는 펜션을 임차하기 위한 비용일 수도 있고, 오래된 1세대 펜션을 좀 더 멋지게 변신을 시킬 인테리어 공사비 1억 원일 수도 있습니다. 주식을 너무나도 잘하는 제 지인은 자신의 연봉보다도 더 큰돈을 매년 주식으로 벌고 있습니다. 그리고 또 다른 지인인 부동산 전문가 역시 매년 1억 원이 아닌 수억 원씩 순이익을 얻고 있습니다. 우리는 그들이돈을 버는 방법을 구체적으로 알지 못하기 때문에 그들이 자신만의 노하우로 그렇게 돈을 버는 것을 지켜보고만 있습니다. 하지만 이제 대단한 기술이 아니라도 꾸준히 수익을 만들어내는 방법을 익혀야 합니다. 세상에는 돈을 벌기 위한 여러 가지 방법이 있지만 저는 펜션을 선택했습니다.

이 책에서 저는 제 전문 분야인 '규모가 작은 펜션으로 돈을 버는 방법'을 소개하려고 합니다. 그것은 한 채로만 이루어진 풀빌라가 될 수도 있고, 다섯 개의 객실을 갖고 있는 펜션일 수도 있습니다. 그리고 열 개 객실의 중급 정도의 펜션이 될 수도 있습니다. 어찌 되었건 제가 말하고자 하는 작은 펜션이란, 평범한 삶을 살아온 사람들이 누구나 창업할 수 있는 정도의 펜션 규모를 말합니다. 부를 축적하기 위해서는 운도 따라야 하지만, 무엇보다 경제에 관해 상식과 정보가 풍부해야 합니다. 하지만 무엇보다 중요한 것은 투자를 위한 초기 자본입니다. 사업을 하든 부동산 투자를 하든 초기 자본, 즉 종잣돈이 있어야 하는데 회사를 다니는 평범한 사람들이 집 구입을 위한 저축 외에 다른 목적을 위한 종잣돈을 모으는 것은 쉽지 않습니다. 그래서 결국 빠듯하게 사느라고 그 종잣돈을 모으지 못한 채, 대부분의 사람들이 그냥 다니던 직장을 좋으나 싫으나 꾹 참고 다니고 있습니다. 하지만 많은 사람들이 다양한 이유로 회사를 뛰쳐나가고 싶어 합니다. 현재의 상황을 벗어나 더 행복하고 멋진 인생을 살기 위해 새로운 일을 찾고 싶어 합니다. 그래서 돈을 벌기 위한 창업 아이템이 어떤 것들이 있는지 인터넷에서 찾아보기도 하고, 퇴근 후 집으로 가던 길에 서점에 들려 돈 버는 방법을 소개한 책을 구입해 읽어보기도 합니다.

돈 벌기에 대한 책들을 훑어보면 식당 창업부터 주식, 경매, 공매 등 돈을 벌 수 있을 법한 아이디어들이 넘쳐납니다. 하지만 막상 몇

서점의 창업 코너

권의 책을 구입해서 읽다 보면 '과연 내가 할 수 있을까?' 하는 생각에 겁부터 납니다. 알면 알수록 더 어려워지는 기분이 들기도 합니다. 결국 몇 권의 책을 읽는다고 해서 그 분야의 전문가가 되는 것도 아니기에 그저 '그래. 좋은 공부했다!'라고 스스로 위안을 삼으며 여유로운 삶에 대한 꿈을 접습니다. 저도 과거에 그랬던 경험이 있습니다. 하지만 이제 평범하고 대단한 투자금이 없어도 행복해지는 방법을 찾았습니다. 그것은 펜션으로 돈을 버는 것입니다.

저는 사람들에게 컨설턴트(코치), 작가, 사업가로 알려졌습니다. 많은 사람이 저와 함께 사업을 하길 원하고, 제 책을 구독해서 저의 생각을 읽어보기도 합니다. 그리고 저와 만나 이야기를 나눠보고 싶어 합니다. 저도 그 점을 잘 알고 있습니다. 시간이 지날수록 저에게 좋은 답을 기대하는 독자들이 늘고 있는 것을 피부로 느끼고 있습니다. 돈 버는 방법이 되었든 인생의 길을 알려주든 확실한 해결책을 내놓는 코치가 제 기준에는 좋은 코치라고 생각합니다. 마음 같아서는 몇 번의 경매와 공매로 수천만 원의 차액을 내 이득을 보는 방법이나 컴퓨터 앞에 앉아 몇 번의 주식 투자로 수익을 올리는 방법을 남녀노소 누구나 다 할 수 있도록 가르쳐주고 싶습니다. 그렇게 할 수만 있다면 얼마나 멋진 인생 코치가 될 수 있겠습니까? 하지만 저는 그렇게 쉽게 돈 버는 방법을 가르쳐줄 능력은 안 됩니다. 하지만 저의 전문 분야에서만큼은 그 누구라도 마음만 먹으면 매년 순수익 7,000만 원에서 1억 원 가까이 벌 수 있는 방법을 가르쳐줄 수 있습니다. 저 스스로도 그렇게 수익을 만들었고, 저에게 코칭을 받았던 많은 사람이 그렇게 수익을 만들며 펜션을 운영 중입니다.

저는 지난 18년 동안 쌓아온 풍부한 경험을 통해 수백여 개의 펜션을 컨설팅해왔고, 수백 회의 강의를 했고, 펜션 사업에 관련된 책을 여러 권 집필했습니다. 그리고 지역, 크기, 컨셉이 각각 다른 여러 펜션을 매우 성공적으로 운영하며 다양한 실전 경험도 쌓았습니다. 이 정도 경험이면 뜬구름 잡는 이야기가 아닌, 현실적인 진짜 조언을 할 수 있는 틀은 갖추었다고 생각합니다. 그러니 진심으로 펜션 사업에 뜻이 있다면 제 이야기에 귀 기울이고 진지하게 받아들였으면 합니다.

이 책은 제가 직접 펜션을 운영하며 큰 수익을 만들었던 과정과 펜션 창업 컨설팅을 통해 성공적인 펜션으로 이끌며 얻은 지식을 고스란히 담은 책입니다. 그리고 제가 어떤 마음가짐으로 살아왔는지도 함께 서술했기 때문에 제 생각을 좀 더 깊이 이해할 수 있을 것이라 생각합니다.

펜션 사업을 시작하게 되면 투자금과 지역, 펜션 스타일 등에 따라 다양한 운영 방식을 취할 수 있습니다. 사업을 할 때는 여러 가지 결정을 해야 할 상황이 동반됩니다. 그럴 때마다 머리를 싸매고 고민을 거듭하는 분들을 참 많이 봤습니다. 그래서 저는 이 책을 통해 그 고민을 해결하기 위한 기준을 나름대로 소개해보고 싶었습니다. 이 책의 마지막 장을 덮을 때는 저의 조언이 펜션 사업을 위한 큰 맥을 짚는 데 도움이 될 것이라 생각합니다. 만약 상세한 영업 방식에 대한 정보를 원한다면, 제가 집필한 이전 책들을 함께 참고하면 도움이 될 것입니다.

저의 글이 독자들의 멋진 삶을 계획하는 데 도움이 되길 바랍니다.

김성택

# | 목차 |

**시작하며** - 4


## Part 1 | 인생계획에 대한 조언

펜션 사업 정말 할 만한가? - 17

펜션 사업을 잘하기 위한 명확한 목표 설정 방법 - 26

펜션으로 여유로운 삶을 살 수 있을까? - 31

벌써 명퇴를 하라고? - 37

삶을 풍요롭게 하는 합리적인 펜션 투자란? - 45

<성공 사례 : 삼척 W펜션> - 56


## Part 2 | 펜션 창업에 대한 조언

펜션 창업의 동기가 중요한 이유 - 65

오래된 펜션을 인수해도 영업이 가능할까? - 72

<성공 사례 : 안면도 베이스캠프펜션> - 81

펜션 사업계획에 가장 중요한 것 - 85

최고의 동업자를 만드는 법 - 91

펜션에서 살까? 펜션과 집을 분리할까? - 100

경치 좋은 곳이 영업이 잘될까? - 103

인기 있는 유명 펜션과 똑같이 만들면 장사가 잘될까? - 107

펜션 사업의 미래는 마이크로 트렌드! - 111

<성공 사례 : 대부도 소담하우스> - 117

펜션 건축 시 꼭 남향으로 해야 할까? - 124

펜션 사업계획 중에 숙박료 설정이 우선인 이유 - 129

펜션 창업 시기 결정이 중요한 이유 - 132

펜션을 짧게 운영해도 수익을 낼 수 있을까? - 137

풀빌라와 럭셔리 펜션 창업 시 꼭 만들어야 할 이미지 - 142

소비자의 마음을 읽는 법(소비자가 원하는 것을 판매하는 법) - 147

<성공 사례 : 양양 발리별> - 155

딱 한 채만 운영하는 독채펜션이 돈이 될까? - 167

<성공 사례 : 단양 덕담> - 174

풀빌라는 진짜 돈이 될까? - 180

키즈 풀빌라는 어떻게 만들어야 할까? - 189

복층 객실이 과연 매력적일까? - 195

객실에 따른 기준 인원과 최대 인원을 어떻게 정해야 할까? - 199

풀빌라를 운영하기 좋은 지역은 어디일까? - 202

펜션 건물을 얼마나 완벽하게 만들어야 할까? - 205

자신의 눈을 믿지 마라! - 211

펜션 인수인계를 어떻게 받아야 하나? - 217

규모가 작은 펜션이 살아남는 방법 - 222

주변 환경에 어울리는 컨셉이 영업률이 높다 - 231

펜션 창업 전 유명 숙소의 답사가 필요한 이유! - 240

객실에 자신 없다면 객실이 아닌 공간을 팔아라! - 250

숙박료 어떻게 정할까? - 255

## Part 3 | 펜션 운영에 대한 조언

젊은 펜션 사장들의 탄생 - 261

여름에 집중할 돈 버는 컨셉 - 266

<성공 사례 : 몽산포 몽푸하우스> - 270

세일즈를 위한 한 줄짜리 카피가 중요한 이유! - 275

소비자는 보이는 대로 믿는다 - 277

펜션 홈페이지 제작 업체 선정 방법 - 281

펜션 온라인 광고, 잘할 수 있을까? - 289

펜션 겨울 비수기 보릿고개를 넘다 - 295

당신을 더욱 단단하게 만들어줄 긍정의 힘 - 300

<성공 사례 : 초록수채화펜션> - 305

## 마치며 - 310

| PART 1 |

# 인생계획에
# 대한 조언

# 펜션 사업 정말 할 만한가?

　"펜션 사업 할 만한가요?"

　정말 많이 들었던 질문입니다. 최근에도 이 질문을 많이 받았고, 오늘도 펜션 사업 컨설팅을 하면서 받았던 질문입니다. 저는 이 질문의 목적을 충분히 이해하고 있습니다. 걱정과 두려움 때문에 던진 질문임을 알고 있기 때문에 항상 이에 대한 진지한 조언을 하고 있습니다. 하지만 이 질문에 대한 답은 결국 스스로 결정해야 합니다. 여러분은 펜션 사업에 대해서 잘 알아본 후에, 그다음에 고민을 해야 합니다. 이 책을 통해 제가 힌트를 조금 드릴 테니 깊게 고민해보길 바랍니다.

　펜션 사업은 방향성 결정에 따라 결과가 매우 크게 달라집니다. 주식 시장과 같이 상황이 좋으면 투자하고, 상황이 안 좋아지면 발을 빼는 것과는 많이 다릅니다. 이를테면 이제 막 대학을 졸업한 사회 초년생이나 평생 사람을 상대하지 않는 일을 해왔던 사람이라면, 펜션 사업을 할지 말지 진지하게 고민해봐야 할 것입니다. 하지만 반대로 숙박업에 대해서 잘 알고 경험을 많이 쌓은 사람이라면, 당연히 펜션 사업이 할 만하다고 답할 수도 있습니다.

현재 숙박업은 이미 포화상태라고 이야기합니다. 그래서 경쟁이 치열해진 숙박 사업을 비관적으로 바라보는 이들도 있습니다. 하지만 우리나라에 포화상태가 아닌 사업이 과연 몇 개나 될까요? 어떻게 사업을 하든 그리고 어떤 사업을 하든 10% 안에 들면 성공하는 것입니다. 즉, 10% 안에 들어갈 만큼의 기술과 경험을 쌓으면 됩니다.

그럼 과연 숙박업이 시작도 하지 말아야 할 만큼 힘든 사업일까요? 제 생각은 좀 다릅니다. 결국 펜션 사업을 할 만큼의 경험치를 쌓지 못한 사람들이 힘들다고 말하는 것입니다. 제가 직접 컨설팅 했던 펜션 사업자들 중에는 시골의 작은 임대펜션으로 순수익 2억 원 이상씩 버는 분들도 여럿 있습니다.

우리나라의 자영업자 비중이 굉장히 높은 것은 맞습니다. 자영업자의 수가 OECD 국가 중 네 번째로 높다고 합니다. 옆 나라 일본에 비해 두 배가 넘는 수치입니다. 경제 활동을 하는 인구의 10%는 자영업자라고 합니다. 우리나라 10대 자영업 업종을 보면 노래방, PC방, 숙박업, 요식업, 슈퍼마켓, 제과점, 이용업, 미용업, 세탁소, 목욕탕이 있습니다. 이 중 수가 가장 많은 업종은 단연 요식업입니다. 숙박업은 결코 가장 치열한 사업이 아닙니다. 그럼 이 10대 자영업의 평균 순수익은 어떨까요? '소상공인 진흥원'에서 소개한 내용을 근거로 보자면, 숙박업의 월평균 순수익은 378만 원입니다. 가장 경쟁이 치열한 요식업은 월평균 순수익 199만 원입니다. 노래방은 180만 원, PC방은 192만 원입니다. 숙박업에 이어 가장 많은 평균 순수익을 올리는 업종은 슈퍼마켓이고, 월평균 241만 원입니다. 이 평균치만 보더라도 숙박업은 결코 안 좋은 업종이 아닙니다. 오히려 10대 자영업 중 가장 높은 수익을 올리고 있습니다. 혹자는 '치킨집보다 펜션이 어렵다'라고 이야기하기도 하지만, 평균치를 보면 그렇지도 않습니다. 물론 이 수치만 보고 숙박업을 선택해도 안 됩니다. 주식 시장이 호황일 때도 손해를 보는 투자자는 항상 있기 나름입니다.

숙박업 수가 늘어나 경쟁이 치열해졌다고 해서 숙박업을 포기해야 할까요? 저는 숙박업밖에 모르고 숙박업이 가장 쉽기 때문에 앞으로 숙박업자의 수가 더 늘어난다고 해도 자신 있게 숙박업 창업을 선택할 것입니다. 실제로 저는 10여 년 전부터 펜션에 투자해서 수익을 내고 있습니다. 대형 펜션부터 소형 커플펜션까지 운영했고, 해외로 눈을 돌려 태국에서 게스트하우스도 운영했습니다. 현재는 두 개의 펜션을 운영 중이고 내년에는 새로운 펜션을 더 매수해 세 개의 펜션을 운영할 계획을 하고 있습니다.

제가 살고 있는 동네를 돌아보면 수많은 음식점이 있습니다. 하지만 그 많은 음식점이 모두 장사가 잘되는 건 아닙니다. 그중 일부만 맛집이라고 인정받으며 장사가 잘되고, 나머지는 그저 그렇게 운영되다가 업종을 변경하거나 폐업합니다.

보통 요식업은 3년 이내에 폐업하는 비율이 절반을 넘습니다. 그리고 5년 동안 사업을 유지하는 비율은 10%도 안 됩니다. 하지만 펜션의 경우, 5년 이상 사업을 유지할 확률이 무려 70% 이상이나 됩니다. 많은 돈을 벌 수 있는 펜션은 소수에 불과할 수도 있겠지만, 경매 등으로 넘어가서 최악의 상황을 맞이하는 펜션의 수가 그나마 많지 않다는 것입니다. 이유는 바로 여름 성수기 때문입니다. 여름철은 공급보다 수요가 급격히 늘어나는 시기입니다. 여름 한 달은 영업 능력이 조금 떨어져도 꽤 높은 매출을 만들 수 있습니다.

음식점에서 판매하는 음식이 맛이 없다면 그 음식점은 여름이고 겨울이고 손님이 하나도 없을 수도 있지만, 펜션은 시설이 별로 좋지 않아도 여름 성수기에는 객실을 채울 수가 있습니다. 하지만 음식점을 하지 말라고 하는 이야기보다 펜션을 하지 말라는 이야기가 더 많습니다. 펜션 창업을 생각하고 있다면 어설프게 펜션을 운영하다가 망한 사람들의 이야기를 듣지 말고, 펜션을 성공적으로 운영한 사람들의 이야기에 귀 기울이는 것이 좋습니다.

저는 창업을 독려하는 사람이 아닙니다. 기왕 창업하려면 잘할 수 있도록 조언해주는 게 제 역할입니다. 마치 주식처럼 국내 숙박 사업의 동향을 파악해서 투자할지 말지를 결정하게 해주는 역할이 아닙니다. 실제로 어설픈 펜션 사업계획을 가지고 저를 찾아왔다가 직설적이고 독한 조언에 펜션 사업을 접은 분들도 많습니다.

저에게 연락해서 펜션 사업을 해도 되냐고 묻는다면, 저는 이렇게 답하겠습니다.

"펜션은 누가 어떻게 운영하느냐에 따라 매출이 달라지니 펜션에 대해 공부할 마음이 없다면 지금 당장 창업에 대한 생각을 접고, 만약 공부할 마음이 있다면 펜션 사업계획을 잘 만들어보세요."

펜션 사업은 아름다운 공간을 멋지게 만들어놓으면 알아서 손님들이 찾아오는 그런 사업이 절대 아닙니다. 우리가 상대해야 할 소비자는 좋은 세상에 태어나서 좋은 상품들을 두루 경험한 매우 까다롭고 현명한 소비자들입니다.

그럼 먼저, 초보자가 아닌 펜션 사업을 잘 알고 있는 제 입장에서 바라보는 펜션 사업에 대해서 이야기해보겠습니다. 저는 지금까지 숙박 사업에 대한 컨설팅을 해오면서 여러 펜션과 게스트하우스를 운영해왔습니다. 펜션 사업 분야의 전문가로 인정받고 있음에도 굳이 펜션을 운영하는 이유는 솔직하게 말해서 결과물을 사람들에게 보여주기 위해서입니다. 펜션 사업 전문가, 강사라고 하며 말과 글로 백번 설명하기보다 직접 보여주는 것이 가장 효과적이기 때문입니다. 그리고 제가 펜션을 운영하는 또 다른 이유는 당연하게도 돈과 시간을 얻기 위해서입니다. 아마 대부분의 창업 예정자들은 돈과 시간, 건강을 얻기 위해 펜션 사업을 생각할 것입니다.

펜션을 운영하면서 연간 순수익 약 7,000만 원에서 1억 원을 벌 수 있다면 소규모의 한 가정은 충분히 먹고살 만합니다. 거기에 시간적 여유도 누릴 수 있습니다. 펜션에 손님들이 별로 없는 비수기 평일은 골프나 등산을 즐기고, 겨울에는 추위를 피해서 1년에 한두 달 정도 태국이나 필리핀의 따뜻한 휴양지에서 머물 수도 있습니다. 호화롭진 않지만 이런 삶은 누구나 바라는 여유로운 삶이 아닐까 생각합니다. 물론 더 큰 꿈을 갖고 있는 사람들에게는 소소한 꿈일 수도 있겠지만, 제 주변의 평범한 중년 가장들에게 물어보면 대부분 이런 삶을 살길 원하고 있습니다. 가진 것이 많지 않았던 저 역시도 그런 삶을 오래전부터 동경해왔고, 그 꿈을 현실로 구현하기 위해서 나름의 노력을 해왔습니다. 그리고 시간이 흘러 숙박 사업과 제가 원하는 라이프 스타일을 구체화했고, 실제로 이젠 그런 여유로운 삶을 살고 있습니다. 오해 없길 바랍니다. 제가 말하는 여유로운 삶이란 돈이 많아 여유로운 삶이 아닙니다. 적당히 쓸 수 있는 돈과 즐기기에 충분한 여유 있는 시간을 얻었다는 뜻으로 이해하는 것이 좋겠습니다.

저는 대단히 명석한 머리를 갖고 있는 사람이 아닙니다. 그렇다고 대단한 기술을 가지고 있는 것도 아닙니다. 게다가 부지런한 사람도 아닌 것 같습니다. 물론 20~30대에는 많은 경험을 쌓으며 부지런히 살아왔습니다. 누가 봐도 열심히 사는 청년으로 보였을 것입니다. 하지만 40대 후반을 향해 달려가는 지금은 피 말리는 경쟁도, 두뇌 싸움도 하기 싫습니다. 매일 아침에 지옥철을 타고 출근해서 늦은 시간에 퇴근하는 일을 하는 건 지금의 저에겐 무리라고 생각합니다. 하지만 다행히 지금의 저는 앞서 설명한 대로 돈과 여유로운 시간을 모두 잡았습니다. 물론 일이 몰릴 때는 정신없이 바쁠 때도 있지만, 가급적이면 제 라이프 스타일을 유지하기 위해 여유로운 업무 스케줄을 짜고 있습니다. 지방 출장이 없는 아침에는 충분히 숙면을 취하고 일어나, 집 앞 카페에서 커피를 한잔 마시고 글을 쓰며 아침 시간을 보냅니다. 또는 저와 상담을 하길 원하는 사람들과 함께 커피를 마시며 이야기를 나눌 때도 있습니다. 점심때가 지나 오후가 되면 글쓰기와 상담을 마치고 밖으로 나와 흥미로운 것들이나 정보가 될 만한 것들을 찾아다닙니다. 생각 없이 1~2시간 걸을 때도 있고, 쇼핑몰을 찾아가 쇼핑을 즐길 때도 있습니다. 그리고 한 달에 한 번은 제가 운영하는 강원도의 펜션으로 가서 일도 하고 지인들과 술도 한잔 마시면서 시간을 보냅니다.

지금 저의 여유로운 라이프 스타일을 부러워하는 친구들도 매우 많습니다. 하지만 이런 라이프 스타일은 마음만 먹으면 누구나 누릴 수 있습니다. 다만 많은 사람이 삶의 방향을 안정(安定)과 인정(認定)에 맞추었기 때문에 삶의 여유를 아직 찾지 못한 것입니다.

'치열하게 산다는 것이 무엇일까? 그럼 여유롭게 산다는 것이 무엇일까?'

이 질문의 답은 매우 상대적이라고 생각합니다. 분명한 건 현재를 살아가는 우리의 행복은 결코 돈과 뗄 수 없는 관계에 있다는 것

펜션을 운영하는 지인들과 만남

입니다. 물론 마음을 비우고 모든 물욕(物慾)을 없애며 사는 종교인처럼 생활하는 방식도 있지만, 저는 그런 삶을 따를 용기가 없습니다. 내 몸 하나만 건사하면 되는 사람이라면 모르겠지만 저는 아직 지켜야 할 것들이 너무나도 많습니다. 만약 당신이 내 뜻에 공감을 한다면 돈을 벌기 위한 노력을 멈추어서는 안 됩니다. 여유로운 삶을 위해서는 과한 물욕도 버려야겠지만, 원하는 대로 살 수 있을 만한 충분한 돈은 필요합니다. 그리고 기존의 틀을 과감히 바꿔야 합니다. 그리고 돈의 축적은 노동력과 시간에 비례한다는 고루한 생각을 벗어버려야 합니다. 생각의 틀을 바꾸면 여유로운 삶은 누구나 가능하기 때문입니다. 뜬금없는 소리가 아닙니다. 정말 누구나 가능합니다. 물론 모든 일이 그렇듯이 저 역시도 자리가 잡히기 전까지는 시행착오를 겪으며 고생도 많이 했습니다. 우여곡절이 있었지만, 이제는 그런 시행착오를 통해 여러 작은 숙박 사업의 표본들을 만들게 되었습니다. 그러니 여러분은 제가 겪은 시행착오를 겪지 말고 가장 빠른 길로 목표에 닿길 바랍니다.

# 펜션 사업을 잘하기 위한
# 명확한 목표 설정 방법

많은 분이 펜션 창업을 하기 전에 저에게 조언을 구합니다. 눈여겨보고 있는 땅과 펜션 매물들을 보여주면서 어떤 것이 펜션 사업을 하기에 적당한지 묻습니다. 그런데 많은 분이 살고 싶은 집과 사업하고 싶은 집의 구분을 제대로 하지 못하는 경우가 많습니다.

이해를 돕기 위해 단적인 예를 들자면 다음과 같습니다.

**A. 바닷가가 보이는 멋진 경치지만 별 볼 일 없는 객실을 갖고 있는 건물**

**B. 전망은 그저 그렇지만 멋지게 꾸미기에 적합한 건물**

이 두 펜션 중 펜션 사업을 하려는 이유가 오직 수익이라면 후자를 선택하는 것이 더 유리합니다. 하지만 내가 살아야 할 집이라면 전자를 선택할 확률이 높아집니다. 물론 좋은 경치는 펜션 예약률을 높이는 데 약간의 도움이 되기는 합니다. 하지만 펜션의 예약률은 경치보다 객실 수준에 따라 더 큰 영향을 받습니다.

이처럼 펜션 창업을 하기까지 많은 선택을 하게 되는데 펜션의 위치, 객실 수, 투자금, 운영 방식, 마케팅 방법 등은 창업의 목적에 따라 크게 달라집니다. 오직 수익을 목적으로 펜션 사업을 할 때와 돈보다는 전원생활에 초점을 두어 펜션 사업을 할 때는 판이하게 다른 선택을 해야 할 때가 많습니다. 신축으로 창업할 때도 마찬가지입니다. 예를 들어, 펜션 부지를 매입할 때조차도 목적에 따라 합리적인 선택의 기준이 달라지게 됩니다. 물론 투자금이 넘쳐난다면 어떻게 시작해도 큰 상관이 없습니다. 하지만 예산이 한정적이라면 한 번에 제대로 된 선택을 해야 합니다.

만약 오로지 수익을 위해서 펜션 창업을 한다면 건폐율이 높은 부지를 선택하는 것이 좋습니다. 이는 너무나도 당연한 이야기입니다. 하지만 수익보다 전원생활에 대한 로망 때문에 펜션 창업을 한다면 땅값이 비싸고 건폐율이 높은 토지를 구입하기보다는 넓은 땅을 매입해 용도를 변경하는 것이 좋습니다. 이처럼 부지 선정 외에도 목적에 따라 합리적인 선택이 달라지게 됩니다. 그렇기 때문에 수익이 목적인지, 전원생활이 목적인지, 또는 그 외 다른 목적인지를 명확히 결정한 후에 사업계획을 짜야 합니다. 절대로 수익이 나올 것 같지 않은 엉성한 펜션을 인수해놓고 '펜션은 좀 수준이 떨어져도 이제부터 열심히 하면 돈을 벌 수 있을 거야! 나는 할 수 있다!'라고 외쳐봐야 결과는 불 보듯 뻔하다는 것입니다. 만약 창업 목적이 돈을 벌기 위한 것에 더 가깝다면 돈을 벌 수 있을 법한 펜션을 고르는 안목을 키우는 것이 첫 번째가 되어야 합니다. 물론 베테랑 펜션 운영자들은 돈과 여유, 둘 다 잡을 수도 있겠지만 초보 사장이 둘 다 잡기는 정말 쉽지 않습니다. 만약 수익과 여유, 이 둘 사이에 간극이 생겨 '내가 생각했던 펜션 사업이 이게 아닌데…'라고 느끼는 순간! 거래도 잘되지 않는 덩치 큰 땅과 펜션 건물은 애물단지가 되어버립니다. 그래서 목적을 분명하게 해야 합니다.

그럼 제 이야기를 한번 해보겠습니다. 저는 그동안 여러 펜션을 직간접적으로 운영해봤고, 현재도 펜션을 운영 중입니다. 만약 제가 더 큰돈을 벌고 싶다면 현재 운영 중인 펜션이 아니라 객단가를 더 높일 수 있는 펜션으로 갈아타야만 합니다. 하지만 그게 쉽지는 않습니다. 사실 저는 오래전에 오직 돈을 벌기 위한 수단으로 매우 큰 펜션을 운영하며 꽤 큰 수익을 내봤었습니다. 하지만 지금은 과한 스트레스를 받기 싫고, 여유로운 시간을 보내고 싶은 마음이 더 큽니다. 그래서 현재의 펜션을 창업할 당시 계획한 목적에 부합하도록 만들었고, 현재 결과물에 매우 만족해하고 있습니다. 물론 수익 부분에서도 매우 만족할 만한 상태입니다. 그러니 지금의 제 펜션은 더 이상 바랄 게 없는 멋진 펜션이라고 생각합니다.

불필요하게 과한 창업 투자와 운영 투자를 하지 않고 계획적으로 창업하고 운영한다면, 큰 힘을 들이지 않고 충분히 여유로운 시간을 보내면서 돈을 벌 수도 있습니다. 제가 현재 펜션을 창업하고 경영하는 방식을 그대로 따라도 좋다고 생각합니다. 하지만 사람의 기대치는 상대적이니 다시 독자 여러분에게 질문을 하고 싶습니다.

"돈이 목적인가요? 여유로운 삶이 목적인가요?"

물론 이 두 가지는 뗄 수 없는 관계이며 둘 중 하나를 선택하기도 어렵지만, 돈이란 매우 상대적이기 때문에 제가 이 책에서 제시하는 내용들을 쭉 읽어보고 현재 자신이 처한 상황을 대입해서 생각해본다면 합리적인 결정을 하는 것이 그다지 어렵지 않을 것입니다.

학생을 둔 부모라면 아이들 학비에 용돈에 생활비에 이것저것 많은 비용이 들어가지만, 아이들이 모두 대학을 졸업하고 사회생활을 한다면 부부만 쓸 정도의 돈만 벌어도 충분히 여유롭게 살 수도 있습니다. 모두 당신의 선택이지만 그 기준을 잘 알고 있다면 어디에 얼마나 많은 시간과 돈을 투자해야 할지 감을 잡을 수 있을 것입니다.

펜션으로 돈을 벌 수도 있지만 제가 생각하기에 펜션으로 벌 수 있는 돈은 분명히 한계가 있다고 생각합니다. 그래서 저는 삶의 방향을 좀 더 여유로운 시간에 맞춘 사람들이 이 일을 시작해야 한다고 생각합니다. 물론 여유로운 시간에 맞춰 사업을 시작한다고 해도 초반에는 꽤 많은 노력을 해야 합니다. 그리고 여유로운 라이프 스타일을 만들고 싶다면 힘을 좀 빼라고 조언하고 싶습니다. 한국 사회의 전통적인 가장을 생각하면 떠오르는 아빠 어깨의 무거운 짐. 만약 그 짐을 다시 당신의 어깨에 짊어지기 위해 펜션 사업을 생각한다면 저는 이 사업을 다시 한번 생각해보라고 말하고 싶습니다.

저는 궁극적으로 펜션 사업의 가장 큰 목적은 행복이며, 내 인생과 자산 그리고 시간, 모든 것을 쏟아부은 펜션은 행복한 삶을 위한 도구가 되어야 한다고 생각합니다. 많은 것을 모두 잡으려는 큰 욕심에 자칫 실망하게 될 수도 있습니다. 그렇다면 얼마나 돈에 욕심을 내고 얼마나 시간적 여유를 부려야 할까요? 그 선택의 기준을 제 경험을 통해 하나씩 설명해보겠습니다.

# 펜션으로
# 여유로운 삶을 살 수 있을까?


'여유로운 삶을 살 수 있을까?'

이 질문은 저 역시도 오랫동안 스스로에게 했던 질문입니다. 제 생각에 여유로운 삶을 살기 위해서는 대단히 노력해야 하며, 그만큼 책임도 따른다고 생각합니다. 대부분의 사람들은 평범한 가정에서 태어나 대단하지 않은 경력을 갖고 평범한 회사에 들어가서 회사를 위해 열심히 일하다 중년에 접어들어 은퇴를 합니다. 은퇴를 한 후에는 오랜 시간 회사를 다니며 악착같이 모은 돈으로 작은 가게를 하나 창업해 운영하며 이른 아침 가게 문을 열고 늦은 시간 문을 닫습니다. 높아진 인건비를 아낀다고 집안일을 하던 아내까지 가게로 불러내 둘이 같이 고생을 합니다. 중년 이후가 되었지만 생활은 회사 다닐 때와 별반 다르지 않습니다. 작은 가게를 운영하며 사장님 소릴 듣게 되니 전보다는 사회적 위치가 높아진 듯 보이지만, 중년에 어렵게 차려놓은 가게 때문에 해외여행 한번 마음대로 떠나지 못하는 삶은 역시 여유로운 삶이 아닌 듯합니다. 그렇게 억 척같이 열심히 살다가 작은 아파트 하나를 사고 나면 경제 활동력 제로에 가까운 노년에 접어들게 됩니다. 노년까지 고생스럽긴 하지만 가게가 망하지 않고 결국 아파트까지 하나 샀다면 그나마 다행입니다. 새로 창업한 80% 이상의 가게들은 창업 후 2년 안에 망하기 때문입니다. 참으로 슬프지만 다수의 우리나라 사람들이 이런 삶의 길을 걸어왔습니다. 우리 자식 세대들의 삶은 안 그러길 바라지만, 현재도 대부분의 사람들이 그렇게 살아가고 있습니다. 십수 년간 열심히 경쟁해서 좋은 대학을 간다고 해도 좋은 직장은 보장받지 못합니다. 또다시 경쟁해서 좋은 직장에 들어간다고 해도 그다음을 또 걱정해야 합니다. 평생 직장이란 말은 우리 부모님 세대에서나 사용되던 말이기 때문입니다. 이런 삶은 제 주변에서도 쉽게 찾아 볼 수 있습니다. 좋은 회사라고 떠들썩하게 입사했다가 지금까지 한 직장에 남아 있는 친구들은 그리 많지 않습니다. 그나마 아직까지 좋은 직장에 남아 있는 친구들과 이야기해보면 온갖 스트레스를 견디며 가족들 때문에 마지못해 회사에 붙어 있는 거라고 쓸쓸하게 이야기합니다. 물론 오랫동안 지겨울 정도로 한 직장에만 있으니 슬럼프에 빠져 그런 소리를 할 수도 있지만, 결국 그런 스트레스조차도 내 마음대로 시간을 내서 풀 수 없는 것이 현실입니다.

이런 삶이 과연 행복한 삶일까요? 마치 종점으로 향하는 버스처럼 미래가 결정되어 있는 듯한 삶은 너무나도 재미없지 않을까요? 그럼에도 불구하고 대부분은 이 재미없는 삶을 선택합니다. 우리는 어릴 적부터 인생 선배들이 정해놓은 길을 따라가는 것만이 안정적이고 행복한 삶이라고 배워왔기 때문입니다. 일반적인 사회의 시선은 이 삶의 방향을 조금 벗어나기라도 하면 패배자니 낙오자니 하며 인정하지 않으려고 합니다. 그렇다면 마치 종점역이 정해진 버스 노선과도 같은 인생길을 따라간 사람들은 과연 낙오하지 않았을까요? 우리의 부모와 선배가 걸어온 길을 그대로 따라가면 안정적인 인생을 살 수 있다고 배워왔지만, 실상 우리의 삶은 그렇지 않습니다. 우리는 열 살이 되기 전부터 경쟁을 하며 커왔습니다. 예술가가 되거나 학자가 되는 이들도 있지만, 대부분은 결국 좋은 회사에 들어가기 위해서 조기 교육을 한 것이었습니다. 같은 틀 안에서 정규 교육을 받고 그 틀 안에서 등급을 나누고 대부분 상위 등급부터 좋은 회사에 들어갑니다. 이전에 선배들이 만들어놓은 길을 그대로 따라가고 있는 것입니다.

260여 년 전 영국에서 산업혁명이 일어나고 공장에서 대량 생산이 확산되던 시절, 공장에서 필요한 인력을 만들어내기 위해 만들어진 정규 교육과 지금의 교육이 과연 무엇이 다를까 생각해봤습니다. 별반 다르지 않은 것 같았습니다. 반항적 기질이 다분했던 어릴 적 저는 버스 노선과 같은 종점이 정해진 삶을 살고 싶지 않았습니다. 그런 생각은 청소년기를 거쳐 성인이 되어서도 마찬가지였고, 지금도 그런 생각은 변함이 없습니다. 지금도 저는 술자리에서 농담처럼 하는 이야기가 있습니다.

"죽기 전까지 놀고 싶다. 한순간도 내가 싫어하는 일에 인생을 낭비하고 싶지 않다!"

저는 제 인생을 충분히 즐기고 싶습니다. 그리고 인생을 즐기기 위해서 인생 선배들이 짜놓은 삶의 계획이 아닌, 저에게 최적화된 계획을 오랫동안 세웠고 시행착오도 많이 겪었습니다. 하지만 결국 그 계획들을 현실화했고 시간적 여유와 돈까지 잡게 되었습니다. 당신의 인생을 즐기고 싶다면 이젠 생각의 틀을 바꿔야 합니다. 설령 지금까지는 앞서 이야기한 것처럼 버스 노선과 같은 삶을 살아왔다고 해도 이제는 바뀌어야 합니다. 내가 벌어야 하는 돈의 크기를 계산하고 그 돈을 만들 수 있는 환경을 만들고 마지막으로 충분히 여유로운 시간을 가져도 돈의 크기가 줄지 않을 계획을 짜야 합니다. 펜션 사업을 하라는 이야기가 아닙니다. 어떤 일, 어떤 사업이 되었든 남의 기준에 맞춘 계획이 아닌, 오직 나에게 최적화된 삶의 계획을 짜라는 것입니다.

정말로 그게 가능할까요? 주변을 유심히 돌아보면 다양한 분야에서 여유를 찾은 사람들을 발견할 수 있습니다. 주식 투자만으로 여유로운 삶을 사는 사람, 부동산 투자로 여유로운 삶을 사는 사람, 특별한 기술로 여유로운 삶을 사는 사람 등 다양한 사람들이 여유로운 삶을 현실화했습니다. 이처럼 여러 방법이 있지만 저는 제 전문 분야인 펜션에서 여유를 찾는 방법을 찾았습니다.

저는 그동안 수많은 펜션을 컨설팅하며 여러 사례들을 지켜봤습니다. 연 1억 원의 순수익을 만드는 펜션부터 7~8억 원에 달하는 큰 수익을 만드는 펜션도 지켜봤습니다. 이 규모는 창업 비용부터 큰 차이가 납니다. 물론 큰 투자 비용으로 창업하는 것이 더 수월하긴 합니다. 하지만 저에게 펜션 창업 컨설팅을 받으려고 온 모든 사람들에게 높은 수익을 얻기 위해 20~30억 원 이상씩 투자를 하라고 말할 수는 없습니다. 투자금을 적게 준비한 사람도 있을 것이고 상상도 못 할 정도로 많은 투자금을 준비한 창업자들도 있을 것입니다. 그래서 저는 일반적인 기준이 필요했습니다. 실제로 여유로운 시간과 여유로운 생활을 할 수 있는 사업장을 만들 적당한 투자금과 여유로운 삶을 살기 위해 필요한 기본적인 수익에 대한 기준이 필요했습니다. 그리고 테스트가 필요했습니다. 그래서 그 기준을 만들기 위해 저를 찾아온 창업자들과도 많은 이야기를 나눴습니다. 여러 직종의 돈이 많은 사람, 돈이 없는 사람, 적당한 돈이 있는 사람들을 만났습니다. 여러 군의 사람들 중 돈이 많은 사람들을 보면 확실히 여유가 느껴졌습니다. '굳이 왜 펜션 사업을 하려고 할까?' 하는 생각이 들 정도였습니다.

아무튼 20~30억 원 이상을 들여서 펜션을 만들겠다고 하는 사람들을 보면 앞서 소개한 버스 노선 같은 삶을 산 사람들이 아니었습니다. 그 정도를 투자하겠다고 한 사람들 중에는 평범한 회사를 다니다가 은퇴한 경우는 거의 없었습니다. 이미 부동산을 이용해서 큰돈을 벌었거나, 개인 사업을 하거나 둘 중 하나였습니다. 이미 좋은 머니파이프를 만들어 일반적인 사람들보다 큰돈을 만지는 사람들이었습니다. 즉, 돈을 좇는 사람들이었습니다. 반면에 펜션 창업을 하는 데 1억 원 이하로 임차를 해서 시작하려는 사람들이나 5~6억 원 정도의 비용을 들여서 펜션을 시작하려는 분들은 대부분 아직 멋진 머니파이프를 만들어내지 못한 경우가 많았습니다. 이 두 그룹 중 저를 찾아와 조언을 구했던 사람들 대부분은 평범한 회사를 다니다가 은퇴를 했거나 은퇴 직전인 분들이었습니다. 많은 부동산을 갖고 있거나 이미 사업으로 매년 수억 원씩 버는 사람들에게 펜션 사업은 그저 이전부터 해보고 싶었던 로망에 가까운 일이었습니다. 사실 그들은 여유가 있으니 펜션 사업을 해도 좋고, 안 해도 그만인 여유가 있는 사람들입니다. 그래서 저는 이미 좋은 사업체와 부동산, 여유자금을 확보해놓은 사람들보다는 평범한 길을 걸었던 사람들을 기준으로 펜션 사업에 대한 이야기를 하고 싶었습니다. 그래서 그들에게 부합하는 펜션을 선택해 운영하게 되었고, 운영 방식 역시 그들이 충분히 운영할 수 있는 방식을 채택했습니다. 그리고 좋은 결과를 만들었습니다. 그러니 준비가 되지 않았다고 해도 걱정할 필요가 없습니다. 평생 직장을 다니다가 모아놓은 돈이 없다고 해도 충분히 펜션으로 잘 먹고 잘살 수 있습니다. 모든 문제는 당신에게 달려 있습니다. 내가 했다면 당신도 할 수 있습니다. 이제는 선배들이 만들어놓은 길이 아닌, 당신에게 최적화된 삶의 계획을 짜보길 바랍니다.

# 벌써
# 명퇴를 하라고?

얼마 전, 친구가 이야기를 하자며 오랜만에 저를 불러냈습니다. 그 친구는 남들이 부러워할 만한 좋은 회사에 다니고 있습니다. 한 직장에서 20년 이상 근무했기 때문에 회사에서 직위도 꽤 높습니다. 그 친구는 어릴 적부터 공부도 잘해서 좋은 대학에 좋은 직장까지 순탄하게 얻게 되었고, 안정적인 직장 덕분에 결혼도 일찍 해서 친구들 중 자식을 가장 빨리 키우기도 했습니다. 고민 하나 없을 거 같은 잘나가는 친구가 갑작스레 뭘 좀 물어볼 게 있다고 했습니다.

우린 조용한 술집을 찾아 안으로 들어갔고 구석에 앉아 조용히 이런저런 이야기를 나눴습니다. 가벼운 대화를 나누며 한 잔, 두 잔 술을 마시다가 친구가 저에게 물었습니다.

친구 : "넌 요즘 어떠냐?"
김 작가 : "진지하게 묻는 거야?"

오랜 친구와의 대화

**친구** : "그래. 진지하게….."

**김 작가** : "어떤 게 궁금한데?"

**친구** : "우리도 이제 중년이잖아. 수입이 앞으로도 안정적이었으면 좋겠는데 난 요즘 자꾸 불안한 생각이 들어서 말이야. 그래서 너는 어떤지 그걸 묻는 거야."

**김 작가** : "수입… 음. 나는 나름 안정적인 머니파이프를 여러 개 만들어놔서 그중 하나 망가진다고 해서 크게 불안하거나 할 건 없지. 물론 돈을 끌어오는 머니파이프가 하나였을 땐 그게 망가지면 잠이 안 올 정도로 불안하기도 했어. 하지만 시간이 지나고 나니까 이젠 나도 꽤 견고해진 거 같아. 너도 잘 알겠지만 난 이 업계에선(숙박업 관련) 꽤 알려져서 강의도 많이 하고, 펜션 컨설팅 때문에 지방에 다니느라 정신이 없잖아. 지방 다니는 김에 시

간이 될 땐 투자할 땅도 보러 다니고 있어. 그리고 여윳돈이 생기면 좋은 주식을 계속 사들이고 있어. 그리고 펜션까지 운영하고 있으니 안정적인 머니파이프는 더 늘어났지. 17년 전인가 18년 전인가… 처음 펜션을 시작할 때는 불필요하게 투자를 해서 수익도 제대로 못 만들었는데, 이젠 다양한 숙소를 여러 번 운영해보면서 경험을 쌓으니까 나름 견고해진 거 같아. 이젠 정말 어떻게 해야 할지 나름 체계가 잡혔어."

**친구:** "아, 맞다. 너 펜션도 운영했었지? 언제? 펜션은 돈이 좀 돼?"

**김 작가 :** "돈도 꽤 되지. 물론 내가 지금 갖고 있는 여러 머니파이프들에 비한다면 큰 수익을 만드는 건 아니지만, 솔직히 말해서 아이들을 다 키운 후에 부부 둘이 펜션에 살면서 운영한다면 치킨집 같은 요식업을 하는 것보다는 훨씬 낫다고 생각해. 물론 사람에 따라, 상황에 따라 다르겠지만 내 생각엔 괜찮다고 생각해."

**친구:** "인터넷에서 보면 펜션은 하지 말라는 이야기도 많던데, 안 좋은 거 아니야?"

**김 작가 :** "우리나라에 경쟁이 치열하지 않은 사업이 있냐? 다 똑같아. 펜션도 치열한 여러 사업 중 하나일 뿐이야. 하지만 치열한 경쟁 속에서도 열에 하나는 살아남잖아. 어떤 사업이든지 10% 안에 들어가면 된다고 생각해. 내가 볼 땐 치킨집이나 펜션

이나 똑같다고 생각해."

**친구 :** "그래? 그럼 내가 만약 은퇴한다고 가정하고 생각해보자. 치킨집이 좋을까? 펜션이 좋을까? 넌 이런 질문 많이 받아봤을 거 아니야?"

**김 작가 :** "그런 질문 많이 받아봤지. 그런데 이런 질문에 대한 답은 함부로 말해선 안 된다고 생각해. 먼저 전제는 이거야. 치킨집이고 펜션이고 둘 다 경쟁이 치열하다는 거야. 뭐 그렇게 따지면 학원, 술집, 카페, 카센터, 병원… 경쟁이 치열하지 않은 사업이 없지. 아무튼 사람마다 갖고 있는 꿈도 모두 다르고 각자가 잘하는 것도 달라. 5,000만 원이면 한 해 동안 행복하게 살 수 있다고 하는 사람도 있을 테고, 적어도 1억 원은 있어야 1년을 살 수 있다고 생각하는 사람도 있어. 그런 개인적인 기준을 제삼자가 정해줄 순 없지. 그렇기 때문에 한 무리의 사람들에게 하나의 편향된 길만 옳다고 말하는 건 우매하다고 생각해. 그 무리 안엔 다양한 사람들이 있을 거야. 무리 안엔 운동신경이 매우 뛰어난 사람도 있을 테고, 운동신경이 매우 부족한 사람도 있을 테고, 또 누구는 미적 감각이 뛰어날 테고, 반대로 미적 감각이 떨어지는 사람도 있을 수 있어. 그런데 마이크를 손에 든 전문가라는 사람이 청중들에게 이렇게 말을 한다면 어떨까? "자, 제 말좀 들어보세요! 운동해서 프로가 되지 못한다면 나머지 대부분은 고생할 가능성이 높습니다. 그러니 운동선수가 되기 위해 노

력하지 마세요!" 이렇게 마이크를 든 사람이 개인적인 생각을 말해버리면 이게 정답이라고 할 수 있을까? 그 무리들 속엔 분명히 뛰어난 운동감각을 갖고 있는 사람이 있을 수도 있는데? 그렇다고 미술을 배우면 미술 작가가 될 수도 있고, 작가가 안 된다고 해도 회사의 디자인 부서로 취직도 할 수 있으니 운동보다 미술을 배우는 게 미래를 위해 낫다고 말하는 것도 바른 답이 될 수 없을 거야. 펜션도 마찬가지야. 누군가에겐 쉬운 사업일 수도 있지만, 또 다른 누군가에겐 지옥같이 어려운 사업일 수도 있어. 너무 진지했나? 정말로 음식점이 펜션 사업보다 나을 수도 있어. 작은 음식점은 적은 자본으로 창업할 수도 있고, 하루에 15만 원씩 순수익만 만들어낸다면 월 450만 원은 벌 수 있어. 1년이면 5,000만 원 정도를 버는 거네. 뭐 나름 나쁘지는 않겠지만 내 생각은 좀 달라. 만약 펜션을 하나 창업하는 데 음식점을 차리는 비용 정도가 들어간다면 펜션 사업도 나쁘지 않을 거라고 생각해. 그리고 연 순수익 7,000만 원에서 1억 원 정도를 벌고, 거기에 더해서 겨울 서너 달은 일하지 않고 쉬거나 여행을 해도 된다면 음식점 차리는 것보다 훨씬 낫지 않을까? 작은 음식점을 운영하는 친구들을 좀 아는데 월 300~400만 원 벌려고 낮부터 밤 12시가 넘는 시간까지 열심히 음식 만들고 배달하면서 쉼 없이 일하더라고. 쉬는 시간도 별로 없어 보였어. 이렇게 보면 펜션이 더 낫지 않아? 모두 장단점이 있어. 결정은 본인이 해야 하는 거지. 그런데 왜 갑자기 그런 질문을 하는 거야? 혹시 너…?"

**친구** : "어. 명퇴는 어떨까 고민 중이거든. 벌써 우리 나이가 그렇게 되었더라고. 회사에서 희망퇴직자 공지가 떴어. 그런데 막상 회사를 나올 생각을 하니 뭘 해야 할지 모르겠더라고. 솔직히 자신도 없고 그래서 고민이 돼서 널 찾아오게 된 거야. 나 펜션이나 해볼까?"

**김 작가** : "벌써 퇴직하려고? 왜 회사 상황이 안 좋아졌대? 40대 후반이면 한창이라고 생각하는데… 아무튼 펜션도 생각해본다고? 펜션이 다른 일에 비해 비교적 창업이 쉽긴 하지. 하지만 성급하게 결정하지 마. 회사에서 직급이 뭐랬나? 부장이라고 했지? 부장이면 이제 병장쯤 단 거나 마찬가진데… 세상 밖으로 나와서 장사를 한다면 다시 이등병으로 내려와야 하잖아. 그나저나 펜션 사업을 하려면 돈이 있어야 할 텐데, 얼마를 쓸 수 있는데?"

**친구** : "주식 다 빼면 바로 사용 가능한 돈은 1억 원 정도. 만약 더 필요하면 아파트라도 정리해야지. 대출 갚고 아파트를 정리하면 4억 원은 좀 넘을 거야. 그럼 5~6억 원인데. 펜션을 매수하거나 집을 지을 때 대출받을 수 있을 거 아니야. 그럼 적어도 10억 원짜리 펜션 하나 가질 수 있는 거 아니야?"

**김 작가** : "펜션을 임차해서 한다면 1억 원이 아니라 몇천 만 원으로 시작할 수도 있고, 매수나 신축을 해서 펜션을 시작한다고

해도 너가 생각하는 투자금 정도로도 가능하긴 해. 하지만 그래도 네 상황을 잘 파악해보고 결정해. 부동산의 가치로 따진다면 펜션의 지가 상승률보다 아파트 집값 올라가는 속도가 더 빨라. 그건 너가 결정하는 게 좋겠는데?"

평소와 달리 친구가 너무나도 진지하게 고민을 털어놔서 나름 좋은 이야기를 해준다고 많은 시간을 함께했습니다. 하지만 그래도 돌아오는 답은 겁이 난다는 것이었습니다. 그날 저는 친구와 함께 꽤 씁쓸한 소주를 늦게까지 마시게 되었습니다.

이 친구와 저를 경주마와 사냥꾼으로 비교하려고 합니다. 제 친구는 어릴 적부터 괄목할 두각을 나타내 멋진 경주마가 되었습니다. 매일 회사에서 제공하는 좋은 영양제를 받아 먹어가며 멋진 경주 트랙을 달립니다. 먹이가 될 만한 작은 풀들을 찾아 이동할 필요도 없고 사냥감을 찾을 필요도 없습니다. 다른 일은 할 필요 없이 오로지 경주 하나만 잘해도 숙식이 제공되고 순위 안에 들어오면 추가 보상도 제공됩니다. 그럼 제 상황은 어떨까요? 남들이 인정해 줄 만한 길을 제대로 가지 않았기 때문에 멋진 경주마가 될 수 없었습니다. 안정적으로 숙식이 제공되지 않으니 스스로 살길을 찾아야 했습니다. 경주마들을 부러워하며 경기장 밖에서 작은 것들을 사냥했습니다. 처음엔 작은 곤충을 잡아먹다가 점점 사냥 기술이 늘어 토끼를 잡게 되고, 사냥 실력이 더 늘게 되니 사슴도 사냥할 능력이 생겼습니다. 이젠 자신감이 잔뜩 붙어서 언젠간 호랑이를 잡아보겠다는 계획도 세우게 되었습니다. 시간이 흘러 노련해지니 사냥의 고수가 된 것입니다. 반면 경주마 친구는 나이가 들면서 점점 발이 무뎌지기 시작했습니다. 충분히 트랙을 달릴 수 있음에도 단지 순위권 안에 들어올 확률이 떨어진다는 이유로 은퇴를 시키려고 합니다. 결국 이른 은퇴를 하게 되고 경기장 밖 야생으로 쫓겨나게 됩니다. 물론 감각이 좋은 늙은 경주마들은 은퇴를 하자마자 경기장 밖에서 사냥을 잘할 수도 있지만 그런 경우는 극소수일 뿐, 대부분은 거의 굶어 죽게 됩니다.

인생을 절반 정도 살아보니 이제 어떻게 살아가야 할지 방향이 조금씩 서게 됩니다. 진짜 세상은 경기장 밖이라는 것입니다. 경주마가 되든지, 초보 사냥꾼이 되든지 결국에는 둘 다 경기장 밖으로 나와야만 한다는 말입니다. 우리는 이제 트랙을 달리는 법이 아니라 경기장 밖으로 나오는 법을 익혀야 합니다.

# 삶을 풍요롭게 하는
# 합리적인 펜션 투자란?

　꿈같은 이야기가 아닙니다. 그리고 전 그것이 꿈같은 이야기가 아니라는 것을 사람들에게 보여주기 위해서 제가 직접 펜션을 운영했습니다. 요즘에는 시골 땅값도 많이 오르고, 건축을 위한 인건비나 자재비도 많이 올라서 적당한 펜션 하나 차리는 데 10억 원 또는 그 이상의 투자금이 들어가는 경우가 많습니다. 하지만 목표를 명확하게 세울 수 있다면, 투자금을 많이 낮출 수도 있습니다. 만약 목표 수익이 1년에 5,000만 원에서 1억 원 정도라면 수십억 원에 달하는 펜션을 만들 필요가 없습니다. 엄청나게 큰 사업계획을 세운 것이 아니라면 적당한 펜션만으로도 충분합니다. 작은 물고기 한 마리 잡겠다고 댐을 건설할 필요는 없습니다. 작은 낚싯대 하나면 충분합니다. 가장 중요한 것은 적당한 기준입니다. 투자금에 따른 수익 계산을 할 수 있어야 하는데, 그건 경험을 통해 알 수 있기 때문에 초보 사장들이 계산기를 두들겨서 알아내기는 쉽지 않습니다. 가장 좋은 방법은 자신이 운영하고자 하는 펜션과 비슷한 형태와 규모의 펜션을 찾아가서 펜션 사장에게 연 매출과 수익 등을 물어보는 것입니다. 하지만 수익에 관련된 민감한 부분을 일면식도 없던 사람에게 제대로 알려줄 리 만무합니다. 하지만 사업계획에 대한 기준을 만들 때 펜션 규모에 따른 수익이 가장 중요한 부분이기에 꼭 알아내야 합니다.

얼마 전 해외에서 오랜 기간 동안 거주하다가 한국으로 들어온 중년 부부를 상담한 일이 있었습니다. 그분들은 해외에서 거주하며 의류 매장을 크게 운영했었고 재산도 꽤 모았습니다. 그리고 노년을 준비하면서 해외보다는 본인들이 태어난 한국에서 가족들과 친구들과 함께 늙고 싶다고 말했습니다.

펜션 창업 상담 중인 중년 부부

지금까지 모아둔 재산도 있지만 그래도 노년을 더욱 풍요롭게 하기 위해서 사업을 생각하던 중 '펜션은 어떨까?' 하는 생각을 했다고 합니다. 그리고 약 3개월 동안 매물로 나온 펜션들을 여럿 확인했고 그중 마음에 드는 두 개의 펜션을 눈여겨보고 있었습니다. 하지만 그 둘 중에 어떤 펜션을 선택해야 할지 몰라 고심하던 차에 저에게 연락을 주었다고 했습니다.

그분은 둘 중 하나로 정해지면 당장이라도 계약할 마음이 있다고 말했습니다. 하지만 문제는 투자금이었습니다. 눈여겨보는 펜션의 매매가는 A펜션이 20억 원, B펜션이 30억 원이었습니다. 물론 투자금이 넉넉하다면 비싸고 좋은 펜션을 매수하면 됩니다. 하지만 그분들은 그 정도의 펜션이 필요한 상황이 아니었습니다. 연 순수익 7,000만 원에서 1억 원 정도라면 충분하다고 했습니다. 영업을 잘한다면 10억 원 이하의 펜션을 운영해도 그 정도 수익을 가져갈 수 있기 때문에 그 이상의 돈을 투자한다는 건 불필요한 투자라고 생각했습니다. 그리고 펜션 매매가는 땅의 위치에 따라 달라지기도 하지만, 보통 높은 매매가의 펜션은 부대시설도 다양하고 객실 수준이 높은 만큼 손이 많이 갑니다. 관리할 것들이 많아지는 만큼 일은 더 늘어납니다. 의뢰자분과 한참 이야기를 나눠보니 그분들은 1년 내내 큰 펜션을 운영하며 고생하고 싶은 마음이 없는 듯 보였습니다. 결국 A펜션, B펜션 모두 재고해보라고 전하고, 두 분에게 어울리는 작은 펜션을 찾아보라고 말했습니다.

목표가 명확하면 그에 어울리는 펜션 사업 설계 역시도 명확해집니다. 그래서 목표에 따른 투자에 대해서 이야기해보려고 합니다. 이해를 돕기 위해 제 이야기를 해보겠습니다.

제가 처음 펜션을 운영한 방식은 임차를 통해 시작했습니다. 물론 지금은 직접 투자를 해서 운영하는 펜션과 함께 두 개의 펜션을 운영하고 있지만, 오래전 처음 펜션을 시작할 때에는 임대 펜션이었습니다.

펜션 사업주 입장에서는 월세나 연세를 내는 것보다 펜션 건물주가 되어 임대료 없이 시작하는 것이 당연히 좋습니다. 그리고 펜션 사업으로 인한 수입과 더불어 지가 상승을 통한 부를 늘릴 수도 있습니다. 하지만 제 경우는 달랐습니다. 저는 글을 쓰고 강의를 하고 펜션 사업 관련 컨설팅을 업으로 하고 있습니다. 그런 입장에서 단지 오래된 펜션으로도 좋은 수익을 만들 수 있다는 걸 보여주기 위해서 굳이 큰돈을 들여 건물주가 될 필요는 없었습니다.

당시 펜션을 알아보던 중, 마침 펜션에서 손을 떼려고 고민 중인 분을 만나 잘 협의했고 임대 형태로 아주 오래된 1세대 펜션을 운영하게 된 것입니다. 매년 만만치 않은 임대료를 부담하더라도 수천만 원에서 1억 원에 가까운 순수익을 낼 수 있다는 확신이 서 있었습니다. 확신했던 이유는 많은 경험 때문입니다. 이미 저에게 컨설팅을 받은 수많은 분들이 오래된 1세대 펜션을 이용해서 그렇게 수익을 내고 있습니다. 홍천의 가O펜션이 그러했고, 양양의 발O펜션, 괴산의 삼O펜션, 경주 케빈OO펜션이 그러했습니다. 이외에도 이런 방식으로 높은 수익을 내는 펜션은 너무나도 많습니다.

당시 제가 펜션 사업을 하기 위해 필요한 돈은 1억 원이었습니다. 요즘 작은 고깃집 하나를 오픈하는 데도 1억 원 이상은 듭니다. 장사를 하기 위해 1억 원이란 돈은 큰돈이 아닐 수도 있습니다. 하지만 큰 펜션을 임차해 운영하는 데 1억 원은 좋은 수익을 만들기에 충분한 돈입니다. 저는 4,000만 원 정도 연세로 펜션을 임차한 후 나머지 6,000만 원은 펜션을 정상화하기 위한 수리 비용과 침구류나 바비큐 그릴 등의 용품 구입, 홈페이지 제작과 초기 광고비로 사용했습니다. 처음에는 그저 1세대 펜션을 이용한 가능성을 보여주기 위한 도구로 사용했던 펜션이었지만 꾸준한 수익이 잘 만들어졌습니다. 그래서 지금은 운영할 펜션을 더 늘리게 되었고, 펜션으로 인한 수익도 꽤 좋습니다. 지금은 두 개의 펜션을 운영하고 있지만, 점차 더 늘려갈 계획을 갖고 있습니다.

펜션 사업을 하기 위한 방법은 매수, 신축, 임대가 있습니다. 물론 펜션업주의 생각을 많이 반영할 수 있도록 신축으로 시작하는 것이 가장 좋겠지만 가장 많은 투자 비용이 들어가기도 합니다. 그런데 만약 적당한 수익을 올리기 위함이라면 매수도 괜찮습니다. 요즘에는 1세대 펜션의 수명이 거의 다해 운영을 제대로 하지 못하는 펜션들의 수가 급격히 늘었고, 그 펜션들이 매물로 많이 나와 있습니다. 그래서 적당한 펜션을 매수한 후 약간의 투자를 해서 다른 느낌의 펜션으로 변신시켜 운영하는 사업자들이 많이 늘었습니다. 지금 펜션은 세대교체 중입니다. 좋은 아이디어만 있다면 오래된 펜션을 낮은 비용으로 매수해서 멋진 펜션으로 만들어 운영할 좋은 기회가 될 수도 있습니다.

중요한 것은 인수한 1세대 펜션을 그대로 운영해서는 안 된다는 것입니다. 인수 후 이전 모습을 변화시켜야만 합니다. 펜션 사업자는 오래된 펜션을 색다른 모습으로 바꿀 안목을 키워야만 합니다. 펜션은 규모와 위치에 따라 매수가격과 임대료가 제각각입니다. 그래서 임대료나 매수 가격을 일반화할 수는 없지만, 오래된 1세대 펜션을 적당한 금액에 매수나 임차한다고 가정한다면 다음과 같이 생각해볼 수 있습니다.

적절한 수익을 올리기 위해서 적정 기준을 정해야 하는데, 그 기준은 객실 열 개 정도입니다. 숙박료가 높은 풀빌라 또는 독채펜션이 아니라면 1세대 펜션의 한 개 객실 숙박료는 매우 낮습니다. 그렇기 때문에 오래된 펜션을 인수하려면 객실이 적어도 열 개는 되는 것이 좋습니다. 그 정도라면 매수 가격은 적게는 5억 원대부터 10억 원이 넘어가는 펜션들도 있습니다. 만약 그런 펜션을 임차한다면 1년에 임차료가 3,000~4,000만 원 정도가 됩니다. 물론 객실이 열 개 정도라고 해도 펜션의 수준과 평균 매출에 따라 매수와 임차 가격은 달라지게 됩니다. 임차를 한다면 보통 연 평균 매출에 30% 정도 비용을 임차료로 정하는 것이 일반적입니다. 예를 들어

매출이 1억 원이었다면 임대료는 연 3,000만 원 정도가 적당합니다.

임대가 되었든 매수가 되었든 객실이 열 개 정도의 펜션을 운영한다면 나름의 괜찮은 수익을 올릴 수 있고 여유로운 시간을 즐기기에 충분합니다. 하지만 인수 후 그대로 펜션을 운영해서는 승산이 없습니다. 신축을 제외하고 연세 3,000~4,000만 원, 매수 가격 7~8억 원대의 펜션은 수준이 높지 않고 특색 없이 평범해 보이는 경우가 많습니다. 그래서 커플보다는 가족형펜션으로 운영되는 경우가 많은데, 가족형펜션은 비수기 예약률이 현저하게 떨어집니다. 하지만 우리나라 사람들의 일반적인 여름휴가 패턴만 잘 이해하고 영업한다면 여름 성수기는 무리 없이 객실을 채울 수 있습니다. 이 여름 성수기를 며칠 더 채우느냐에 따라 1년 농사의 결과가 결정됩니다.

예를 들어 여름 성수기 기간 1박에 20만 원짜리 객실 열 개를 보유한다면, 하루 200만 원의 수익이 발생됩니다. 영업이 잘되는 펜션은 성수기 기간 한 달 동안 만실을 채웁니다. 그 기간을 8월 한 달이라고 가정하면 6,000만 원입니다. 그리고 성수기 8월을 중심으로 앞에 3주, 뒤로 1주일 총 한 달을 보통 준성수기 기간으로 합니다. 보통 7월 1일 정도부터 준성수기라고 정하고 3주를 보냅니다. 그리고 7월 셋째 주 정도부터 8월 셋째 주 정도까지 3~4주 정도를 성수기 기간으로 정합니다. 그리고 8월 마지막 한 주 또는 9

월 첫째 주 정도까지 준성수기 기간으로 봅니다. 준성수기 기간에 1박 15만 원으로 가정하고 열 개 객실이면 하루를 다 채웠을 때 150만 원이 됩니다. 이런 방식으로 7월 준성수기 3주를 채우고 성수기 이후 1주를 채운다면 준성수기 4주 동안 4,500만 원이 됩니다. 이처럼 7~9월까지 3개월의 수익이 1억 500만 원이 됩니다. 이 기간이 펜션의 수익을 높이기 가장 좋은 기간이기 때문에 영업을 위한 광고를 이때 집중하고 운영에도 최선을 다해야 합니다. 그리고 나머지 9개월 중 4월, 5월, 6월, 10월, 11월, 12월 영업을 하고 주말에만 채운다고 가정해보면 다음과 같습니다. 비수기 평균 1박 13만 원짜리 객실이 열 개이므로 주말에만 다 채우면 130만 원이 됩니다. 4주면 합이 월 520만 원(비수기)의 수익이 됩니다. 이렇게 4월, 5월, 6월, 10월, 11월, 12월, 총 6개월 동안 같은 방식으로 번다면 3,120만 원입니다. 앞서 계산한 준성수기 3개월의 수익을 모두 합한다면 1억 3,620만 원이 됩니다. 물론 이것은 운영을 그럭저럭 잘 했을 때를 기준으로 했지만 그렇다고 터무니없이 희망사항만 적은 것은 아닙니다. 매우 보수적으로 계산을 한 것입니다. 이 수익 계산 안에는 추가 인원 비용과 바비큐 이용 비용도 제외했고, 비수기 금요일, 평일 수익도 제외했습니다. 그리고 연휴 등 특별한 날의 수익도 역시 제외한 후에 계산한 것입니다.

보통 펜션 운영비를 관리비와 인건비 등을 모두 합해 전체 매출의 약 30% 정도로 잡습니다. 그렇게 계산하면 앞서 설명한 1억

3,620만 원의 매출에 운영비 30%를 제하면 순수익은 약 1억 원 정도가 됩니다. 그런데 펜션 사업의 순수익은 다른 자영업자의 순수익과 조금 다릅니다. 일반 자영업자들은 가게에서 수익을 얻은 후 가정(집)을 유지하는 데 많은 비용을 쏟습니다. 집에 필요한 각종 세금을 포함한 관리비가 듭니다. 하지만 펜션은 사업장을 거주지로 사용하는 경우가 대부분이기 때문에 펜션에서 말하는 순수익이란 진짜 '남는 돈'이 되는 것입니다.

자녀들을 모두 출가를 시킨 부부에게 9,000만 원에서 1억 원의 순수익은 생활하는 데 불편함은 없을 정도라고 생각합니다.

'1세대 펜션으로 이런 수익을 만드는 것이 가능할까?' 하는 의구심이 들 수도 있겠지만 가능합니다. 물론 창업 초기에는 많은 노력을 해야 합니다.

그럼 나머지 겨울 3개월은 어떻게 해야 할까요? 앞서 수익 계산을 했던 기간 외에 1월, 2월, 3월은 수익 계산을 하지 않았습니다. 실내 즐길 거리를 잘 만들어놓은 펜션이라면 당연히 겨울 비수기 기간에도 좋은 수익을 만들 수 있습니다. 고급 풀빌라, 키즈펜션, 실내 즐길 거리가 있는 애견펜션 등은 겨울 비수기에도 좋은 매출을 만들게 됩니다. 하지만 일반적인 펜션이라면 겨울 비수기 기간은 운영을 해도 본전도 못 찾는 경우가 많습니다. 눈이 펄펄 내리는 한겨울, 오매불망 손님들을 기다리며 운영해도 극비수기에는 월 100~200만 원도 못 버는 경우가 허다합니다. 물론 없는 것보단 낫지만 결국 난방비와 각종 운영비를 포함하면 인건비도 못 건지는 경우가 생깁니다.

즉, 겨울 비수기 동안에는 펜션 운영을 해도 본전, 안 해도 본전입니다. 손에 쥐는 돈은 거의 없습니다. 다시 말하지만 실내 시설을 잘 갖추지 못한 평범한 펜션을 이야기하는 것입니다. 그래서 풀빌라와 같은 펜션을 준비하는 창업자라면 1년의 사업계획을 잘 짜야 합니다. 거기에 일반적인 가족형펜션을 생각하는 창업자라면 여름 성수기 사업계획도 잘 짜야 하고, 겨울 비수기 기간을 어떻게 알차게 보낼지도 함께 고민해봐야 합니다. 오지도 않는 손님들을 기다리며 펜션에 앉아 스트레스를 받고 있으면 안 됩니다.

그럼 겨울 비수기 1월, 2월, 3월, 이 3개월 동안은 무엇을 할까요? 이때 겨울 영업을 하지 않고 국내여행을 할 수도 있습니다. 제주도 같은 곳으로 가서 일주일이나 한 달 살기를 할 수도 있습니다. 또는 해외의 방콕, 푸껫, 발리 등을 여행하면서 해외에서 한 달 살기를 할 수도 있습니다. 어떤 형태로든 여유로운 시간을 보낼 수 있습니다.

이처럼 1년 중 수개월을 마음 편히 즐길 수 있는 삶에 대해 이야기하면, 대부분의 사람들은 자산이 엄청나게 많아야 가능한 삶이라고 생각합니다. 제 주변 사람들도 그랬고 제게 컨설팅을 받았던 사람들도 그렇게 생각했습니다. 하지만 여유로운 삶은 큰 자산이 없어도 충분히 가능합니다. 우리에게 필요한 건 적당한 수익과 여유로운 시간입니다.

1년 7,000만 원에서 1억 원 정도의 순수익을 만들고, 1년 중 3개월은 일을 하지 않으며 여유로운 시간을 보내는 삶의 방식. 누구나 그렇겠지만 이런 삶의 방식은 제가 젊은 시절부터 꿈꿔왔던 삶의 방식입니다. 그리고 저는 그런 삶의 방식을 실제로 구현하게 되었습니다.

더 여유롭고 안정적인 삶을 위해 펜션 사업을 선택하려 한다면 쉽지는 않지만 분명히 가능하다고 생각합니다. 단, 그저 멋진 펜션을 만들겠다는 생각보다는 미래 삶의 계획을 먼저 구상하고 그에 맞는 펜션을 찾아야 합니다.

## 성공 사례 | 삼척 W펜션

바닷가가 눈앞에 펼쳐진 멋진 공간에 잘 만들어진 펜션. 곧 오픈을 앞두고 앞으로 운영을 잘해나갈 수 있을지, 그리고 이대로 오픈을 해도 될지 많은 고민을 했던 펜션 사장은 펜션을 오픈하기 약 세 달 전, 저에게 연락을 해왔고 곧 컨설팅에 들어갔습니다.

재작년 가을, 제가 컨설팅을 한 삼척의 W펜션은 위치와 건축물 모두 컨디션이 꽤 좋은 편입니다. 객실 내의 스타일링이 조금은 미흡한 점이 있었지만, 전체적으로 크게 나쁘지는 않았습니다. 해볼 만한 펜션이라고 생각했지만, W펜션 사장은 처음 시작하는 펜션 사업에 꽤 자신감을 잃어가고 있었습니다. 특히 숙박업에 대한 광고와 홍보 부분을 어렵게 생각하고 있었습니다.

보통 제가 컨설팅을 할 때 광고와 홍보에 대한 부분도 체크하는데, 그 종류가 약 여덟 가지에서 아홉 가지 정도가 됩니다. 처음 숙박업 온라인 광고를 접한 분들이라면 광고를 잘하기 위한 세팅이 어렵게 느껴질 수도 있습니다. 하지만 순서대로 천천히 해본다면 그리 어렵지 않다는 것을 알게 됩니다. 처음 해보는 것에 대한 두려움은 누구나 있습니다. 저는 걱정스러워하는 의뢰자를 안심시키기 위해 숙박업 광고의 원리를 설명한 후 건물 외부와 객실 내부의 컨셉에 대해서도 컨설팅했습니다.

전반적으로 W펜션은 좋은 위치에 준수하게 구성된 펜션이었습니다. 그리고 객실료는 펜션 수준에 비해 약간 낮게 책정되어 있었습니다. 현재의 객실료는 다소 자신감이 없는 상태에서 설정한 객실료였습니다. 객실료를 높여 더 안정적인 매출을 만들어야 했습니다. 하지만 현재 상태에서 객실료를 더 올리기에는 몇 가지 걸리는 부분이 있었습니다. 먼저 해결해야 할 건 바로 독립 공간이었습니다. 펜션 내에는 다른 팀과 완전히 구분되는 공간, 즉 프라이빗한 공간이 객실 외에는 없었습니다. 객단가를 높이려면 투숙객들을 위한 프라이빗한 공간을 더 두어야 합니다. 그래서 외부에 바닷가를 바라보며 바비큐를 할 수 있는 공간을 찾아 독립된 공간을 만들기로 했습니다. 공용 수영장은 구분을 지을 수 있는 담장은 없지만, 각각의 벤치를 두어 투숙객들이 사용할 수 있는 영역을 만들기로 했습니다. 그리고 객실 내부에 부족한 부분들을 바꾸기로 했습니다. 펜션 사장은 좀 더 비싼 객실료를 받길 원했지만, 실상 객실 내부의 모습은 가족형 객실에 더 가까웠습니다. 펜션은 커플펜션의 모습으로 연출되어야 숙박료를 높이기가 수월해집니다. 객실 이미지를 크게 바꾸려면 공사 후 재오픈을 할 수도 있지만 W펜션은 이미 수개월에 걸쳐 공사를 한 후, 이제 막 오픈을 준비하고 있던 참이었습니다. 마감 공사까지 모두 마친 상태에서 다시 공사를 하기는 어려웠기 때문에 저는 큰 공사 없이 색감과 소품으로 분위기 바꿀 수 있는 방법에 대해서 알려드렸습니다. 보통은 일일이 스타일링까지 정리해 드리지는 않지만, 지금 이 펜션에서는 그것이 가장 필요해 보였습니다.

펜션의 객실은 큰 창이 바다를 향해 있어서 파도가 치는 모습까지 볼 수 있을 정도로 시원하고 경치가 정말 좋았습니다. 객실 전체는 대체로 화이트톤으로 되어 있어 푸른 바닷가와 어우러져 매우 밝고 시원해 보였습니다. 최근에 바닷가에 만들어지는 펜션들은 대부분 화이트톤을 많이 써서 객실을 만들고 있는 추세입니다. 하지만 화이트톤으로 객실을 잘못 꾸미면 차갑고 건조한 느낌을 줄 뿐 아니라 안정적인 객실의 분위기를 만들지 못하는 경우가 있습니다. 화이트톤을 어떻게 쓰는지에 대한 정답은 없습니다. 각각의 상황에 맞도록 꾸며야 하는데, 당시 W펜션은 큰 창 때문에 화이트톤이 매우 차갑게 느껴졌습니다. 이런 상황에 객실의 천장과 벽면이 모두 화이트톤이고 바닥까지 밝은색이라면 안정적인 느낌을 만들기 어렵습니다. 하얀색 도화지에 그림을 그릴 때 바닥이나 그림자를 그리지 않고 의자나 책상, 침대를 그려 넣는 것과 같은 분위기라고 생각하면 됩니다. 안정적인 느낌이 들지 않는 상태라면 바닥에 소파나 침대, 테이블이 마치 둥둥 떠다니는 것처럼 자리를 잡지 못한 이미지가 만들어집니다. 그래서 밝은 빛이 강한 상태의 화이트톤 객실이라면 바닥은 안정적인 짙은 색을 사용하는 것도 좋습니다. 만약 공사를 할 수 없는 경우라면 넓게 펼칠 수 있는 러그를 이용하는 것도 좋은 방법입니다. 물론 예외도 있습니다. 객실 전체가 화이트톤으로 마감되었지만, 한쪽 벽면 또는 천장 등에 시선을 잡아둘 수 있을 대비 색이 있고 객실 면적이 넓다면 바닥을 밝게 마감해도 굉장히 멋있을 것입니다.

큰 창을 통해 푸른 바다를 볼 수 있는 W펜션은 매우 차가운 느낌이 강합니다. 그럼에도 객실까지 화이트로 마감한다면 여름을 제외한 봄, 가을, 겨울에는 매우 차가운 객실 이미지로 남게 됩니다. 숙박업을 위한 객실은 가급적 포근한 분위기를 내는 것이 좋습니다. 물론 컨셉에 따라 예외가 있을 수도 있지만 차가운 사무실 같은 분위기보다는 대체로 따뜻하고 포근한 분위기의 객실이 인기가 높습니다. 그렇기 때문에 의도적으로 따뜻한 색을 많이 사용하는 것이 좋습니다.

객실을 화이트톤으로 마감하면 정말 객실 전체가 흰색으로 보일까요? 아닙니다. 창이나 조명을 통해 빛과 가깝게 닿는 면은 흰색으로 보일 수 있지만, 창문과 조명에서 멀리 떨어진 안쪽 벽면은 흰색이 아니라 회색톤의 차갑고 칙칙한 색으로 보입니다. 그래서 실제로 화이트톤의 객실을 보면 흰색이 아닌 옅은 베이지색이나 상아색을 많이 사용하기도 합니다. 객실 전체를 뒤덮은 올 화이트 객실 색과 베이지 톤이 맞지 않는다고 생각할 수도 있겠지만, 우리가 알고 있는 화이트도 실제로는 화이트가 아닐 수도 있습니다. 해가 중천에 떠 있는 시간을 제외하고 아침 시간에는 화이트 객실이 옅은 청색으로 차갑게 보이기도 하고, 오후 4시가 넘어가는 시간부터는 화이트톤 객실에 주황색이 섞여서 보이기도 합니다. 우리가 상상하는 화이트 객실 또는 사진 작가가 촬영한 화이트톤의 객실은 플래시를 터트려 그늘을 없애고 색을 보정해서 만든 화이트라는 것을 알아야 합니다. 빛과 멀어지는 면은 어두운 그레이톤으로 보인다는 것을 인지해야 합니다.

같은 화이트톤의 객실이라도 빛의 이용에 따라 분위기는 달라질 수 있습니다. 겨울 시베리아의 화이트톤 호텔 객실과 햇살을 잔뜩 머금은 하와이의 호텔 화이트톤 객실의 느낌은 참 많이 다릅니다. 화이트톤으로 객실을 만들려고 한다면 이 부분만 이해하고 있어도 어설프게 보이는 화이트 객실에서 따뜻하고 세련된 화이트톤의 객실을 만들 수 있으리라 생각됩니다.

이외에 펜션 전체를 어떻게 꾸며야 할지에 대해서 펜션 사장과 저는 많은 이야기를 나눴습니다. 그리고 전체적인 색감부터 소품들의 배치, 가구의 선택까지 모두 따뜻한 화이트톤에 어울리는 객실로 만들게 되었습니다. 결국 큰 공사 없이 객단가를 좀 더 높일 수 있는 펜션으로 변신하게 되었고, 지금은 강원도 삼척 내에서 상위 부킹률을 보이는 펜션으로 거듭나게 되었습니다. W펜션의 사장은 매우 따뜻한 사람으로 기억하고 있습니다. 상담을 나누며 가족을 생각하는 마음도 느낄 수 있었고, 참 좋은 분이었습니다. 자주 만나지는 못하지만 항상 잘되길 응원하고 있습니다.

| PART 2 |

# 펜션 창업에
# 대한 조언

# 펜션 창업의 동기가
# 중요한 이유

　얼마 전, 펜션 창업 컨설팅을 받으려고 저를 찾아온 부부와 많은 이야기를 나눴습니다. 저는 그분들께 펜션 사업을 시작하려는 이유를 물었고, 그들은 쑥스럽다는 듯이 머리를 몇 번 긁적이더니 다양한 이야기를 제게 했습니다. 특히 푸근해 보이는 남편의 이야기가 인상적이었는데 자신은 놀지도 못 하고 즐기는 것에도 관심이 없다고 말했습니다. 그저 지금까지 묵묵히 가족들을 위해 열심히 일만 했다고 합니다. 그리고 앞으로도 오로지 자신의 행복보다는 가족의 행복을 위해서 희생할 각오가 되어 있다고 말했습니다. 가정적이고 따뜻한 가장의 모습에 제 마음도 따뜻해지는 듯했습니다. 그리고 저 역시도 그와 같은 가장으로서 자기희생이라는 결연한 모습을 보며 공감을 하기도 했습니다.

　그런데 이처럼 자신보다 오직 가족을 위해서 희생할 각오로 살겠다는 분들이 생각보다 참 많습니다. 얼마 전, 상담을 했던 분만의 이야기가 아닙니다. 대부분의 가장이 그렇지 않을까 생각합니다. 하지만 냉정하게 말해서 그런 마음으로는 목표 지점에 다다르기 힘들 수도 있습니다. 지금까지의 경험에 비춰보면 나를 위한 일이 아닌 오직 희생정신만으로 큰 목표를 이룬 경우는 매우 드뭅니다. 물론 희생정신이라는 힘이 바탕이 되기 때문에 쉽게 무너지지도 않지만, 삶의 안정을 벗어나 큰일을 해내는 경우는 많지 않습니다. 역사적으로 성공한 사람들이 이루어낸 업적과 그들의 동기만 살펴봐도 알 수 있습니다. 물론 희생정신을 통한 성공 사례가 전무하다고 말하는 것은 아닙니다. 저는 지금 강한 동기에 대해서 이야기하고 있는 것입니다.

크든 작든 성공 또는 목표에 다다른 경우는 대부분 자신이 그 일에 미쳐서 이루어낸 경우가 많습니다. 그래서 저는 희생정신을 앞세워 사업의 동기를 말하는 분들에게 꼭 자신의 행복과 더 나아가서는 가족의 행복을 위해서 일하라고 말합니다. 지금껏 바른 삶을 잘 살아온 어른들에게 "자신을 위해 일하세요"라고 말하는 것이 주제넘는 말을 하는 것 같아서 상담 중에 짧게 조언하고 말지만, 사실 더 하고 싶은 말이 입에서 맴돕니다. 그래서 상담을 하면서 항상 제 입에서 맴돌았던 말들을 지금 이 책을 통해 해보려고 합니다.

동기 부여는 어떻게 해야 할까요?

저는 동기 부여 같은 건 열심히 준비하고 도전해야 하는 젊은이들에게 더 어울리는 말이라고 생각했습니다. 하지만 제가 중년이

강의나 상담 시 하지 못했던 말들

되어보니 그것도 아니었습니다. 동기 부여라는 말은 저 같은 중년
과 저보다 더 연세가 있는 이들에게도 똑같이 필요한 것이었습니
다. 사회 초년생이든, 제2의 인생을 출발하는 사람이든 삶의 목표
를 더 다양하고 풍요롭게 하기 위해서는 분명한 동기가 부여되어야
합니다.

　우리에게는 행복한 삶을 위한 목표가 필요합니다. 저는 어떤 일
을 행할 때, 그 동기가 무엇이냐에 따라 삶의 방향과 결과가 크게
달라진다고 생각합니다. 그리고 이 생각은 제 삶의 기준이 되었습
니다.

　인생을 풍요롭게 하기 위한 요소는 여러 가지가 있습니다. 그중
인생의 경험치는 무엇보다 중요합니다. 다양하고 깊은 경험치가 쌓

여 있다면 더 나은 인생을 영위할 수 있고, 삶의 경험치가 많다면 실패할 확률이 매우 낮아지게 됩니다. 그래서 그 좋은 경험치를 얻기 위해서는 확실한 동기, 명확한 목표가 있어야 하고, 그 목표에 다다르기 위해서 자신의 행복을 최우선으로 해야 한다는 것입니다. 바로 좋은 경험치를 얻기 위해서입니다. 나를 위해 행해지는 모든 경험치는 모두 좋은 경험치라고 할 수 있습니다. 누구나 다 아는 이야기를 하는 거 아니냐고 할 수도 있겠지만 주변을 돌아보면 꼭 그렇지만도 않은 것 같습니다.

생각보다 많은 사람이 본인의 인생계획을 명확히 세우지 못하고 그저 기대치만 높이는 경우가 너무나도 많았습니다. 이 역시도 경험이 없기 때문입니다. 인생계획 그리고 사업계획이 머릿속에 맴돌고 있지만, 이것을 시원하게 펼쳐놓지 못한 경우가 너무나도 많습니다. 그래서 저는 제 앞에 앉아 있는 사람들의 생각을 정리해 인생과 사업의 목적과 목표에 대한 조언을 합니다.

당신 인생의 경험치와 목표는 얼마나 큰가요?

사람은 태어나서 죽을 때까지 살아온 날 만큼의 경험치를 갖고 세상을 바라봅니다. 많은 것을 경험한 사람들의 눈에는 세상의 더 많은 것들이 보이기 나름입니다. 다섯 살짜리 아이한테 무엇을 가장 갖고 싶냐고 물어보면 인형이라고 답을 할 수도 있습니다. 그리고 무엇을 가장 하고 싶냐고 물으면 놀이터에 가고 싶다고 할 수도 있습니다. 그리고 열세 살짜리 아이한테 무엇을 가장 갖고 싶냐고 물어보면 게임기를 갖고 싶다고 할 수도 있습니다. 무엇을 가장 하고 싶냐고 물으면 자신이 좋아하는 가수의 공연을 가고 싶다고 할 수도 있습니다. 열아홉 살의 학생한테 무엇을 하고 싶냐고 물으면 과연 어떤 답을 하게 될까요? 좋은 대학을 졸업해 좋은 직장을 갖고 싶다고 할 수도 있고, 그런 것들을 다 건너뛰고 돈을 어마어마하게 벌고 싶다고 말할 수도 있습니다.

저도 어릴 때는 인생의 목표가 매우 단순했습니다. 그저 돈을 많이 벌고 싶다는 생각이 가득했고 큰돈만 있으면 행복한 삶을 영위할 수 있다고 믿었습니다. 물론 저도 어렸을 때는 살아온 세월만큼의 경험치만 갖고 목표를 세웠을 것입니다. 다양한 상황에 따른 행복과 불행에 대한 경험치가 없으니 그저 돈만 있으면 최고라는 생각을 했습니다. 많은 분이 동의할 거라 생각합니다.

돈은 삶에서 매우 중요한 부분을 차지하지만 행복한 삶을 위해 돈만 갖고는 어렵습니다. 돈도 중요하지만 무엇보다 건강이 가장 중요하고 내 가족, 내 친구, 내 동료와의 관계도 원만해야 합니다. 그리고 내가 살고 있는 장소도 중요하고 돈을 버는 방식도 중요합니다. 그리고 내가 나를 위해 쓰고 있는 시간도 풍요로워야 합니다.

만약 행복해지고 싶다면 이제 삶의 방향을 단순히 돈을 벌기 위한 방향 외에 삶을 풍요롭게 하기 위한 방향도 함께 설정해야 한다는 것입니다. 물론 이 이야기는 모든 사람에게 통용되는 이야기는 아닙니다. 지금 당장 만 원만 있으면 행복하겠다고 생각하는 사람들도 있겠지만, 이 내용은 그런 분들에게 전달하는 이야기가 아닙니다. 안정적인 삶을 살고 있고, 펜션이든 다른 사업이든 새로운 목표를 갖고 있는 분들에게 향하는 메시지입니다. 그럼 어떤 동기로 어떤 목표를 갖고 실행해야 비로소 행복한 삶을 위한 방향으로 나아가는 것일까요?

사람들의 성향이 모두 다르기 때문에 정답은 없습니다. 하지만 확실한 건 어떤 일이든 돈이 최종 목표가 되어서는 안 된다는 것입니다. 사실 돈은 형체가 없습니다. '해가 지지 않는 나라'라고 불리던 영국의 통화 파운드는 금을 정하는 기준이었습니다. 그 기준에 사물의 가치를 매긴 것입니다. 아무튼 돈은 형체가 없기에 목표를 돈을 기준으로 설정한다면 명확한 목표를 만들기 어렵습니다. 그리고 목표가 돈이 된다면 끝없이 욕심을 내고 집착을 하게 됩니다. 스스로 풍요롭다고 느끼지 못하고 항상 불만족스러워할 수 있습니다. 사물의 가치를 돈으로 정하기도 하지만 돈이 직접 내게 행복을 주는 것이 아닙니다. 돈으로 산 집, 돈으로 산 자동차, 돈으로 산 음식 때문에 행복한 것입니다.

그러니 내가 좋아하는 것을 명확히 해야 합니다. 돈이 아닌 여행, 집, 자동차, 음식 등 더욱 명확한 것에 목표를 두어야 합니다. 그리고 그것에 미쳐야 합니다. 다시 말하자면 자신이 좋아하는 것에 미쳐야 합니다. 그래야 확실한 동기가 됩니다.

그래서 저는 자신이 행복하기 위한 삶의 계획을 짜라고 조언합니다. 이미 펜션 사업에 뛰어든 분들은 어떤 마음으로 시작했는지 알 수는 없으나 기왕 새롭게 시작하는 분들이라면 좀 더 진지하게 생각해봤으면 합니다. 어설픈 목표의식으로 뛰어들었다가 쉽게 실망하기보다는 이 사업을 좋아하고 미쳐서 빠져들 수 있는 분들이 이 사업에 뛰어들어 좋은 결과를 만들어냈으면 좋겠습니다.

# 오래된 펜션을 인수해도
# 영업이 가능할까?

저의 펜션 사업 동기는 조금 달랐습니다. 솔직히 말해서 남들에게 보여주고 싶었습니다.

아마도 펜션 사업을 하거나 펜션 창업에 관심을 갖고 있는 많은 분이 저를 알고 있으리라 생각합니다. 저는 10여 년 동안 전국 지자체에서 진행하는 숙박업 관련 사회 사업과 큰 강의를 수없이 해왔고, 펜션 사업에 관한 컨설팅, 그리고 숙박업에 관한 여러 권의 책을 집필하면서 사람들에게 꽤 알려졌습니다. 숙박업에 대한 코치를 한 지 벌써 18년이 다 되어가니 이젠 매일 많은 사람이 상담을 받기 위해 문밖에서 저를 기다리고 있습니다. 이 업계에서 오직 펜션만을 바라보고 10여 년을 살아온 전문가입니다.

하지만 나름 펜션에 대해서 잘 알고 있다고 자부하는 저도 오래된 1세대 펜션을 살려내는 건 쉽지 않습니다. 그럼에도 저는 1세대 펜션을 운영해야만 했습니다. 첫 번째 이유는 직접 펜션을 운영하면서 여러 가지 테스트를 해보고 '실제 사례'를 보여주고 싶었습니다. 그래서 오래된 1세대 펜션을 이용한 저의 펜션 사업 동기는 조금 다릅니다. 가끔 제가 운영하는 펜션과 비슷한 분위기와 크기의 펜션을 저에게 보여주며 "이 정도면 괜찮은 매출을 만들 수 있겠죠?"라고 질문하는 분도 있습니다. 물론 좋은 매출을 만들 수도 있겠지만 결코 쉽지는 않을 것입니다. 그렇기 때문에 펜션 사업을 잘하기 위해서는 운영하려고 하는 펜션과 비슷한 형태의 펜션을 운영하는 선배나 전문가의 조언을 들어보는 것이 매우 중요합니다.

1세대 펜션 : 펜션 붐이 일어났던 1990년~2000년대 초반에 많이 만들어진
목조건축 형태의 오래된 펜션

가까운 지인 중에 강원도에서 펜션을 운영하는 분이 있습니다.

그분도 펜션에 대해서 꽤 많이 알고 있는 분입니다. 그분의 본래 직업은 건축사로, 펜션 사업 붐이 일어났던 2000년대 초반부터 2010년까지 많은 펜션을 직접 지으며 큰 수익을 올리기도 했습니다. 그리고 이후 2010년 즈음에는 그동안 잘 모아놓은 돈으로 본인이 꿈꿔오던 펜션을 만들어 운영했습니다. 이제 그분은 펜션을 운영한 지 벌써 10년이 다 되어갑니다. 얼마 전 그분은 저와 맥주를 한잔하면서 이런 말을 했습니다.

"그동안 정말 많은 펜션을 지었어요. 그런데 내가 직접 펜션을 운영해보니 실제로 펜션 사업자들이 필요한 공간과 동선이 있었어요. 만약 다시 펜션을 만든다면 내가 지금 펜션을 운영하며 쌓은 경험이 펜션 건축을 하는 데 큰 도움이 될 거 같아요. 예전엔 정말 펜션 사장의 입장을 전혀 모르고 지었던 거 같네요."

건축가 입장에서 바라보는 펜션과 펜션 운영자의 입장에서 바라보는 펜션은 관점이 다를 수 있습니다. 그렇기 때문에 직접 그 현장에 뛰어들어 봐야 합니다. 그렇게 오랫동안 전원주택과 펜션을 지어봤던 분도 펜션을 운영해보고 나서야 펜션을 알겠다고 합니다.

만약 펜션 사업을 해야겠다고 생각을 했다면 좋은 건축가나 인테리어 회사를 만나는 것도 중요하지만, 오랜 시간 펜션을 운영해본 선배들과 깊은 대화를 나눠보는 것이 우선되어야 한다고 생각합니다. 그런 이유로 저는 오래전부터 네이버 카페를 운영하고 있습니다. 직접 찾아갈 수 없다면 온라인에서라도 선배들의 이야기를 들어볼 수 있기 때문입니다. 1세대 펜션을 운영한 선배들은 어떻게 운영하는지, 어떤 애로사항이 있는지, 풀빌라를 운영하는 선배들은 어떻게 운영하는지, 스파펜션을 운영하는 선배들은 어떻게 운영하는지 알아야 합니다.

최근에는 어떤 업종을 막론하고 광고 대행이라는 이름으로 무분별하게 많은 광고 회사와 프리랜서들이 생겨났습니다. 그리고 진위를 알 수는 없지만 전문가라는 타이틀을 걸어놓고 펜션, 호텔, 게스트하우스, 병원, 식당, 카페, 인터넷 쇼핑몰 할 것 없이 광고 대행 영업을 하고 있습니다. 하지만 펜션 사업이 잘되기 위해서는 블로그 글이 운 좋게 상위에 몇 번 랭크되는 것만이 능사가 아닙니다. 전반적인 펜션 사업에 대한 이해와 기획이 필요합니다. 이른바 말로만 강사, 전문가라며 떠들 게 아니라 진짜 전문가여야만 대중의 지지를 받을 수 있습니다.

다수가 봐도 운영이 쉽지 않다고 하는 오래된 펜션을 잘되는 펜션으로 만들 수 있다면 많은 사람에게 지지를 받기에 충분할 것입니다. 그래서 앞서 제가 펜션을 운영하는 동기가 다르다고 이야기했던 것입니다. 말로만 전문가가 되어서는 안 되기 때문입니다. 결국 제가 오래된 펜션을 맡아 운영하며 보여주려고 한 이유는 바로 이 한 가지 이유 때문입니다. '1세대 펜션도 좋은 컨셉을 만들면 잘 운영할 수 있다'라는 메시지를 전달하기 위해서입니다. 분명히 누가 봐도 멋지다고 할 만한 좋은 풀빌라나 고급 스파펜션은 영업하기가 수월합니다. 그리고 당연히 막대한 자금이 투자되어야 합니다. 제가 컨설팅한 펜션 중 매우 높은 수준의 풀빌라를 운영하는 분들도 있는데, 그들은 과거 펜션 사업과 전혀 무관한 일을 하다가 업종을 변경했음에도 좋은 매출을 만들고 있습니다. 돈의 힘입니다. 저는 그런 경우를 빗대어 돈으로 주변 펜션들을 눌렀다고 표현하는데, 큰 투자금은 사업에 가장 필요하고 큰 부분을 차지합니다. 분명히 건축물의 수준은 펜션 영업을 하는 데 가장 중요한 요소입니다. 펜션 창업 예정자 대부분은 매물을 찾을 때 당연히 시설이 좋고 화려한 펜션을 선택할 것입니다.

하지만 모든 창업자가 넉넉한 투자금으로 멋진 펜션을 매수해서 운영하지는 않습니다. 저에게 연락해 조언을 구하는 분들의 절반은 펜션 창업 예정자이고, 나머지 절반은 펜션을 운영 중인 분들입니다. 절반을 차지하는 창업 예정자 대부분은 합리적인 비용으로 펜션을 창업하길 희망하고 있습니다. 그래서 매수를 생각하는 창업 예정자 중 다수는 1세대 펜션 매수를 염두에 두고 있습니다. 그리고 실제로 영업이 되지 않아 매물로 나온 펜션들 대부분은 1세대 펜션입니다. 상식적으로 생각해도 영업이 잘되고 최근에 만들어진 펜션이 매물로 나오는 경우는 거의 없습니다.

물론 1세대 펜션이 영업에 매우 불리한 위치에 있는 것은 맞습니다. 하지만 답이 없는 건 아닙니다. 실제로 제가 운영하는 펜션뿐만이 아니라 직접 컨설팅을 했던 많은 펜션이 오래된 펜션임에도 대박이 난 경우가 꽤 많습니다. 안면도 캠핑스토리, 태안 베이스캠프펜션, 정선의 도원펜션, 단양의 가고픈흙집, 단양 마실펜션, 양양 초록수채화펜션, 양양 발리별펜션, 강화 저어새펜션, 들꽃내음펜션, 마운틴벨리휴펜션 등 과거의 펜션까지 열거하자면 수없이 많습니다. 오래된 펜션일지라도 어떤 컨셉을 잡고 어떻게 운영하느냐에 따라 매출은 달라질 수 있습니다. 하지만 1세대 펜션이 잘되기 위해서는 투자가 뒷받침되어야 합니다. 시간과 노동력이 되었든 돈이 되었든 투자가 이루어져야 합니다.

지금의 펜션 사업은 이미 레드오션의 사업이라고 합니다. 물론 이미 많은 사람이 펜션 사업에 뛰어든 것은 맞습니다. 최근 몇 년만 봐도 수많은 펜션들이 새로 만들어졌습니다. 그리고 펜션 사업에 뛰어든 사람 중에는 막대한 투자를 해서 화려한 펜션 건축물을 만들어 승승장구하며 좋은 매출을 만들어가는 이들도 있습니다. 창업 직후부터 화려한 풀빌라나 시설이 다양한 키즈펜션 등은 하루 숙박료 40~50만 원을 받으며 운영되고 있고, 그런 펜션들은 앞으로도 수년간은 매우 좋은 매출을 만들어낼 것입니다.

그들은 그렇게 잘 운영되겠지만, 문제는 우리나라 펜션의 절반 이상을 차지하고 있는 1세대 펜션입니다. 1990년대 후반에서 2000년대 초반에 많이 만들어진 1세대 펜션들은 이미 수년 전부터 지금까지 내리막길을 걷고 있습니다. 전 재산을 다 걸고 시골로 들어갔던 이들의 가계 수익은 심각할 정도이며, 그나마 근근이 벌었던 이익 중 일부는 광고 수수료와 펜션 운영비를 빼면 빈털터리가 될 형편입니다. 몸이 젊고 건강하면 펜션의 모든 일을 직접 할 수 있지만, 노년이 된 펜션 사장들은 작은 일 하나를 해결하려 해도 인부를 불러들여야 합니다. 만약 그럴 돈도 없다면 펜션은 점차 관리도 잘되지 않는 펜션으로 방치가 됩니다. 그리고 그렇게 방치된 펜션은 점점 더 여행자들의 외면을 받게 됩니다. 결국 그런 펜션은 객실 가격을 모텔과 비슷한 가격까지 내려도 손님들은 찾지 않게 됩니다. 실제로 지방의 부동산 사무실 몇 곳만 둘러봐도 매물로 나온 1세대 펜션들을 수두룩하게 발견할 수 있습니다. 운영도 하지 않고 수년째 방치한 상태의 펜션도 있습니다. 그런 펜션들이 거래될 리 만무합니다. 불과 몇 년 전만 해도 허름한 1세대 펜션의 매도가와 임대료를 터무니없이 올려 받는 곳들이 많았습니다. 그런데 지금은 많은 매물이 쏟아져 나오니 매수인 또는 임차인 입장에서는 선택의 폭이 매우 넓어졌습니다.

만약 임대펜션을 선택한다면 건물주와 임차인 모두에게 행복한 결정이 될 수도 있습니다. 사면초가에 빠져 고민하던 임대인(건물주) 입장에서도 임대수익을 얻을 수 있는 좋은 기회가 주어지게 됩니다. 이제 임대인과 임차인은 서로에게 이익이 되는 거래를 해야 합니다. 임차인 입장에서는 더 높은 임대료를 건물주에게 줄 수 있도록 노력하고, 건물주 입장에서는 임차인이 운영할 펜션이 앞으로 영업이 더 잘될 수 있도록 펜션의 시설 보수나 공사를 좀 더 자유롭게 하도록 지원해야 합니다. 어차피 공사를 할 여력이 없었다면 임차인이 공사를 하도록 두는 것이 더 현명합니다. 낡고 오래된 1세대 펜션을 그대로 두고 썩힌다고 해서 건물의 가치가 올라가는 것은 아니기 때문입니다. 펜션(Pension)은 '연금'이란 뜻입니다. 그래서 'National Pension Service'의 뜻은 국민연금공단의 영어표기이기도 합니다. 원래 펜션은 프랑스어 '팡시옹'에서 유래되었다고 합니다. 이제 건물주 입장에서 펜션이 진짜 연금이 되는 것입니다.

펜션 사업을 시작하기 위해서 여러 지역을 다니다가 보면 앞서 이와 같은 상황에 놓인 1세대 펜션 사장들을 자주 마주하게 됩니다. 무작정 펜션 임대료에 대해서만 묻기보다는 마주 앉아 서로에게 도움이 될 수 있는 관계인지 살펴볼 시간이 필요하다고 생각합니다.

1세대 펜션이 사업적 승산이 있는지에 대해서 소개하기 위해서 많은 이야기를 풀어놨습니다. 분명히 좋은 컨셉을 확실하게 만들게 된다면 1세대 펜션이라도 충분히 승산이 있습니다. 하지만 1세대 펜션을 잘되는 펜션으로 바꾸는 것은 저와 같은 전문가들도 쉽지 않은 일입니다. 그러니 1세대 펜션을 인수한다면 '약간의 보수 정도만 해서 운영하면 잘되겠지…'라는 생각은 버려야 합니다. 생각보다 많은 노력과 많은 투자금이 들어갈 수도 있습니다. 분명히 신축으로 펜션을 시작하는 것이 여러 면으로 유리합니다. 하지만 신축을 하기 위해 땅값을 치르고 건축 비용까지 처리하면 매우 큰 투자가 되기도 합니다. 최근에는 인건비와 자재비마저 너무 높아져서 이전에 비해 신축에 대한 부담이 커진 것도 사실입니다. 그래서 1세대 펜션이 대안이 될 수도 있다고 생각합니다. 저렴하게 나온 펜션들이 꽤 많기 때문입니다. 보통 1세대 펜션의 경우, 건물값은 제외하고 땅값만 계산해서 거래되는 경우가 많습니다. 그런데 오래된 펜션들 중에는 조금만 손을 대면 매력적인 펜션으로 보일 수 있을 만한 펜션도 분명히 있습니다. 현재 제가 운영하는 펜션도 그런 1세대 펜션 중 하나입니다. 만약 신축의 부담으로 1세대 펜션을 리모델링해서 창업할 계획을 갖고 있는 분들이라면 흙 속의 진주를 찾을 수 있는 눈을 키우길 바랍니다.

오래된 1세대 펜션임에도 시류를 잘 파악해서 대박이 난 펜션이 있습니다. 안면도 베이스캠프펜션입니다. 보통 안면도에서 영업이 잘되는 펜션은 바닷가와 인접한 곳들이 대부분이지만, 이 펜션은 바닷가와 멀리 떨어져 있어 안면도의 이점을 제대로 살리지 못한 곳에 있습니다. 열 개 정도의 독채로 구성되어 있고, 몇몇 객실은 한 집에 두 팀을 받을 수 있는 구조로 되어 있어 총 열두 팀을 받을 수 있습니다. 독채라는 장점은 있지만, 작은 규모의 원룸 형태고 목조로 만들어진 오래된 1세대 펜션 건물이기 때문에 영업률을 크게 높이기 어려운 상황이었습니다. 지금은 매우 독특하고 차별화된 좋은 컨셉이 만들어져서 인기 있는 펜션이 되었지만, 만약 매수 직후 약간의 보수 공사만 하고 바로 영업을 했다면, 주변의 화려하고 인기가 높은 펜션들의 기세에 눌려 제대로 된 영업을 하기 어려웠을 것입니다. 안면도는 경쟁이 매우 치열한 곳이기 때문입니다.

낡은 펜션을 매수한 후 어떻게 컨셉을 잡을까 고민을 하던 펜션 사장은 펜션을 매수한 직후 저에게 연락을 해서 현재의 불리한 조건을 어떻게 벗어날 수 있을지 질문했습니다.

저는 이 펜션의 가장 큰 장점은 독채라고 생각했습니다. 독채의 가장 큰 장점은 프라이빗한 공간입니다. 그래서 그 독채를 더욱 돋보이도록 하기 위한 소재가 무엇이 있을지 고민했습니다. 펜션의 부지가 넓고 각각의 집들이 서로 멀찍이 떨어져 있다면 집 앞의 공간을 프라이빗하게 이용할 수 있겠지만, 베이스캠프 펜션의 부지는 독립된 마당을 만들어낼 만큼 크지 않았습니다. 그래서 작은 개인 마당일지라도 매력적으로 보일 수 있도록 완벽한 프라이빗 마당을 만들기로 했습니다. 당시에는 매년 캠핑의 인기가 높아져가던 시기였기 때문에 담장을 많이 높이고 담장 안 한 곳에 데크를 깔고 텐트를 넣고 캠핑 용품들을 채운다면 캠핑 분위기를 원하는 사람들도 펜션에 찾아올 거라고 생각했습니다. 객실 내부에 대한 컨셉도 새롭게 해서 공사를 하기로 했습니다. 작은 객실이었기 때문에 불필요한 공간을 없애고 침대를 메인으로 하기 위한 컨셉을 잡았습니다.

펜션 사장은 공사 비용을 줄이기 위해서 컨설팅을 받은 내용을 토대로 직영 공사를 했는데 공사가 잘된 부분도 있지만 몇몇 곳은 경험 부족으로 재공사를 해야 하는 경우도 있었다고 했습니다. 우여곡절 끝에 한 달 동안의 공사가 마무리되었고 영업을 시작했습니다. 여름 성수기에 맞물려 오픈을 했는데, 이미 여름 예약이 거의 다 진행된 7월 중순 이후가 되어서야 제대로 영업을 시작할 수 있었습니다. 그럼에도 여름 성수기 예약률은 거의 100%에 가까웠고, 여름 이후 가을 시즌까지 80%에 가까운 예약률을 유지하게 되었습니다. 보통 안면도와 같이 바닷가를 이용한 여행지는 여름 휴가철 이후 여행자 수가 뚝 떨어지는 것이 보통이지만, 베이스캠프 펜션은 바닷가가 아닌 독립 공간을 컨셉으로 잡았기 때문에 캠핑 분위기를 즐기려는 가족 여행자들에게 충분히 매력적인 펜션으로 인식되었습니다. 처음 이 컨셉을 생각했을 때는 집 앞 담장을 높이 올리면 답답하지 않을까 하는 걱정도 있었습니다. 하지만 베이스캠프 펜션은 바다 전망 같은 건 애초에 없었기 때문에 완벽한 독립 공간을 위해 전망은 포기하기로 한 것입니다. 그리고 코로나19로 인해 독립된 공간을 선호하는 소비자들이 늘어남에 따라 베이스캠프 펜션의 부킹률은 나날이 높아지게 되었습니다.

펜션의 객단가를 결정하는 데 좋은 전망은 이점으로 작용되지만, 절대적이지는 않기 때문입니다. 소비자들에게 이런 질문을 하면 쉽게 답을 찾을 수 있을 것입니다.

"시원한 바다 전망이 멋지게 보이는 평범한 펜션을 선택하겠습니까? 아니면 전망은 없이 높은 담장에 프라이버시가 잘 지켜지는 풀빌라를 선택하겠습니까?"

대부분은 후자를 선택할 것입니다. 객단가를 결정하는 데 가장 큰 영향을 미치는 것은 결국 숙소의 컨셉과 수준입니다. 아직까지 이렇게 완벽하게 담장을 높여 프라이빗한 공간을 만든 펜션은 거의 없습니다. 1세대 펜션일지라도, 객실 수준이 높지 않더라도 소비자가 원하는 것을 정확하게 이해하고 있다면 높은 매출을 만들어내는 멋진 펜션이 될 수 있습니다. 이제 베이스캠프 펜션은 태안에서 이름을 대면 다 알 만한 유명한 펜션이 되었습니다.

베이스캠프 펜션의 높은 담장

# 펜션 사업계획에
# 가장 중요한 것

　펜션뿐만이 아니라 어떤 사업이든 간에 가장 중요한 것은 사업
계획입니다. 하지만 평생 펜션과는 전혀 다른 분야의 일을 해오던
사람이 펜션 사업의 계획을 짠다는 건 쉽지 않습니다. 실제 펜션 사
업계획서를 만들어서 저에게 검토해달라고 상담을 요청하는 분들
도 매우 많습니다. 그런데 지금까지 만나본 분들 중 99% 이상은 현
실적이지 않은 사업계획서를 저에게 보여주곤 했습니다. 사업계획
을 하는 데 가장 중요한 것은 역시 경험입니다. 숫자와 상상력만으
로는 사업계획서를 짤 수가 없습니다. 그래서 저는 창업 예정자들
과 컨설팅을 진행할 때면 제 경험을 토대로 먼저 사업계획을 짤 수
있도록 조언을 합니다. 그리고 사업계획에 가장 중요한 것은 '수익'
입니다. 얼마를 벌 것인가에 따라 투자 규모, 펜션의 규모, 영업 방
향이 달라지기 때문에 계획을 잘 짜야만 합니다. 만약 투자 규모,
펜션 규모, 영업의 방향이 창업 예정자가 해나갈 수 없는 상황이라
면 사업계획은 창업자의 상황에 맞게 수정되어야만 합니다. 그래서

저는 펜션 창업 컨설팅을 시작하며 가장 먼저 얼마를 벌고 싶은지를 묻습니다.

얼마 전, 경기도 파주에서 펜션 창업을 하겠다고 상담을 신청한 분과 대화를 나눈 일이 있었습니다. 그분과의 첫 만남은 그리 유쾌하지 않았던 걸로 기억합니다. 상담 내내 지독한 잔소리만 하게 되어 조금은 미안한 마음이 들기도 했지만, 그렇게 하지 않으면 그분은 미래에 큰돈을 잃어버릴 것만 같았습니다.

'얼마를 벌 것인가? 그리고 목표한 수익을 위해 어떻게 준비해야 하는가?'는 사업계획을 하는 데 가장 기본이 되는 질문입니다. 저는 이번 상담에서도 역시 첫 질문을 이렇게 했습니다.

"1년 순수익으로 얼마를 벌고 싶습니까?"

보통 이렇게 질문을 하게 되면 바로 답변을 하는 사람도 있고, 한참을 고민한 후에 본인의 1년 생활비 등을 파악해서 "얼마를 벌고 싶다"라고 말하기도 합니다. 하지만 이번에 상담을 한 파주의 창업 예정자는 조금 다른 답을 했습니다.

"아직 수익에 대해서 구체적인 생각은 안 해봤어요."

"그래도 사업계획서를 만들려면 가장 중요한 수익을 생각해야 합니다. 그래야 목표를 정하고 그 목표 달성을 위해서 준비를 할 수 있지 않겠습니까?"

"글쎄요. 뭐 그까짓 거 그냥 하면 되지요. 허허허. 뭐. 원래 이 자리는 전원주택을 지어서 살아볼까 생각해서 오래전에 산 땅입니다.

한 1,000평 정도 되지요. 아무튼 땅을 사놓고 몇 년 지나니까 전원주택을 짓기보다 좀 더 생산적인 걸 만들어볼까 생각하게 되었습니다. 그래서 결국 펜션이나 한번 해볼까, 하는 생각을 하게 되었죠."

"아, 그렇군요. 그럼 은퇴를 하셨으니 은퇴 이후 수익을 만들어보기 위해서 펜션을 시작하려는 거군요?"

"아니요. 사실 저는 돈 때문에 펜션을 생각한 건 아닙니다. 이래저래 돈도 좀 있으니까 여기 땅이 아깝기도 해서…."

"그럼 뭐하려고 고생스럽게 펜션을 만들고 운영할 생각을 하십니까? 괜히 만들어놓고 신경만 쓰이게요. 그럴 거면 펜션을 크게 만들 생각하지 말고 독채로 하나 정도 만들어서 소소하게 운영하세요. 괜히 크게 일을 벌여서 나중에 빠져나오지도 못하지 말고요."

"아니, 그게 말이죠. 지인들이 여기 올 때마다 이 좋은 땅에 큰 펜션이 있으면 경치도 보면서 머물기도 좋고 여기에 펜션을 하면 장사도 잘될 거 같다고 해서요."

"그럼, 투자금은 얼마나 생각하시나요?"

"음… 한 30억 원 정도면 어떨까 생각해요."

"그 30억 원은 무엇을 근거로 나온 투자금이죠?"

"사실 김성택 작가님을 만나기 전에 한 곳의 건축회사와 미팅을 했는데요. 거기 사장이 그 정도 투자해서 펜션을 만들면 전 객실 풀빌라로 꽤 멋진 펜션을 만들 수 있고 돈을 벌 수 있다고 했어요."

새로운 사업을 대하는 입장에서 겸손하지 않고 거들먹거리며 자기과시를 끊임없이 하는 모습에 저는 참으로 실망하지 않을 수 없었습니다. 그는 지금까지는 운 좋게 몇 번의 부동산 투자로 큰돈을 벌었던 것 같지만, 사업가로서의 모습은 전혀 보이지 않았습니다. 그래서 상담 초반 이런 대화를 나누다가 그분께 쓴소리를 시작하게 됐습니다.

"이전에 상담을 나눈 건축회사 관계자는 사장님의 멘토가 될 수 있는 사람입니까? 어찌 되었거나 그들은 달콤한 말이라도 해서 고객을 끌어들여 건축을 하게끔 한 후에 이익을 취해야 하는 사람들입니다. 회사라는 이익 집단이기 때문입니다. 그런데 지금 장사꾼들과 이야기 나눈 내용을 그대로 믿고 사업을 시작하겠다는 건가요? 잘 생각해보세요. 저는 상담 외에 어떤 제품도 없습니다. 고객한테 팔아먹을 게 없습니다. 건축을 파는 사람도 아니고 광고를 해주는 사람도 아니고 홈페이지를 만드는 사람도 아닙니다. 저는 제 고객이 더 좋은 수익을 만들 수 있도록 옆에서 조언해드리는 일을 하는 사람입니다. 엄한 데 돈을 쓰려고 하면 잔소리를 하기도 하죠. 그게 제 일입니다. 그러니 이제 서로 가식을 좀 걷어내고 솔직하게 대화해봅시다."

의외로 이런 분들이 참 많습니다. 돈에 대해서 물으면 마치 돈을 죄악시하는 것처럼 부끄럽게 여기고 대답을 회피합니다. 하지만 크든 작든 사업을 하려면 돈과 숫자에 민감해져야 합니다.

"5억 원으로 펜션 사업을 할 수 있나요?"

"10억 원으로 펜션 사업을 할 수 있나요?"

"펜션을 작게 운영하면서 순수익으로 1억 원 이상을 벌 수 있나요?"

"시간적으로 여유롭게 즐기면서 순수익 2억 원 이상을 벌 수 있나요?"

저는 매일 이와 같은 질문을 참 많이 받습니다. 그런데 1억 원을 투자해 연 100억 원을 벌겠다는 등의 터무니없는 계획이 아닌 이상 앞의 질문들은 모두 현실 가능합니다. 구체적인 목표를 설정하고 그 목표에 어떻게 다다를지 현실적인 계획을 세워서 나아가면 됩니다. 중요한 것은 사업가 자신의 능력치를 현실적으로 파악한 목표를 설정해야 한다는 것입니다. 옆집이 어떤 가게를 차려서 대박이 났다고 해서 부러워할 필요가 없습니다. 내가 그 옆집에 똑같은 가게를 차려도 대박이 나지 않을 수 있습니다. 중요한 것은 목표를 실행하며 목표로 향해 나아가는 주체가 바로 '나'라는 것입니다. 그러므로 목표는 '나'를 잘 파악한 목표여야 합니다.

보통 저는 창업 컨설팅을 할 때, 가장 먼저 1년 동안 벌어야 할 순수익을 정합니다. 그리고 그 순수익을 벌 수 있을 투자금을 파악합니다. 만약 투자금이 적다면 목표 수익을 줄이면 되고, 목표 수익을 줄이기 싫다면 투자금을 어떻게 늘릴지에 대해서 고민하게 됩니다. 그리고 매출을 만들기 위한 펜션의 규모를 설정합니다. 열 개 객실을 만들었다고 해서 열 개 객실이 1년 내내 만실이 아니기 때문입니다. 지역에 따른 적정 수준의 규모(객실 수)를 고민합니다. 그리고 목표 매출을 이루기 위한 상품 가격, 즉 숙박료를 결정합니다. 그리고 여러 변수를 생각해보면서 예상 수익을 계산해봅니다. 만약 객실 수와 숙박료에 따른 예상 수익이 목표 수익과 맞아떨어지기 시작하면 숙박료에 준하는 디자인과 컨셉을 정하게 됩니다. 이를테면 1박에 30만 원짜리 객실로 만들기로 결정했다면, 객실이 어느 정도 수준이 되어야 고객들에게 30만 원짜리 객실로 인정받을 수 있는지를 고민하고 결정하게 됩니다. 여기서 컨셉이 거의 결정됩니다. 30만 원을 지불해도 전혀 아깝지 않을 만한 수준으로 펜션을 만든다면 예약률은 더 높아질 것입니다. 그래서 저는 항상 상담자와 창업 컨설팅을 할 때 객실이라는 상품 외에 매력을 가질 수 있는 상품을 하나 더 만들어 고객에게 판매하도록 합니다. 즉, 경쟁 펜션들이 객실 하나만 판매한다면 우리는 객실 하나에 특별한 무언가를 하나 더 얹어서 제공하는 것입니다. 그리고 이렇게 컨셉이 결정되었다면 매출을 높이기 위한 마케팅 방향과 운영 방향에 대해서 계획을 짜게 됩니다. 즉, 수익이라는 첫 단추가 안 꿰어지면 아무런 진도를 나갈 수가 없는 것입니다.

목표를 정해야만 정확히 골인 지점에 도달할 수 있습니다. 이 사업은 명확한 목표와 동기가 확실해졌을 때 시작하길 바랍니다. 그리고 새로운 사업 앞에 겸손해야 합니다.

목표와 동기가 강해야 합니다.

# 최고의 동업자를
# 만드는 법

10여 년 전에 펜션 사업 컨설팅을 해드렸던 부부를 다시 만나 그동안의 이야기를 나눠보면 저에게 별별 이야기들을 다 합니다. 그 중 다수는 지금도 행복하다고 말하지만, 몇몇은 너무 힘들다고도 말합니다. 수입이 적어서 힘들다기보다는 일에 지쳤다고 말하는 경우가 종종 있습니다. 그도 그럴 것이 은퇴할 시점에 창업을 하고 10년을 운영했다면 중년에서 노년으로 넘어가는 연령대가 되기 때문입니다. 저는 그런 분들을 참 많이 알고 있습니다. 펜션 운영을 10년 이상 해온 것만으로도 대단한 것이라고 생각합니다. 오랫동안 펜션을 운영하며 좋았던 일들도 많았겠지만, 그래도 불만이나 아쉬웠던 부분을 이야기해달라고 말하면 항상 이 동업에 관한 부분을 꼭 이야기하게 됩니다.

보통은 부부가 펜션을 함께 운영합니다. 그리고 아내나 남편은 좋은 동업자가 되기도 합니다. 좋은 동업자가 되기 위해서는 서로의 뜻이 맞아야만 합니다. 당연한 이야기지만 많은 사람이 이 당연한 사실을 잊고 지냅니다. 아마도 부부라는 이유로 쉽게 잊게 되는 것 같습니다.

부부가 서로의 동의하에 노후를 준비하기 위해서 펜션을 시작하기로 했다면 다행이지만, 그렇지 못한 경우도 있습니다. 펜션 사업 컨설팅을 하는 저는 매번 다양한 사람들을 만납니다. 그리고 컨설팅 초반에는 항상 펜션 사업을 왜 하기로 했는지 묻습니다. 부부가 생각하는 인생의 방향과 사업의 방향이 일치한다면 너무 다행이라고 생각하지만, 조금 다른 위치에 서 있다고 생각하면 이 사업을 하기 전에 몇 가지를 더 조언하기도 합니다.

펜션 사업이 남편과 아내 둘 중 한쪽의 로망 때문에 시작된 것이라면 둘 중 한 명은 자신의 일이 아닌, 상대방의 꿈을 이루기 위해서 따라가야만 하는 일이라고 생각할 수도 있습니다. 어쩔 수 없이 해야 하는 일로 생각하며 수년 동안 따라가기만 하게 됩니다. 결혼을 하고 평생 아이들을 위해 헌신하다가 이제 돈도 좀 모으고 아파트도 하나 사서 좀 편하게 지내볼까 했는데, 중년에 접어들어 또다시 내 인생보다는 상대방의 행복을 위해 존재해야 한다고 느낄 수도 있습니다. "모두 가족을 위한 일인데, 사랑하는 아내 또는 남편을 위해서 그 정도는 희생할 수 있지 않느냐?"라고 이야기할 수도 있지만 그런 마음가짐의 유통기한은 1~2년을 넘지 못합니다.

아파트를 떠나 오랫동안 꿈꿔왔던 전원생활을 꿈꾸는 사람들은 대부분 남편일 경우가 많습니다. 평생 직장에서 일을 하며 새벽같이 출근해 저녁에는 녹초가 되어서 집으로 돌아오는 남편의 모습이 안쓰러워 남편의 로망인 전원생활에 동의했지만, 전과 다른 점이 있다면 이젠 남편만 출퇴근을 하는 것이 아니라 함께 일을 해야 한다는 것입니다. 아무리 함께 사는 부부라지만 매일같이 내내 둘이 붙어 있으면 대화의 시간이 많아집니다. 많은 대화 중에는 좋은 이야기도 있지만 안 좋은 이야기도 튀어나옵니다. 그러다 보면 불만도 많아지고 다툴 일도 많아집니다. 가장 가까워야 할 부부도 서로의 거리를 조금은 유지하며 자신의 공간과 프라이버시를 지켜줘야 관계가 더 좋아진다고 합니다. 하지만 펜션 사업을 함께하다 보면 하루 종일 붙어 있는 건 당연하거니와 일도 둘이 함께해야만 합니다. 직장 생활을 할 땐 한 번도 싸우지 않던 부부가 펜션 사업을 하면서 자주 다툰다는 이야기를 종종 듣습니다.

펜션 사업을 함께하기 위해서는 어느 한쪽의 로망을 실현시켜주기 위해서 시작하면 안 됩니다. 함께 같은 방향으로 나아가야 합니다. 그래서 남편과 아내 중에 한쪽의 로망과 계획으로 인해 펜션 사업을 하게 된다면 저는 집과 펜션을 분리하는 것을 권하기도 합니다. 예를 들어 펜션은 집이 아닌 말 그대로 일터로, 인근의 살기 좋은 아파트는 아내와 아이가 사는 집으로 만드는 것입니다. 부부가 동업자가 될 수 없다면 차라리 이렇게 일터와 집을 분리하는 것이 좋습니다.

그럼 부부가 아닌 진짜 동업의 경우는 어떨까요? 저의 실제 사례를 이야기해보겠습니다. 결과적으로 말하자면 제가 지금 운영하는 강원도의 1세대 펜션은 성공적으로 운영되고 있습니다. 올해도 6월 중순이 되기 전에 성수기 예약을 500건 이상 미리 받았으니 매우 성공적으로 운영했다고 생각합니다. 운영에 대한 기획도 잘했지만, 무엇보다도 제가 투자한 펜션이 잘된 이유는 바로 동업자의 역할이라고 생각합니다. 어른들의 말씀이 하나도 안 틀렸습니다. "사업은 결국 사람이 제일 중요하다"라는 말은 맞는 말인 것 같습니다.

펜션 사업 컨설팅으로 전국 방방곡곡을 누비는 제 스케줄을 생각할 때 펜션을 직접 운영한다는 건 불가능합니다. 그래서 저는 펜션 창업을 구상한 직후부터 동업자를 찾기 시작했습니다. 사실 아주 오래전부터 눈여겨보던 사람이 있었는데, 바로 강원도 양양의 초록수채화펜션 변창석 사장이었습니다. 초록수채화 펜션은 지역 내에서 가장 높은 예약률을 보이는 펜션입니다. 초록수채화펜션 변 사장과 저와의 인연은 벌써 13년이 넘었습니다. 아주 오래전 초록수채화펜션도 지금의 형태를 갖추기 전에는 영업이 잘 안 돼서 고전을 했습니다. 당시 그는 해결 방법을 찾기 위해 고민하던 중 제가 진행했던 강의에 참여를 하게 되었고, 그 이후 정식으로 펜션 사업 컨설팅을 받게 되었습니다. 그때 이후로 변 사장은 궁금한 것이 생기면 양양에서 제가 거주하는 곳까지 달려와 궁금한 부분들을 해결하고 돌아가고는 했습니다. 대단한 열성이었습니다. 지금도 가끔 변 사장을 떠올리면 생각나는 일이 있습니다. 변 사장은 매번 궁금한 게 생길 때마다 내 시간을 빼앗던 게 마음에 걸렸는지 하루는 저녁에 맥주를 한잔 사겠다며 집 앞으로 찾아왔습니다. 하지만 그날도 결국 맥줏집에서 또 노트북을 펼쳐놓고 펜션의 이미지를 바꿀 소품들을 찾으면서 맥주를 마셨던 기억이 납니다. 정말 조금도 취하지 않았던 저녁 술자리였던 걸로 기억합니다. 당시 저는 변 사장에게 농담으로 진짜 독한 사람이라고 했습니다. 그리고 한편으로 '이렇게 열성적으로 하는데 결국 뭔가 해낼 사람이겠구나' 하는 생각을 하기도 했습니다.

그 일 이후 변 사장은 작은 공사를 할지라도 저와 상의를 하면서 공사했고, 점차 펜션은 발전하게 되었습니다. 1세대 펜션임에도 업그레이드를 늦추지 않았고, 본격적으로 운영한 지 2년 만에 지역 내에서 가장 잘되는 펜션 중 하나가 되었습니다. 현재는 오래된 1세대 펜션을 잘되는 펜션으로 바꾸길 원하는 사람들이 꼭 한번 가보고 싶은 펜션이 되었습니다. 그렇게 1세대 펜션임에도 지역 내에서 매우 잘되는 펜션이 된 이후 1세대 펜션에 대한 가능성을 보게 되었습니다. 이후 변 사장은 제 권유로 지자체에서 주관하는 큰 강의를 저와 함께 만들어 강의하기도 했고, 펜션 운영과 관리 부분에 대한 컨설팅을 함께 진행하기도 했습니다. 그리고 이제 그는 항상 저와 함께 해외의 호텔들을 시찰하러 다니는 멤버 중 한 사람이 되었습니다. 한번은 여러 펜션 사장님들과 함께 태국으로 호텔 답사 여행을 떠난 일이 있었습니다. 유명 호텔 답사 일정을 모두 마치고 저녁에 호텔 로비에 붙어 있는 작은 레스토랑에 앉아 이런저런 이야기를 나누게 되었습니다. 한참을 이야기를 나누던 중, 그는 꽤 진지하게 이런 이야기를 저에게 했습니다.

함께 태국 호텔 답사 여행을 떠난 변 사장

**변 사장** : "뭔가 목표를 다시 정해야 할까요?"

**김 작가** : "왜요?"

**변 사장** : "그냥 요즘엔 일들이 다 잘되어서 그런지 재미가 없어요. 다른 것도 해보고 싶고…. 배부른 소리일까요?"

**김 작가** : "그래요? 그럼 나랑 뭐 하나 같이 해볼까요?"

지역 내 가장 예약률이 높은 펜션으로 만든 후 변 사장은 현실에 안주하는 기분이 들어 자주 무기력해진다는 말을 하곤 했습니다. 목표가 없어졌으니 심심해지는 것도 당연할 터, 저는 당시 좋은 타이밍이 온 거 같다고 생각되어서 그에게 함께 펜션을 운영하는 것이 어떻겠냐고 제안했습니다. 펜션 사업을 컨설팅하는 저와 20대부터 시작해 지금까지 16년 가까이 펜션을 운영하고 관리한 베테랑이 운영한다면, 어떤 펜션을 운영한다고 해도 잘해낼 것 같았습니다. 천군만마를 얻은 것 같았습니다. 하지만 문제는 불안한 수익이 아니라 역시 사람과의 관계였습니다. 당시 저는 변 사장과의 관계가 너무 좋았기 때문에 사업 문제, 돈 문제로 얽히기 싫었습니다. 그래서 잠시 고민을 해봤지만 아무리 생각해봐도 변 사장만 한 사람이 없다고 생각하고 일을 시작하게 되었습니다.

지금 제 동업자와 저의 관계는 매우 좋습니다. 점점 더 신뢰할 수 있는 관계로 발전하고 있습니다. 동업자와 좋은 관계를 유지할 수 있는 건 분명히 그냥 얻게 된 것은 아닙니다. 불만이 있었어도 나를 낮추었고, 서로의 마음을 이해하려고 노력했습니다. 그리고 상대방이 더욱 발전할 수 있도록 진심으로 도움을 주려고 노력했습니다. 그리고 상대는 그 호의를 가볍게 여기지 않고 진심으로 감사하고, 역시 상대에게 도움이 될 수 있도록 노력했습니다. 저의 노력으로 상대가 발전하는 모습을 바라보는 것이 뿌듯하고 즐거웠습니다. 그리고 제 마음을 조금이라도 이해하려고 노력해주는 모습에 감사했습니다. 그리고 보니 변 사장과 이런 관계는 벌써 13년이 넘었습니다. 길다면 길다고 할 수 있는 시간입니다. 부부와 동업자에 대한 이야기를 하다 보니 제 사적인 이야기를 소개하게 되었습니다. 어찌 되었건 친구 관계이든 동업 관계이든 상대방을 존중하고 배려하는 마음이 바탕에 깔려 있지 않다면 그 관계가 오래가는 것은 어렵다고 생각합니다. 아마 제 이야기에 많은 분이 공감하리라 생각합니다.

동업을 할 때, 배려는 너무나 당연하고 중요합니다. 그런데 너무나도 당연한 이것을 잊는 경우가 많습니다. 부부가 오랜 시간을 함께하게 되면 상대의 소중함을 잠시 잊기도 합니다. '아마도 상대를 항상 곁에 있는 공기와 같은 존재처럼 느끼고 있기 때문이 아닐까?' 하는 생각도 했습니다. 그래서 자신의 본심은 그게 아닌데 상대의 마음에 비수를 꽂는 말과 행동을 서슴없이 하기도 합니다. 가족이니까? 너무나도 가까워서? 하지만 그것 역시도 변명에 불과합니다. 그런 철부지 어린아이와 같은 행동과 인성은 어릴 적 사춘기 때 엄마한테 대들면서 목소리를 높였던 것으로 족합니다. 상대를 아내 또는 남편, 그리고 내 소중한 동업자라고 인지해야 합니다.

어떤 상황이 온다고 해도 비즈니스 관계가 부부 간의 관계를 뛰어넘을 수는 없습니다. 누구나 이를 잘 알고 있지만, 부부가 함께 일을 하다 보면 '일이 우선이냐? 아니면 가족이 우선이냐?'를 선택해야 할 일들이 자주 생깁니다. 고민할 것도 없는 것을 고민하는 것입니다. 가족의 행복이 무조건 우선입니다. 가끔은 한쪽의 고집이 너무 강해서 계속 자신의 주장만 펴거나 상대의 말에 반박조차 하지 못하고 머리를 숙이고 수긍하는 경우도 많이 봤습니다. 그것만큼 볼썽사나운 모습도 없을 거라 생각합니다.

부부가 동업을 하려면 상대를 진정한 동업자로 인정하고 시작해야 하며, 상대를 동업자로 인정하기 싫고 여전히 그저 사랑하는 남편 또는 아내로만 인정하고 싶다면 가정과 일터를 구분하는 것이 좋습니다.

다시 한번 이 사업을 시작하기 전에 자신만의 행복을 추구하기 위해서 펜션과 전원생활 하기를 결정하지는 않았을까, 스스로 자문해보길 권해봅니다.

# 펜션에서 살까?
# 펜션과 집을 분리할까?

최근에 저에게 개인적인 질문을 하는 분들이 많아졌습니다.

"펜션에서 거주하는 것이 좋을까요? 가능하다면 집을 따로 두는 것이 좋을까요?"

이런 질문은 많이 받았지만 각자의 사정이 있을 테니 답을 일반화하기는 참 힘듭니다.

하지만 다음과 같은 경우라면 쉽게 답을 할 수는 있습니다. 펜션 내에 거주할 공간이 충분하다면, 펜션에서 거주하며 사는 것도 나쁘지 않겠지만 건물의 면적이 매우 작아서 객실 수와 크기가 안 나온다면 거주 공간까지 넣는 건 무리라고 생각합니다. 차라리 펜션 내 거주 공간을 포기하고 수익을 늘려줄 객실을 하나 더 넣는 것이 좋습니다. 하지만 상황에 따라 선택지는 너무나도 다양하니 정답은 아닐지라도 제 개인적인 생각을 한번 이야기해보겠습니다.

펜션 주변에 아파트가 없다면 펜션 내에 내실을 만들고 살아야 할 것입니다. 만약 아이의 교육에 좀 더 신경을 써서 시내에서 학교와 학원을 다니도록 해야 한다면 펜션과 집을 분리하는 것이 좋을 수도 있습니다. 만약 지병이 있어 병원을 자주 가야 한다면 큰 병원 인근에 집이나 펜션을 만들어 거주하는 것이 좋을 것입니다. 각자의 상황에 맞는 선택을 하면 됩니다.

하지만 앞서 설명한 상황에 모두 해당이 되지 않는다면 펜션에서 함께 살지, 펜션과 집을 분리할지를 선택하는 기준은 조금 다르다고 생각합니다. 예전에는 펜션 부지 안에 꿈에 그리던 큰 집을 함께 만들어 거주하면서 펜션을 운영하는 경우가 많았습니다. 하지만 최근에는 거주용보다는 완벽하게 비즈니스를 위해 만들어지는 펜션이 대세를 이루고 있습니다. 그저 펜션 건물의 작은 공간에 펜션 관리자 한두 명 정도가 머물 공간만 만들고 나머지는 모두 판매용 객실로 만듭니다. 보통 펜션 사업자의 나이가 젊은 경우에는 수익에 많은 비중을 두어 펜션 내 객실 공간을 가급적 모두 판매 공간으로 만들어서 수익을 극대화시킵니다. 젊은 사업자들과 이야기를 나누다 보면 "빨리 벌어서 빨리 은퇴하겠다"라고 답하는 사람들이 꽤 있습니다. 나이가 좀 있는 분들은 '은퇴하고 펜션이나 해볼까?'라고 생각하는데, 펜션 사업을 바라보는 눈도 연령대에 따라서 다른 듯합니다. 아무튼 젊은 사업자는 펜션을 집이라기보다 사업 공간이라는 인식을 더 많이 하고 있습니다.

비즈니스 공간인가? 거주 공간인가? 먼저 동업자의 생각이 중요합니다. 앞서도 이야기했지만 펜션을 창업할 때는 보통 부부가 함께 창업하는 경우가 많은데, 둘 중 한쪽의 로망을 채우기 위해서 펜션이 시작되었다면 동업자의 공간만큼은 펜션이 아닌 좀 더 편리하고 아늑한 공간으로 따로 두는 것이 좋습니다. 처음엔 상대의 고집에 못 이긴 척 펜션으로 들어가 거주를 시작하지만 점차 불편함에 짜증과 다툼이 늘어날 수 있습니다. 펜션은 가족의 행복을 위해서 존재해야 한다고 생각합니다. 불화의 진원이 되어서는 안 됩니다. 펜션에 거주하는 대부분의 사람들이 하는 말이 있습니다.

"퇴근이 없는 일을 하는 기분입니다."

마치 퇴근하고 집에 돌아와서 넥타이를 계속 매고 있는 듯한 기분이 든다고 합니다. 맞습니다. 펜션에서 거주를 하면서 펜션을 운영하면 퇴근은 없습니다. 펜션에 머물고 있으면 계속 일감이 눈에 띕니다. 정리하고, 치우고, 손님들과 마주치면 웃는 얼굴로 인사라도 나눕니다. 물론 이런 일이 천성에 맞아 10년을 일해도 창업 첫해의 마음가짐과 같다고 하는 분들도 많습니다. 하지만 그럴 자신이 없다면 쉴 공간과 일터를 구분하는 것도 좋습니다.

# 경치 좋은 곳이
# 영업이 잘될까?

펜션 창업 예정자들이 선호했던 강원도 바닷가 앞의 땅값은 천정부지로 올라가서 신규 창업자들이 접근하기가 매우 어려워졌습니다. 속초, 양양, 강릉 바닷가 앞에는 평당 2,000만 원이 훌쩍 넘는 땅도 속속 출현하기도 했습니다. 그럼에도 비싼 바닷가 땅의 수요는 꾸준히 있습니다. 주변 시세에 비해 조금이라도 낮다면 눈 깜짝할 사이에 땅 주인이 바뀌어버립니다. 하지만 좋은 땅이 나왔다고 해도 좀 더 신중해야 합니다.

얼마 전, 저에게 상담을 받은 분이 있습니다. 아직 펜션 부지도 결정하지 않았던 상태였고, 펜션 부지 결정부터 저의 조언을 들어가며 창업을 준비하려고 했던 분입니다.

당시 염두에 두고 있던 땅이 두 곳이 있었는데, 모두 바닷가 바로 앞에 위치해 있었고 매수가는 각 15억 원, 20억 원이었습니다. 그 땅은 크기도 작았습니다. 만약 펜션이 바닷가 앞에 만들어진다면 마치 모텔처럼 철근 콘크리트로 올린 건물이 되어야만 할 땅이

매우 높아진 강원 영동 지역의 바닷가 앞 땅값

었습니다. 그 땅을 이용해서 펜션을 짓는다면 바닷가 전망은 좋겠지만, 그런 형태로 얼마나 높은 숙박료의 객실을 만들 수 있을지 염려스러웠습니다. 창업 예정자에게 어떻게 펜션을 만들려고 하는지, 그리고 왜 그 땅에 관심을 갖고 있는지를 물었습니다. 그랬더니 그분이 말하길 땅에 많은 투자를 해서 건물을 화려하고 크게 지을 수 없으니 객실은 총 여섯 개로 적당히 만들고 거주할 공간도 하나 만들어 총 일곱 개 방을 만들 거라고 답했습니다. 적정 객실료를 파악하고 계산을 해보니 전혀 수지 타산이 맞지 않았습니다. 저는 그분께 백 살까지 펜션을 할 마음이 있다면 투자하고, 그게 아니라면 무리하게 땅에 투자하지 말라고 권했습니다. 물론 10여 년 후 지가 상승을 염두에 뒀다면 상관없지만, 매달 생활비를 만들어야 한다면 투자금에 비해 수익을 크게 만들기는 힘든 구조라고 말했습니다. 제가 이렇게 설명했던 이유는 바로 주 영업 대상의 성향 때문입니다. 주 영업 대상을 파악하고 나면 무리한 투자가 아닌 합리적인 투자를 할 수 있습니다.

다음과 같은 가정을 한번 해보고 펜션 투자에 대해서 다시 생각해보면 어떨까요? 이제 곧 결혼을 해야 하는 커플이 있다고 가정합니다. 그런데 그들은 해외로 허니문을 떠날 수 없는 상황이라서 국내로 신혼여행을 떠나려고 계획하고 있습니다. 신혼여행 전문 여행사 직원이 허니문을 계획하고 있는 그들에게 두 가지 제안을 합니다. 첫 번째는 강릉 바닷가 전망이 너무나도 멋진 준호텔급 숙소입니다. 준 호텔급이기 때문에 모텔보다는 좀 더 좋지만 그래도 객실이 화려하지는 않습니다. 두 번째 제안은 멋진 바닷가를 전망하는 곳은 아니지만 이번에 설악산 인근에 힐튼 호텔 같은 고급 호텔 그룹에서 소수만을 위한 럭셔리 프리이빗 풀빌라를 오픈했다고 합니다. 신혼여행을 준비하는 그들이 어디를 선택할 가능성이 높을까요? 아마도 후자를 선택할 가능성이 높을 것입니다. 객실 수준이 높지 않아도 바닷가를 선택할 사람도 있겠지만, 다수는 럭셔리 숙소를 선택할 것입니다. 바로 그들의 여행 목적 때문입니다.

둘레길을 걷거나 등산을 하거나 낚시를 하기 위해 여행을 떠나온 사람들의 첫 번째 목적은 숙소가 아니고 걷기, 등산, 낚시를 하기 위함입니다. 숙소는 그저 보조적 역할일 뿐입니다. 방파제에서 바다낚시를 하고 있는 낚시꾼한테 근처에 파격 할인을 하는 풀빌라가 있다고 거기서 자는 건 어떠냐고 권해봐야 그들에겐 관심의 대상은 오로지 낚시뿐입니다. 그들은 그저 4~5만 원짜리 적당한 방에서 하룻밤 잠을 자고 새벽에 일어나 낚시를 하는 것이 더 행복한 일정이 될 것입니다. 그래서 그들은 숙소에 과한 투자를 하는 걸 꺼립니다.

하지만 여행의 목적이 숙소가 되는 경우가 있습니다. 신혼여행처럼 특별한 이벤트가 있는 날일 경우는 더욱 그렇습니다. 주변 환경보다 내 가족 또는 내가 사랑하는 연인과의 시간을 빛내줄 공간이 필요합니다. 물론 경치가 멋지면 예약률을 높이는 데 도움이 됩니다. 하지만 객실료를 높이고 예약률을 높이는 데 바닷가 경치가 절대적이지는 않다는 것입니다. 바닷가 경치가 준수하면 숙박료를 10만 원을 받고, 바닷가 경치가 아주 좋으면 20만 원을 더 받는 것이 아닙니다. 하지만 객실 수준에 따라 숙박료는 점차 더 높일 수 있습니다. 그러니 펜션을 만든다면 건축물에 더 신경을 써야 합니다. 예를 들어 총예산이 10억 원일 경우, 땅을 사는 데 7억 원을 쓰고 3억 원으로 건물을 짓기보다 3억 원으로 땅을 사고 7억 원으로 건물을 짓는 것이 때에 따라 더 현명한 방법이라 할 수 있습니다.

# 인기 있는 유명 펜션과
# 똑같이 만들면 장사가 잘될까?

　가끔 터무니없는 사업계획을 보여주며 현실화하기 어려운 예상 매출을 낼 수 있다고 자신하는 창업 예정자를 만나기도 합니다. 풀 빌라가 아님에도 객실 두세 개로 순이익 1~2억 원을 벌 수 있을 것 같다고 말합니다. 물론 불가능한 건 아니지만 근거가 빈약한 경우가 태반입니다. 그런 분들의 대부분은 펜션과는 전혀 다른 분야에서 일을 해왔던 분들이고, 당연히 숙박업에 대해서 잘 모르는 분들입니다. 큰 꿈을 꾸면서 새로운 일을 시작하는 건 좋지만 펜션 사업에 대해서 숨겨진 면을 보지 못하고 밝은 면만을 바라보고 이 사업에 뛰어드는 건 아닌가 싶어 염려스러운 마음이 듭니다. 그리고 저는 그런 마음에 예비 창업자에게 이렇게 묻습니다.

　"사장님은 이런 일에 경험도 없고 매출에 대한 데이터도 없을 텐데 어떻게 이런 사업계획을 짜게 된 거죠?"

　이 질문에 대부분의 예비 창업자들이 다음과 같은 답을 합니다.

　"K펜션이라고 제가 자주 다녔던 유명한 펜션이 있는데요. 홈페이지의 예약률을 보면 이 정도는 나오더라고요. 주중에도 거의 매일 만실이고요. 그래서 대충 계산을 해보니 2억 원은 벌겠더라고요."

예비 창업자가 이야기한 K펜션은 저도 잘 알고 있는 유명한 펜션이었습니다. 사실 저뿐만이 아니라 많은 사람이 알고 있고, 여러 매체에도 자주 등장하는 이른바 대박 펜션입니다. 창업 예정자는 K펜션처럼 비슷하게 만들면 K펜션과 비슷한 매출을 만들 수 있다고 생각을 하고 있었습니다. 하지만 펜션 사업은 멋진 건물만으로 영업이 좌지우지되는 사업이 아닙니다. 펜션 운영을 잘하기 위해서는 여러 영업 노하우를 적용해야 합니다. 합리적인 경영, 연출, 고객 관리, 광고 방법, 시설 관리 등이 있습니다. 펜션은 누가 어떻게 운영하느냐에 따라 매출 차이가 크게 납니다.

예전에 저는 오래된 펜션을 맡아서 전 사장이 운영할 때보다 약 300%까지 매출을 끌어올린 일이 있었습니다. 물론 펜션을 업그레이드하기 위해서 약간의 공사도 하긴 했지만 큰 틀에서 시설 변화는 거의 없었습니다. 이렇게 되기까지 1년, 적지 않은 시간 동안 인수한 펜션에 많은 공을 들였습니다. 스스로 전문가임을 자부하고 있는 저도 매출을 끌어올리는 데 1년이 걸렸습니다. 그리고 제가 아는 A펜션 사장은 가평에 약 30억 원을 들여서 펜션을 창업했지만 영업난에 고전하기도 합니다.

저는 당시 근거가 빈약한 사업계획을 들고 있던 창업 예정자에게 이렇게 설명했습니다.

"저에게 이야기한 K펜션은 시작이 어땠는지 모르겠지만 지금은 대박 펜션으로 불립니다. 객실은 두 개밖에 없지만, 거의 매일 만실입니다. 하지만 이 펜션도 간판을 걸고 시작하자마자 대박은 아니었을 것입니다. 발로 뛰는 마케팅을 했든, 인터넷에서 매일 홍보 작업을 했든, 어떤 노력을 했으니 이처럼 알려진 것입니다. 그런 시간과 경험을 쌓은 결과 대박 펜션이 된 것이죠. 기본적으로 K펜션은 디자인이 참 좋습니다. 건물뿐만이 아니라 소품 하나하나 너무나도 매칭이 잘됩니다. 혹시 미술과 디자인에 조예가 깊은가요? 건축과 객실 디자인에 대해서 공부한 경험이 있나요? 아니면 SNS 팔로워가 엄청나게 많은 인플루언서인가요? 광고를 할 때마다 소비자를 자극시킬 수 있는 카피를 써본 경험이 있나요? 숙박업에 필요한 인터넷 광고 노하우가 있나요? 아마도 그런 경험이 없으니 쉽게 답하기 힘들 줄 압니다. 그런데 지금 제가 열거한 내용들은 모두 현재 K펜션에서 실행하고 있는 것들입니다. 아마 제가 확인한 것 외에도 K펜션만 갖고 있는 노하우는 분명히 더 있을 거라고 생각합니다. 아마도 사장님은 경험이 없어서 제가 열거한 것들 중 대부분은 당장 실행하기 어려울 거라고 생각합니다. 물론 결국에는 K펜션처럼 대박 펜션이 되어야겠지요. 저도 제 멘티가 그렇게 되길 바랍니다. 하지만 지금은 아직 숙박 사업자로서 미흡한 부분이 많습니다."

사업 경험이 없는 초보자일수록 새로운 사업을 대할 때 밝은 면만 바라보며 쉽게 빠져듭니다. 펜션 건물을 매수해서 창업하려는 분들에게도 그런 경우가 많았습니다. 안 좋은 펜션인 것 같아 사지 말라고 말려도 매수를 하는 분들이 가끔 있습니다. 하지만 결국 몇 개월도 못 가서 후회하는 분들도 있었습니다. 이미 확고한 생각을 갖고 있는 상대방을 이해시키고 현실에 눈을 뜨게 한다는 것은 참 쉽지 않습니다. 유명한 펜션을 카피해서 똑같이 만들든, 새로운 스타일로 매력적인 펜션을 만들든, 매력적인 공간을 연출하는 것은 펜션 사업의 기본 중 기본입니다. 그런데 많은 사람들이 이 기본만 갖추면 돈이 저절로 굴러들어 오는지 알고 있습니다. 기본을 잘 따랐다고 만족하면 안 됩니다. 숙박업은 건축이 아니라 결국 세일즈입니다.

# 펜션 사업의 미래는
# 마이크로 트렌드!

앞서도 설명했지만, 저를 찾아오는 많은 분이 잘되는 유명 펜션을 그대로 따라 하면 좋은 결과를 얻을 수 있다고 생각합니다. 하지만 결과는 그렇지 않습니다. 만약 현재 유명한 펜션을 그대로 따라 해서 창업한다면 인기의 시류를 타서 창업 초기 잠시 영업이 잘될 수는 있지만 결국 식상한 펜션이 될 확률이 큽니다. 이미 많은 사람이 유명 펜션을 카피해서 독특한 차별화는 희석될 가능성이 크기 때문입니다. 물론 성공적으로 운영되는 유명 펜션을 벤치마킹하는 것은 너무나도 바람직합니다. 건축물뿐만이 아니라 연출 방법, 마케팅, 운영 방법까지 모두 벤치마킹한다면 적어도 펜션 사업으로 실패할 일은 없을 것입니다. 하지만 더 앞서가길 원한다면, 그리고 롱런하길 원한다면, 숙박 사업의 트렌드를 읽을 줄 알아야 합니다. 그리고 현재 트렌드를 파악하고 미래 펜션이 어떻게 변화해갈지 꼭 고민을 해봐야 합니다.

펜션뿐만이 아니라 어떤 사업이든간에 지금까지 세상에 없었던 새로운 제품을 구상해내는 것은 매우 어렵습니다. 설령 세상에 없던 새로운 제품이 소개되었다고 해도 시장이 형성되어 있지가 않으니 소비자는 새로운 제품에 관심을 두지 않을 가능성이 매우 큽니다. 그렇기 때문에 안전하게 신상품을 내놓기 위해서는 현재 인기 제품의 컨셉에 기반한 신제품이어야 합니다. 항상 새로운 컨셉은 기존의 컨셉에서 세분화되어 발전해왔습니다. 그러니 완전히 다른 무언가를 찾기 위해서 깊은 고민에 빠지지 말고 주변에 있는 컨셉에서 조금 더 세분화된 컨셉을 구상해야 합니다. 물론 아무도 인정해주지 않는 컨셉이 아닌 소비자의 니즈에 맞춘 세분화된 컨셉이어야 합니다.

펜션을 큰 카테고리로 나누면 커플펜션, 가족펜션, 단체펜션이 있습니다. 10여 년간 이렇게 이어오다 최근 몇 년 사이 키즈펜션과, 애견펜션이 등장하면서 큰 인기를 얻고 있습니다. 결국 키즈펜션은 가족펜션에서 세분화된 컨셉이고, 애견펜션은 애견 동반 가능한 펜션에서 완벽하게 애견을 위한 펜션으로 세분화된 컨셉입니다.

최근에는 키즈펜션이 돈이 된다는 이유로 너무 많은 수가 만들어지고 있습니다. 보통의 키즈펜션은 거실을 크게 해서 미끄럼틀이나 장난감을 잔뜩 집어넣고 실내에 수영장을 만들어놓습니다. 처음에는 이런 키즈펜션이 매우 파격적이라고 느껴졌지만 이젠 너무 많아져서 희소성을 점차 잃어가고 있습니다. 비슷한 펜션이 너무 많이 만들어져 우려스럽다는 생각을 할 때쯤에 키즈펜션에서도 변화가 일어나기 시작했습니다. 제가 최근에 컨설팅을 한 펜션은 '키즈펜션'이라는 틀 안에 있지만 더 세분화해서 '놀이기구 키즈펜션'이라는 컨셉으로 만들어 운영 중입니다. 사실 그다지 대단한 매력이 있는 건물은 아니지만, 넓은 땅에 놀이공원에서 볼 수 있을 법한 바이킹 놀이기구, 청룡열차, 회전목마와 같은 시설을 설치해서 큰 관심을 끌고 있습니다. 보통 키즈펜션은 실내에 시설을 갖춘 형태지만, 이 펜션은 위생과 거리두기 등 현 상황을 반영해 야외에 어린이를 위한 시설을 비치한 것입니다.

놀이기구 키즈펜션

이제는 더 세분화된 컨셉의 펜션이 인기를 얻고 있습니다. 소비자를 더 명확하게 타깃팅해서 그들이 좋아할 만한 펜션이 만들어지고 광고가 되기 때문에 마니아층 입장에서는 만족도가 높을 수밖에 없습니다. 그리고 당연히 높은 만족도는 입소문의 불씨가 됩니다.

키즈펜션을 또 다른 방향으로 컨셉을 잡은 곳도 있습니다. 바로 '베이비펜션'입니다. 베이비펜션이라는 용어는 아직 일반적이지 않습니다. 제가 이 책에서 처음 사용한 컨셉의 단어일 뿐입니다. 그만큼 베이비펜션은 희소성이 있는 펜션이 될 가능성이 있습니다.

일반적인 키즈펜션이 미취학 아동 정도의 연령대를 위한 펜션이라면 베이비펜션은 걸음마를 떼기 전 유아를 위한 펜션이라고 할 수 있습니다. 베이비펜션은 아직 붐이 일기 직전의 단계입니다. 통계적으로 아기들이 태어난 직후 가장 많은 지출을 한다고 합니다. 생각해보니 저도 아기가 처음 태어났을 때 아기에게 필요한 것이 생기면 고민하지 않고 돈을 썼습니다. 아무튼 지출이 커지는 시기이기 때문에 이러한 컨셉은(베이비펜션) 고가의 숙박료로 책정하기가 매우 쉽습니다. 보통 아기들은 밤이고 낮이고 웁니다. 그래서 비행기를 한번 타는 것도 쉽지 않습니다. 숙박업소를 예약해 잠을 자는 것도 한 살이 되기 전의 아기와 함께라면 쉽지 않습니다. 그렇기 때문에 차음(遮音)을 생각해 펜션은 가급적 철근 콘크리트로 만들고 실내에 차음재를 많이 사용해 아이가 심하게 울어도 펜션 내에 함께 투숙 중인 손님들을 방해하지 않도록 해야 합니다. 펜션에는 위생에 신경을 많이 써야 하는 아기를 위한 자외선 소독기를 비롯해 흔들이 아기 침대, 위생 식기와 놀이기구들을 배치합니다. 그리고 시그니처 아이템인 베이비 수영장을 설치합니다. 크기는 크지 않아도 상관없습니다. 부모와 아이가 함께 이용할 수 있는 정도면 충분하기 때문에 일반적인 풀빌라에 비해서 시설 운영비가 크지 않습니다. 이외에도 아기들의 체온이 떨어지지 않도록 닫혀진 공간으로 만든 바비큐장도 필요하고 기어 다니는 아기들을 위해 바닥은 살이 쓸리지 않는 재질을 사용해야 합니다. 그리고 24시간 아기를 돌보느라 지친 부모를 위한 공간도 필요합니다. 예를 들어, 아기를 돌보기 위해 제대로 된 여행은커녕 분위기 좋은 맥줏집 한번 못 가는 경우가 많은데, 이런 부모를 위한 공간까지 만들어진다면 키즈펜션에서 파생된 베이비펜션은 매우 높은 매출을 만들어낼 수 있을 것입니다. 다만 이러한 펜션을 만들 경우 공간적 제약이 따릅니다. 베이비펜션을 운영하기에 가장 좋은 공간은 경치가 좋은 곳이 아니라 도심에서 가까운 곳입니다. 아기를 데리고 긴 시간 동안 운전을 하는 건 부모와 아기 모두 힘들기 때문입니다.

'이런 컨셉이 잘 먹힐까?'라고 생각할 수도 있을 것입니다. 물론 저도 100% 장담은 못 합니다. 하지만 충분히 가능성이 있다고 봅니다. 펜션의 트렌드를 숙박업소에서만 얻는 것이 아닙니다.

도심에서 영업 중인 키즈카페에서 사용하는 이미지를 키즈펜션에 그대로 적용했을 때 매우 좋은 결과를 낳고 있습니다. 키즈카페의 이미지가 현재 키즈펜션에 많은 부분 영향을 미쳤다고 볼 수 있습니다. 최근에 도심의 키즈카페는 더 세분화되어서 '베이비 수영장'이라는 컨셉으로 운영되는 곳이 생겨 성업 중입니다. 제가 계속 예약률을 체크하고 있는 '베이비 수영장'은 너무나도 운영이 잘되고 있습니다. 분명히 수요가 있습니다.

세분화된 컨셉에 대해서 설명하기 위해 키즈펜션을 예로 들었습니다. 물론 세분화된 컨셉은 키즈펜션뿐만이 아니라 커플, 가족, 애견펜션 등의 영역으로 넓힐 수도 있습니다.

소비자들의 니즈는 계속 업그레이드되고 변화하고 있습니다. 그 변화하는 트렌트를 파악해 펜션 사업에 어떻게 적용하느냐는 펜션 사업의 미래에 큰 영향을 미칠 것입니다. 그저 잘되는 펜션을 그대로 따라 하는 것만으로는 안전한 미래를 보장받을 수는 없습니다. 깊이 고민해보길 바랍니다.

# 성공 사례 | 대부도 소담하우스

　최근에는 대부도에서 창업을 준비하는 분들을 참 많이 상담했습니다. 여러 사례가 있지만 가장 좋은 사례라고 생각되는 펜션의 이야기를 하겠습니다.

　대부도는 지리적 조건 때문에 오래전부터 단체여행 숙소로 이용되는 펜션이 많았습니다. 그래서 펜션의 형태들도 대부분 큰 건물을 통째로 빌리는 독채펜션이 발달했습니다. 객실은 보통 2~3층으로 되어 있고, 건물 내에 각 객실은 세 개에서 다섯 개 사이로 이루어져 있습니다. 그리고 건물 지하는 노래방으로 사용되는 경우가 많았습니다. 물론 더 작은 규모의 독채들도 많지만 대부분은 이런 형태로 운영되었습니다. 어느 지역이나 마찬가지지만 동네에서 독특한 디자인이 유행을 하면 주변에 금세 비슷한 디자인의 형태가 많이 만들어지는 것이 보통입니다. 대부도도 마찬가지였습니다. 몇몇 독특한 펜션을 제외하고는 거의 비슷한 형태의 펜션들이 서로 힘겹게 경쟁을 하는 상황이었습니다. 대형 독채로 운영되는 펜션들이 대부분이라면 더욱 차별화된 이미지를 만들어야 합니다.

이미 대부도에서 독채펜션을 여럿 운영하고 있던 펜션 사장은 새롭게 부지를 더 매입하고 건물을 짓기 시작했습니다. 그리고 건물이 거의 완성될 때 즈음에 저에게 컨설팅을 의뢰하게 되었습니다. 건축 설계 전에 저와 만나서 컨셉과 사업계획을 먼저 짠 후에 건축 설계가 들어갔으면 더 좋지 않았을까 하는 아쉬움이 남았습니다. 제가 펜션을 찾아갔을 땐 이미 건물의 골조와 마감 공사가 거의 끝나가는 상황이었기 때문입니다. 다행히 좋은 건축 회사를 잘 만나서 건물은 멋지고 세련되게 만들어지고 있었지만, 눈에 띌 만한 컨셉은 만들어지지 않은 상황이었습니다.

건물은 독채 풀빌라로 규모가 매우 컸습니다. 넓은 수영장과 거실, 주방이 1층에 있고 2층, 3층에는 방이 있는 구조입니다. 단체로 가족 여행이나 회사의 워크숍 등으로 이용하면 참 좋을 공간이라고 생각되었습니다. 공사는 거의 마무리 단계에 있는 상태였기 때문에 추가로 마감공사를 다시 하기는 어려운 상황이었습니다. 그리고 마감 공사가 된 모습도 세련되어 보여서 굳이 재공사를 할 필요도 없을 듯했습니다. 그저 약간의 소품으로 객실 스타일링을 해도 충분히 멋진 연출이 가능하리라 생각되었습니다. 저는 객실을 다 돌아본 후 지하로 내려갔습니다. 지하 공간은 거실에서 바로 계단을 따라 내려갈 수 있었습니다. 다행히 지하 공간은 마감 공사가 진행되지 않은 상황이었습니다. 저는 펜션 사장에게 지하를 어떻게 꾸미길 원하는지 물었습니다. 펜션 사장은 일반적인 대부도 펜션들과 마찬가지로 노래방으로 꾸밀 생각을 갖고 있었습니다. 그리고 넓은 공간에 포켓볼 당구대를 놓아 세련된 분위기를 만들고 싶다고 말했습니다. 물론 투자금을 많이 들여서 세련되게 만들면 멋지게 연출할 수도 있겠지만, 이미 주변에서 그런 분위기로 지하 공간을 만든 펜션들이 많기 때문에 투자 대비 얼마나 좋은 효과가 나올지 의문이었습니다. 저는 고민 끝에 이 지하 공간을 이자카야로 만들기로 했습니다. 어설프게 술집 흉내를 내는 것이 아닌 진짜 이자카야처럼 보이도록 연출하기로 한 것입니다. 거실에서 계단을 내려가면 지하 공간으로 들어가는 문이 있는데 그 문에 이자카야 간판까지 달아놓아서 진짜처럼 만들기로 했습니다. 지하 공간 내부도 역시 이자카야 분위기를 연출하고 좌식 공간과 입식 테이블을 놓았습니다. 그리고 주방장이 있을 법한 닷찌도 만들어 투숙객이 이 공간에 들어서면 눈이 휘둥그레질 정도의 분위기를 연출하기로 했습니다. 물론 객실에도 지하의 스타일을 더욱 끌어낼 수 있는 소품으로 스타일링을 더하고 약간의 목공사를 하게 되었습니다. 그리고 펜션을 노출할 사진들은 객실 사진보다 독특해 보이는 이자카야 분위기를 앞세워 광고를 하기로 했습니다.

이렇게 컨셉을 잡은 이유는 다음과 같습니다. 대부도는 단체여행으로 많이 찾는 곳입니다. 소비자를 끌어들일 수 있는 위치적 장점 때문에 서울 경기권의 회사와 여러 단체들은 대부도를 많이 찾습니다. 물론 거리의 이점 때문에 가족 여행으로도 많이 찾는 곳입니다. 만약 회사의 워크숍이나 작은 규모의 팀 빌딩으로 모임을 해야 하는 그룹이 있다면 어떤 공간이 좋을지 예를 들어보겠습니다. 그들은 음식점을 몇 시간 정도 통째로 빌리기도 하고 작은 술집의 일부 자리를 모두 예약하고 행사를 진행하기도 합니다. 행사를 진행한 후에는 인근의 호텔 등에 숙소를 잡고 투숙을 하기도 하고, 애초에 숙소와 행사장을 함께 이용할 수 있는 공간을 선택하기도 합니다. 만약 멋지게 만들어진 이자카야를 하루 동안 통째로 빌리면 술집 주인장에게 얼마나 지불해야 할까요? 적어도 100만 원 이상은 주어야 할 것입니다. 그런데 이 소담펜션은 100만 원 정도의 금액에 넓은 이자카야 공간을 통째로 빌려주는 것은 물론이고 펜션의 바비큐장, 10미터가 넘는 개인 풀장, 그리고 다섯 개의 큰 침실까지 제공하는 것입니다. 워크샵으로 숙소를 찾아보려고 했던 직원 입장에서는 일거양득의 공간이 아닐 수 없습니다. 이는 회사의 단체 여행뿐만이 아니라 가족 여행도 마찬가지일 것입니다. 오래전 동생네 가족이 돌잔치를 하는데 작은 음식점을 통째로 빌리고 50만 원의 비용을 지출했던 기억이 납니다. 목적을 명확하게 하고 노출을 한다면 공간을 필요로 하는 소비자들을 쉽게 모객할 수 있습니다. 컨셉은 명확해야 합니다.

그리고 비슷한 성공 사례로 소개할 곳이 대부도에 또 있습니다. 대부도 B펜션입니다. 대부도의 많은 펜션들이 지하 공간을 갖고 있는데 '대부도 B펜션'도 이와 비슷한 공간을 연출해서 좋은 수익을 냈습니다. 대부도 B펜션을 인수한 펜션 사장은 인수로 큰 투자금을 쓴 상태였기 때문에 인수한 펜션을 멋지게 리모델링할 여력이 남아 있지 않았습니다. B펜션은 앞서 설명한 대부도 소담하우스와 같은 독채지만 규모는 조금 작았습니다. 지하 1층, 지상 1층, 2층으로 구성되어 있고, 침실 다섯 개가 있지만 꽤 작았습니다. 수영장이나 다양한 부대시설이 없는 1세대 펜션입니다. 인테리어 공사에 약 7,000만 원 정도 예산이 가능했던 펜션 사장은 고민을 하기 시작했습니다. 적은 금액으로 넓은 공간 모두를 손대기엔 티도 나지 않는 공사가 될 수 있을 거라고 판단했던 것입니다. 눈에 띄는 시그니처 포인트가 필요했던 펜션 사장은 저에게 컨설팅을 신청하게 되었고, 고민 끝에 나온 이미지는 나이트 클럽이었습니다. 대부도는 커플 또는 가족 여행자들도 많이 찾지만 가장 많은 여행 그룹은 단체입니다. 단체는 회사의 워크샵, 동호회, 각종 모임이 있을 수 있습니다. 그런데 대부도의 많은 펜션들은 단체 여행자들을 만족시킬 시설을 제공하지 못하고 있었습니다. 대부분은 넓은 객실 또는 넓은 바비큐장 정도가 전부입니다. 단체 여행객들이 펜션을 선택하는 가장 첫 번째 이유는 모임을 떠나온 팀원들과 즐거운 시간을 보내는 것입니다. 럭셔리한 객실을 찾는 것도 아니고 자연 경관이 아름다운 곳을 찾는 것도 아닙니다. 그저 우리 팀원끼리 술을 마시고 노래도 부르고 마음 편히 즐기는 것이 첫 번째 이유입니다. 그런 시간을 기왕이면 더 독특한 공간에서 즐긴다면 더욱 좋은 것입니다.

그래서 저는 처음 이 펜션을 컨설팅할 때 주변 펜션들 중에서 영업이 잘 되는 펜션을 파악했고 그중에서 단체를 모객하는 펜션을 파악한 후에 그들이 갖추고 있지 않은 것이 무엇인지 고민했습니다. 몇몇 단체 펜션들은 연회실을 마련하고 있었지만 그것보다 더 멋진 공간이 필요했습니다. 멋진 객실보다는 멋진 연회실이 필요했던 것입니다. 그저 노래방 기계를 놓고 노래 부르고 술을 마시는 것을 뛰어넘어 완전한 나이트 클럽이라면 충분할 거라고 생각했습니다. 물론 객실, 거실, 주방도 더 멋지게 바뀐다면 좋겠지만 그런 공간이 업그레이드된다고 해서 단체 예약률이 급격히 높아지는 것은 아닙니다. 놀 자리를 더 완벽한 놀 자리로 만드는 것이 유리합니다. 결국 대부도 B펜션은 지하 공간을 나이트클럽처럼 연출했고 오픈 직후 비수기임에도 좋은 매출을 만들어내고 있습니다. 한 팀만 받는 독채임에도 겨울 비수기인 11월, 12월, 1월, 2월까지 매월 평균 900만 원의 매출을 만들고 광고비와 관리비를 제외하고 매월 약 800만 원의 순이익을 만들었습니다.

보통 펜션을 인수해서 오래된 펜션을 공사를 할 때에는 대부분 더 화려하고 멋지게 보이도록 노력합니다. 물론 그런 계획은 매우 일반적입니다. 오래된 묵은 때를 벗겨내는 일이 우선이기 때문입니다. 하지만 많은 사람들이 어디에 더 집중해야 하는지 모르는 경우가 많습니다. 그저 예쁘게 만들어지면 영업이 잘될 것이라고 생각하지만, 사실은 그렇지 않습니다.

즉, 내가 모객해야 할 고객이 펜션을 예약하는 가장 첫 번째 이유를 파악하고 그 부분에 집중해서 투자를 해야 좋은 결과를 얻을 수 있게 됩니다 (이 내용은 제 유튜브 채널에도(김성택TV) 상세하게 소개했으니 컨셉 아이디어가 필요한 독자는 영상을 시청하길 바랍니다).

대부도 소담 하우스의 지하 컨셉

# 펜션 건축 시
# 꼭 남향으로 해야 할까?

집의 방향은 보통 큰 창이 어느 방위를 마주하고 있느냐에 따라 결정이 됩니다. 큰 창들이 남쪽을 향해 있으면 남향집이 되는 것입니다. 일반적인 상식에서 벗어나지 않는 한 대부분 집은 남향이 좋습니다. 낮시간 동안 해를 오랫동안 받을 수 있고, 집 안에 그늘이 오래 지지 않아 습하지 않습니다. 이건 누구나 다 아는 사실입니다. 하지만 때에 따라 집을 남향으로 하지 못하는 경우가 생깁니다. 그리고 집을 남향으로 할 수 없을 때 큰 고민에 빠지는 분들이 참 많습니다. 사실 동향도 괜찮고 동남향도 괜찮습니다. 서향도 괜찮을 거 같습니다. 펜션은 집이 아닌 판매를 해야 하는 상품이기 때문입니다. 건물의 방향보다 상품으로 가치를 갖기 위한 연출이 더 중요합니다. 펜션은 거주 목적이 아니라 판매가 잘되는 것이 주목적이 됩니다. 즉, 연출을 잘할 수 있다면 서향뿐만이 아니라 북향으로 지을 수도 있습니다. '어떻게 촬영해야 사진이 잘 나오는가?'를 항상 염두에 둬야 합니다. 펜션의 사진은 판매율을 높이는 데 매우 직접적인 영향을 미칩니다. 손님들은 햇빛이 객실에 머무는 시간, 객실 난방비 절감 등에는 전혀 관심이 없습니다. 그저 펜션이 예쁜지 안 예쁜지에만 관심이 있습니다. 그렇기 때문에 거주의 편의성을 생각하고 건물을 남향으로 했을 때 창문 너머 혐오시설이 있거나 전망이 별로 안 좋다면, 굳이 남향을 고집할 필요는 없습니다. 그리고 외부에서 건물을 바라본 시점, 즉 건물 촬영 시 문제가 되는 경우도 있습니다. 편의성을 생각해서 건물을 남향으로 만들었는데 촬영 시 펜션 너머로 보이는 모습이 논, 밭만 보이거나 발전소, 철탑 등 건물의 경관을 망치는 건물이나 구조물이 우뚝 서 있다면 역시 펜션이 멋스럽게 보이지 않을 수 있습니다. 이럴 경우에도 역시 남향을 고집할 필요는 없습니다.

저는 사진에 관심을 가진 지가 꽤 되어서 지금은 어느 정도 사진 촬영에 실력이 붙었습니다. 하지만 사진 실력이 부족하던 과거에는 펜션 창업 컨설팅을 위해 현장 답사를 갈 때 사진 작가까지 함께 동행했던 일도 있었습니다. 펜션 건물이 어느 위치에 들어갔을 때 가장 극적인 촬영 효과를 얻을 수 있는지 그 한마디 조언을 구하기 위해서였습니다. 훌륭한 상품 사진은 펜션 영업에 가장 중요한 요소이기 때문입니다.

앞서도 이야기했지만 집을 남향으로 두면 좋은 점이 참 많습니다. 빛과 온기가 집 안에 오랫동안 머물도록 할 수 있어 쾌적하고 따뜻한 집을 만드는 데 도움이 됩니다. 하지만 오후에는 자외선이 강하게 들어오기도 합니다.

동향도 나름 장점이 있습니다. 아침 해가 일찍 들어오기 때문에 보통 동향은 아침 기운이 참 밝고 좋습니다. 펜션업주 입장에서는 손님들이 일찍 일어나 10시 이전엔 퇴실하는 것이 좋습니다. 그래서 객실을 동향으로 해서 투숙객을 일찍 깨우는 경우도 있습니다. 보통 커플방에 투숙한 손님들은 퇴실 준비가 매우 늦습니다. 또는 퇴실 시간이 한참 지나 밖으로 나오는 투숙객도 있습니다. 한가한 시즌엔 30분이나 한 시간 정도 늦게 퇴실하는 걸 크게 문제 삼지는 않지만, 연휴나 성수기 시즌에는 새로 들어올 손님을 맞이할 준비 때문에 마음이 급해집니다. 그래서 아침 퇴실 준비가 늦은 커플방의 경우는 가급적 창을 동향으로 하고 얇은 커튼을 달아놓아 손님들이 일찍 활동을 하도록 하기도 합니다. 물론 동향은 오후 해가 일찍 사라지기 때문에 일반 집이라면 난방비가 좀 더 들 수 있습니다.

서향집은 오후에 빛이 강하게 들어오기 때문에 오후에 따뜻할 수는 있지만, 여름엔 더울 수 있습니다. 일반적으로 집을 지을 때 서향보다는 남향을 선호하지만, 펜션을 서향으로 짓는 것도 나쁘지 않습니다. 집이 아니기 때문입니다. 일반적인 집이라면 낮시간 해가 얼마나 집 안에 머무르는지가 가장 중요할 것입니다. 하지만 펜션을 이용하는 투숙객은 전날 입실해서 아침 10시에 퇴실을 하고, 새로운 손님은 오후 3시 정도가 되어야 입실이 가능합니다. 거기에 막상 오후 3시가 넘어 저녁이 되어서 입실을 하는 경우도 많습니다. 즉, 투숙객들은 낮 동안 태양 빛의 직접적인 영향을 거의 받지 않는 시간에 펜션을 이용하는 경우가 대부분이라는 것입니다. 대부분의 손님은 늦은 오후 펜션에 도착한 다음 바비큐를 즐기고 하늘이 어두워진 후에 객실을 이용합니다. 그렇기 때문에 만약 실내 바비큐장을 고급스럽게 만들려고 계획했다면 저녁 햇빛을 오랫동안 머금을 수 있는 서향으로 하는 것도 좋습니다.

서향의 바비큐장

앞서 설명했지만, 서향은 늦은 오후의 햇빛을 오래 받을 수 있기 때문입니다. 날씨가 좋은 일반적인 상황에서는 대부분 야외 바비큐장을 이용하길 원합니다. 실내 바비큐장은 비가 내리거나 날이 너무 추운 상황에서 사용하는 경우가 많습니다. 그렇기 때문에 날이 추운 시즌에 많이 이용할 실내 바비큐장이라면 가급적 서향으로 두는 것이 좋습니다. 북향의 전망이 너무나도 좋다면 북향으로 집을 만들 수도 있지만 대부분 어둡고 습한 기운이 안 좋기 때문에 꺼리는 경우가 많습니다.

펜션은 집이 아닙니다. 집을 만드는 것처럼 펜션을 만들어서는 안 됩니다. 영업을 위한 연출을 최우선으로 해서 펜션을 만들고 방향을 결정해야 합니다.

# 펜션 사업계획 중에
## 숙박료 설정이 우선인 이유

　　많은 분이 저에게 좋은 펜션 컨셉 아이디어를 달라고 연락합니다. 하지만 질문을 받자마자 창의적인 아이디어를 마구 쏟아내는 일은 없습니다. 펜션의 컨셉은 그렇게 만들어지는 것이 아니기 때문입니다. 저는 펜션 컨설팅을 시작하면 가장 첫 번째 질문으로 '연 순수익으로 얼마나 벌고 싶은지'를 묻습니다. 기준을 설정해야 하기 때문입니다.

　　창업자에게 펜션을 이용해 연 순수익으로 얼마를 벌고 싶은지를 물으면 별별 답이 다 나옵니다. 그래도 나름 구체적으로 계획을 짠 분들은 1년에 얼마를 벌고 싶다고 명확하게 답하는 경우도 있지만, 대부분은 이 수익에 대한 부분을 답하지 못합니다. 그저 두루뭉술하게 '수익은 많을수록 좋지 않을까?' 또는 '얼마나 벌어야 할지 모르겠다' 아니면 '10억 원을 투자했으니 얼마를 벌어야 하느냐?'라고 저에게 반문하는 경우도 있습니다. 물론 이 사업에 대한 경험치가 없으니 수익을 예상하기 어려울 것입니다. 하지만 그럼에도 얼마를 벌어야 할지 명확하게 목표를 정해야 합니다. 운영 방법부터 마케팅 계획까지 디테일한 사업계획서를 작성해서 예상 매출을 만들라는 것이 아니라 목표 수익만이라도 정해야 한다는 것입니다. 당연한 이야기라고 하는 분도 있겠지만 하루 숙박료까지 생각하는 분은 많지 않습니다. 목표 수익이 명확해야 사업계획의 첫 단추를 꿸 수 있습니다. 사업에서 가장 중요한 목표 수익을 명확하게 만들지 못하면 그다음 단계인 컨셉 기획에도 다다르지 못합니다.

펜션의 컨셉과 여러 아이디어는 목표 수익에서부터 출발해야 합니다. 강가의 물고기 한 마리 잡겠다고 무리하게 댐을 지을 필요는 없기 때문입니다. 그래서 펜션의 컨셉을 잡기 위해서는 먼저 목표 수익을 정하고 그 수익에 가장 현실적으로 다다를 수 있는 객실 수와 객실료를 정해야 합니다.

사람에 따라 목표 수익은 다르겠지만 저는 보통 펜션으로 괜찮은 수익을 내려면 만실이 되었을 때 하루 매출이 적어도 100만 원은 되어야 한다고 이야기합니다. 객실이 몇 개가 되었든 만실이 되었을 때 그 합이 100만 원이 넘는다면 그래도 좋은 수익을 가져갈 수 있습니다. 열 개의 객실이 있을 경우 객실당 숙박료를 10만 원으로 한다면 하루에 100만 원을 법니다. 객실이 다섯 개라면 숙박료를 20만 원으로 만들면 하루에 100만 원을 법니다. 객실을 두 개밖에 못 만든다면 1박에 50만 원짜리 두 개를 만들어야 하루 수익이 100만 원이 됩니다. 너무나 당연한 이야기입니다. 그래도 여기까지 생각했다면 그다음 진행이 좀 더 쉬워집니다.

펜션을 만들 땅을 알아보든, 이미 운영하고 있는 펜션을 매수하든 그 기준에 대입할 수 있습니다. 넓은 땅에 건축면적이 넓다면 열 개 객실을 만들어 가격 경쟁력을 높이면 되는 것이고, 땅이 작다면 객실 수를 줄이는 대신 어떻게든 숙박료를 높여야 합니다. 그 이후 해당 객실 단가에 합당한 수준의 객실 컨셉을 입히면 됩니다. 보통 여기서 펜션의 컨셉이 명확해집니다. 그래서 펜션을 건축할 땅을 구하기 전, 또는 매수할 펜션을 알아보기 전에 먼저 숙박료를 설정해야 합니다. 그리고 사업자가 세운 목표 수익과 목표 숙박료에 맞는 땅이나 펜션 매물을 찾아보러 다녀야 합니다. 이렇게 출발을 해야 덜컥 큰 투자를 한 후에 부랴부랴 끼워 맞추기식 사업계획서를 쓰지 않게 됩니다. 아직도 많은 분이 명확한 계획을 갖추지 못한 채 시작했다가 불필요하게 큰돈이 투자되는 경우를 너무 많이 봤습니다. 합리적인 투자를 하기 위해서 사업 구상 단계부터 수익에 관한 부분을 더 명확하게 설정해야 합니다.

# 펜션 창업 시기 결정이
## 중요한 이유

　보통은 펜션 창업 시기를 여름 성수기 전으로 하고 오픈과 동시에 큰 수익을 만들 계획을 세웁니다. 하지만 많은 사람들이 펜션 오픈 시기를 잘 맞추지 못해서 중요한 여름 시즌을 놓치고 가을, 겨울이 되어서 오픈하는 경우가 많습니다. 다 알고 있는 상식이겠지만 여름 시즌이 중요하다고 말하는 이유는 일반적으로 여름철에 가장 큰돈을 벌 수 있기 때문입니다.

　일반적으로 겨울 2~3개월 동안 고생하며 번 겨울 비수기 수익보다 여름철 3~4일 만실을 채우는 것이 더 큰 수익을 만들 수도 있습니다. 비약적인 표현이 아니라 실제로 그렇게 수익이 만들어집니다. 물론 대단히 멋진 펜션들은 겨울 내내 영업이 잘되는 곳도 있지만, 보통의 펜션들은 여름 한철을 놓치면 1년 농사를 망치는 것과 같습니다. 초보 사장들에게 이 시기는 매우 중요합니다. 첫해 수익을 성공적으로 만들었다면, 그 이후 펜션 운영이 좀 더 수월해집니다. 예를 들어 오픈과 동시에 여름철 두 달 동안 5,000만 원을 벌었다면 여름이 끝나고 가을부터 겨울 비수기, 그리고 봄 비수기까지 버틸 자금이 마련됩니다. 하지만 여름 성수기를 지나 가을에 오픈을 했다면 이후 비수기를 버틸 자금을 마련하기가 쉽지 않습니다. 그래서 오픈 일정은 항상 여유 있게 계획해야 합니다.

제가 창업 컨설팅을 해드린 분들 중에는 신축으로 펜션을 시작하려는 분들도 많습니다. 그중에는 늦가을이나 초겨울에 창업 준비를 해서 다음 해 여름 성수기 전에 오픈을 하겠다는 분들도 많습니다. 하지만 그런 계획을 갖는 분들 중 열에 아홉은 여름 성수기 전에 오픈을 하지 못하고 결국 가을이나 겨울 중에 오픈합니다. 만약 신축을 통해 여름 성수기 전에 오픈을 목표로 한다면 늦어도 전년도 여름에는 창업을 위한 준비를 시작해야 합니다. 펜션 사업을 시작하기로 결정했다면 먼저 펜션의 컨셉을 잡고 그 컨셉을 실현할 수 있는 땅을 찾고, 그에 어울리는 여러 건물과 객실 시안을 확인하고 설계에 들어갑니다. 토목 공사가 필요하면 토목 설계와 공사가 필요할 수도 있습니다. 실제 건축이 시작되기 전까지만 해도 많은 준비 시간이 필요합니다. 설령 준비 기간을 넉넉히 잡고 시작했다고 해도 예상치 못했던 일정이 끼어들기라고 하면 창업 시기는 늦춰지게 됩니다. 그러니 펜션 사업을 위해 오픈 일자를 정했다면 충분한 시간을 갖고 시작해야 합니다.

펜션을 신축하든 매수를 하든 온전한 펜션 건물을 확보하는 시기를 적어도 여름 성수기 2개월 전에는 마쳐야 합니다. 온전한 펜션 건물이란, 신축이라면 모든 공사가 마무리되는 시점, 그리고 매수한 펜션이라면 리모델링 공사를 마친 시점을 말합니다. 최근에 저에게 코칭을 받고 있는 분들의 공사 마감 스케줄을 보면 6월 10일 마감, 6월 29일 마감, 7월 23일에 마감으로 예정일을 잡고 있습니다. 6월 10일에 공사를 마무리하는 분은 그래도 여름 성수기 초반부터 영업이 가능하겠지만, 아쉽게도 다른 분들은 모두 여름 성수기를 맞이하기에는 조금은 늦었습니다.

적어도 두 달 전에는 온전한 건물을 확보해야 합니다. 보통 공사가 마무리가 된 후에 객실 내부에 들어가는 이불이나 냉장고, 식탁, 소품 등을 구입해야 합니다. 구입한 물건들이 모두 객실과 잘 어울린다면 한 번에 스타일링이 끝나지만, 대부분은 몇 번의 시행착오를 겪을 수 있으니 이 기간을 보통 2주 정도로 잡습니다. 물론 펜션 내외부에 필요한 집기와 가구 소품을 매입하고 배치하는 데 2주를 잡는 것은 아닙니다. 펜션 신축이나 리모델링으로 공사가 끝난 후 주변 정리를 함께하면서 객실 내 물건들을 들이는 시간을 이처럼 잡는 것입니다. 공사가 마무리가 된 후 2주 동안에 주변 정리와 객실 스타일링이 모두 끝나면 다행이지만, 가끔 배송에 문제가 생기기도 합니다. 일반적으로 큰 가구들이 배송 지연이 되는 경우가 있는데 보통 도시에서는 3~4일이면 받을 수 있는 제품이지만, 도서 지역에서는 일주일 또는 2주일 이상이 걸리기도 합니다. 공사 후 주변 정리가 끝나고 객실 스타일링까지 마무리되었다면, 홈페이지 제작을 위한 사진 촬영이 가능합니다. 그렇기 때문에 객실 스타일링까지 모두 마칠 시기를 넉넉히 잡고 미리 홈페이지 제작 회사에 촬영 가능 일자를 전달해야 합니다. 물론 홈페이지 제작 회사와는 촬영 일자 이전에 계약이 되어야 합니다. 사진 촬영을 마쳤다면 홈페이지를 만드는 데 보통 1개월이 걸립니다. 드물기는 하지만 펜션 홈페이지를 만드는 데 두 달 이상이 걸리는 경우도 있습니다. 이런 경우는 특별한 경우가 아니라면 해당 홈페이지 업체의 인력 시스템이 부족한 경우일 수도 있으니 펜션을 운영하며 배너, 팝업 광고 등 의뢰할 것들이 발생할 땐 서둘러 잘 전달해야 할 것입니다.

민박사업자필증, 사업자등록증, 통신판매업신고증을 받아놓고 펜션 홈페이지까지 완료가 되었다면, 이제 네이버 광고와 제휴업체 광고 등록을 할 수 있습니다. 네이버 플레이스, 네이버 예약, N페이, 네이버 광고까지 모두 등록을 해야 하는데 등록 자체는 어렵지 않지만, 이것도 심사를 받아야 하기 때문에 넉넉하게 7주일 정도는 잡아야 합니다. 건축물이 완성되고 객실에 물건들을 채우고 스타일링까지 2주일을 잡고, 사진 촬영 후 홈페이지를 제작하는 데 한 달에서 한 달 반을 잡고, 홈페이지가 완성된 후에 1~2주 동안 광고 등록 및 세팅을 합니다. 결국 건축물이 완성된 후 정상 영업을 하기까지 약 한 달 반에서 두 달 가까이 시간이 필요합니다.

보통 준성수기는 7월 초부터 시작합니다. 그리고 성수기는 7월 셋째 주 정도부터 시작합니다. 그렇다면 7월 손님들을 모객하려면 늦어도 6월 중순에는 광고를 시작해야 합니다. 즉, 앞서 설명했던 모든 작업들이 적어도 6월 중순에 모두 마무리가 되어야 여름 성수기 영업을 제대로 할 수 있다는 것입니다. 앞서 소개한 일정을 토대로 펜션 완공 스케줄을 따진다면 적어도 4월 중순경에는 완공을 해야 합니다. 완공부터 홈페이지 제작, 그리고 광고까지 모두 등록했다면 이제 진짜 손님을 받을 수 있는데 이때, 온라인으로 이루어지는 예약 시스템을 완벽하게 배우기 전까지는 예약을 받지 말고 각자의 예약 시스템을 익혀야 합니다. 진짜 손님들을 받기 전에 지인들에게 펜션 예약도 한번 해보라고 권하기도 하고, 펜션을 운영해보며 롤플레잉을 해봐야 합니다. 여러 사고에 대한 대비와 연습이 필요한데, 예를 들면, 오버 부킹(중복 예약) 같은 것들 때문입니다. 비수기의 경우에는 객실도 넉넉하고 손님들도 많지 않으니 중복 예약이 되어도 여러 대처 방안들을 내놓을 수 있습니다. 하지만 성수기 시즌에는 중복 예약이 되었을 경우, 옆 펜션에 보낼 수도 없습니다. 핫한 성수기 시즌에는 옆집도 만실일 확률이 매우 높습니다. 이런 일 때문에 창업 초반부터 펜션 리뷰를 담는 공간에 악플이 달리기 시작한다면 예약률을 높이는 데 문제가 생길 수도 있습니다. 그렇기 때문에 펜션 운영자는 예약 시스템을 완벽히 배워놔야 합니다.

새롭게 펜션 사업을 시작하려는 분들은 오픈 시기를 잘 살펴보고 여름 성수기를 문제없이 보내도록 준비해야 합니다.

# 펜션을 짧게 운영해도
# 수익을 낼 수 있을까?

저에게 컨설팅 의뢰를 하는 분들 중 짧게 임대 펜션을 운영해보려는 분들도 꽤 많습니다. 큰돈을 들여서 건물주가 되기 전에 1년 정도만 임대로 펜션을 맡아 운영해보고 실력을 쌓겠다는 계획입니다. 큰돈을 들이지 않고 펜션 운영에 대한 실전 경험을 쌓는 좋은 방법일 수도 있습니다. 하지만 짧은 임대 형태로 운영하는 방식은 수익을 내지 못할 수 있으니 신중하게 결정해야 합니다. 물론 펜션 수준이 매우 높거나 임대료(연세)가 엄청나게 저렴하다면 해볼 만하지만, 펜션 수준이 매우 높고 임차료가 상대적으로 저렴한 펜션이 임대 물건으로 나오는 일은 그리 흔하지 않습니다. 그리고 오랫동안 큰 수익을 만들지 못했던 안 좋은 펜션을 인수해서 아무런 변화와 투자 없이 그대로 받아 운영해서 높은 수익을 만든다는 건 쉽지 않습니다. 물론 하드웨어 부분은 그대로 두고 광고만 잘해도 좀 더 높은 매출을 만들 수는 있지만, 광고만으로는 분명히 한계가 있습니다. 그러니 더 높은 매출을 만들기 위해서 펜션에 변화가 필요합니다.

임대가 되었든 매매가 되었든 보통 오래되고 매력 없는 펜션들이 매물로 나옵니다. 만약 인수할 펜션이 오래된 펜션이라면 새로운 이미지를 만들기 위해서 변화를 주어야 합니다. 즉, 투자를 해야 합니다. 하지만 큰돈을 투자할 수 없기 때문에 합리적이고 정확하게 투자를 해야 합니다. 만약 임대료와 더불어 시설 투자까지 했다면 그 투자금을 1년 안에 회수하는 건 쉽지 않습니다. 그렇기 때문에 처음 1년은 투자 원금에 약간의 이익 정도를 찾아가는 기간으로 하고 2년 차, 3년 차, 4년 차에서 큰 수익을 내야 합니다. 그러니 진짜 수익은 1년 차가 지난 후부터 잡는 것이 좋습니다.

저조한 매출을 만들어내던 펜션을 더 매력적으로 보이도록 꾸며야 합니다. 만약 매출을 높이기 위한 투자를 하지 않겠다면 차라리 펜션을 운영하지 않는 것이 좋습니다. 이는 임차뿐만이 아니라 기존의 펜션을 매수할 때도 마찬가지입니다. 매매가 5억 원짜리 펜션을 매수하고 난 후 몇 백만 원 정도를 써서 이불이나 집기 등을 조금 바꾸고 바로 운영을 하려는 분도 있습니다. 앞에서도 이야기했지만, 운영이 잘되지 않아서 매물로 나온 펜션에 이불 몇 개 바꾼다고 장사가 잘될 리 만무합니다. 임대한 펜션이 되었든 매수한 펜션이 되었든 인수를 하게 된다면 이전 펜션이 갖고 있는 이미지 중 좋지 않은 이미지를 찾아내 모두 변신을 시킬 만큼 투자를 해야 합니다. 예를 들어, 창업 자금을 1억 원으로 정하고 펜션 임대료가 1

년에 약 4,000만 원이라고 가정한다면 6,000만 원이 남습니다. 이 6,000만 원으로 펜션의 일부 디자인 변화를 위한 공사 및 스타일링 비용, 펜션의 용품 구입과 홈페이지 제작 비용으로 책정할 수 있습니다. 만약 펜션을 잘 운영해서 첫해에 임차료를 제하고 순수익 1억 원을 벌었다고 해도 초기 시설 투자금이 6,000만 원이 들어갔으니 첫해 실 수익은 4,000만 원밖에는 되지 않을 것입니다. 만약 4,000만 원으로 생활이 불편하다면 첫해 약간의 여유 자금을 갖고 시작해야 합니다. 물론 첫해가 지난 후에는 시설 투자금이 거의 들어가지 않으니 그다음 해는 좀 더 여유로운 수익이 만들어질 것입니다. 간혹 이렇게 말하는 사람도 있습니다.

"어차피 남의 건물인데 내 돈을 들여가면서까지 건물을 업그레이드할 필요가 있나요?"

하지만 그 행위는 건물주를 위해서가 아니라 사업자를 위해서입니다. 예를 들어 시내에서 레스토랑을 운영한다면 건물을 임차해서 들어온 사업자가 직접 인테리어를 하게 됩니다. 너무나도 당연합니다. 물론 임차인이 건물에 과할 정도로 많은 투자를 했다면 보호받을 장치가 있어야 합니다. 건물주로부터 계약 기간과 임차인을 보호할 만한 특약이 있어야 합니다. 펜션도 마찬가지입니다. 보통 펜션 건물주는 직접 펜션을 운영하다 지쳐서 임대로 펜션을 내놓습니다. 그리고 임대 계약이 끝난 후 펜션을 다시 건물주가 운영하는 경우는 많지 않습니다. 대부분 건물주는 건물을 매도하기 위한 고민을 더 하게 됩니다. 제 경험에 비춰보면 그랬습니다. 임대 중에도 건물주 입장에서는 펜션을 빨리 팔고 싶겠지만 임차인이 있으니 이럴 경우 임차인과 상의를 해야 할 것입니다. 그렇기 때문에 임대 계약을 할 땐 1년이 아닌 그 이상으로 계약을 해서 1년 차는 투자 원금 회수, 2년 차부터는 수익을 가져갈 수 있도록 투자금을 보호할 수 있는 계약을 해야 합니다. 만약 그 중간에 펜션 매매가 이루어질 경우, 임차인이 투자한 시설 권리금 일부를 회수할 수 있도록 특약을 넣는 것이 좋습니다. 이런 조건을 계약서에 넣지 못했다가 원금도 못 받고 쫓겨난 경우도 많이 봤습니다. 그러니 계약할 때 확실하게 해야 합니다. 계약서 앞에서 사람 좋은 척해봐야 득을 볼 일이 없습니다. 계약 전에는 특수한 상황이 아닌 이상 대부분 매수자 또는 임차인이 갑의 위치입니다. 즉, 키를 쥐고 있게 됩니다. 하지만 계약이 성사되면 또다시 갑과 을의 관계가 뒤바뀌어버릴 수도 있으니 항상 계약 전에 할 말을 다 하고, 계약서에 할 말을 다 쓰고 계약을 해야 합니다.

어떤 건물주는 펜션을 빨리 매도할 마음에 얄팍한 수를 쓰는 경우도 있습니다. 계약 전에 자신의 건물에 관심을 갖고 있는 사람들이 많다는 것을 보여주기 위해 매수자 또는 임차인이 건물을 보러 올 시간에 맞춰 건물주가 섭외한 연기자가 마치 집을 보러 온 경쟁자처럼 행세를 하도록 합니다. '설마 그런 일까지 하겠어?'라고 생각할 분들도 있겠지만, 그런 경우는 정말 많습니다. 그리고 그런

얄팍한 수에 넘어가서 수천만 원씩 돈을 날리는 분들도 많이 봤습니다. 그러니 임대펜션이 되었든 매매펜션이 되었든 계약 전 건물주와 중개인이 분위기를 너무 몰아가는 것 같다고 느껴진다면 다시 한번 재고해보길 바랍니다. 즉, 나에게 유리한 조건으로 계약이 불가능하다고 느껴진다면 다시 생각해봐야 합니다. 임차인이 유리한 조건의 계약 기간을 꼭 확보하고, 계약 기간 내에 건물이 넘어갈 경우를 대비해놓고 시설 투자를 해놓아야 합니다.

# 풀빌라와 럭셔리 펜션 창업 시
# 꼭 만들어야 할 이미지

불과 몇 년 전만 해도 펜션 창업자 중 절반 이상은 적당히 준수한 펜션을 만들어 가족형펜션으로 운영하는 경우가 많았습니다. 물론 지금도 그런 사업계획을 갖고 있는 이들도 많습니다. 그런데 최근에는 소비자들의 소득 수준이 높아지면서 이전보다 다양한 경험을 많이 하게 되었고, 다양한 소비자들의 요구에 맞추기 위해 높은 수준의 펜션도 많이 만들어지고 있습니다. 그리고 예비 창업자들은 독특하고 높은 수준의 펜션이 만들어내는 영업 결과를 눈으로 확인하게 되었습니다. 이제 예비 창업자들은 적당한 수준의 펜션이 얼마나 영업에 불리한지 잘 알고 있습니다. 그래서 이를 반영하듯 최근에는 펜션의 수준이 점점 높아지고 있습니다.

럭셔리 펜션 스타일이 펜션을 운영하기에 가장 좋은 이미지라고 할 수는 없지만, 대부분 창업자들은 가능하다면 럭셔리 스타일의 펜션을 만들기 위해 노력하고 있습니다. 그런데 제가 펜션 사업 컨설팅으로 만나본 창업 예정자 중 대부분은 럭셔리 스타일 객실에

태국 푸껫 아야라 카말라 리조트의 풀빌라

대해서 제대로 이해하고 있지 못했습니다. 그들은 실제로 최고급 숙소를 경험해본 일이 많지 않았기 때문입니다. 만약 그런 경험이 있었다면 아마도 신혼여행을 통해 발리나 푸껫, 몰디브 등에서 투숙했던 최고급 풀빌라나 호텔이 전부일 것입니다. 적어도 제가 만나본 분들은 그랬습니다.

럭셔리 호텔 및 객실에 대한 간접 경험치를 늘리는 방법도 있습니다. 역시 가장 좋은 방법은 인터넷 검색입니다. 인터넷을 통해 사진과 영상을 참고하면 됩니다. 사진을 많이 보는 것만으로도 큰 도움이 됩니다. 하지만 분명히 한계가 있습니다. 사진 속의 떠오르는 태양을 보는 것과 동해 바다에서 붉게 떠오르는 태양을 직접 눈으로 바라볼 때의 감동은 천지 차이입니다. 그래서인지 본인이 직접 느껴보지 못한 이미지를 고객들에게 전달하는 데 많은 어려움을 갖고 있는 듯합니다. 판매하고자 하는 숙소의 어떤 포인트를 고객에게 보여줘야 고객이 크게 반응하는지를 모른다는 것입니다. 그래서 럭셔리 숙소에 대해 잘못된 기준으로 만들어지는 펜션이 참 많습니다. 예를 들면, 이런 경우가 있습니다. 얼마 전 컨설팅으로 다녀왔던 남해의 C펜션은 마치 협소주택처럼 높이 솟아 있었습니다. 좁은 땅에 3층 높이로 올라간 독립형 객실이 8동이 있습니다. 10평 남짓한 바닥 면에 1층 10평, 2층 10평, 3층 10평으로 만들어 총 30평짜리 객실을 만든 것입니다. 그런데 이런 형태는 최근 서울 경기 등의 대도시에서 자주 볼 수 있는 건축 형태입니다. 값비싼 땅을 많이 매입하기 힘들 때 작은 땅을 매입해 거주 공간을 늘릴 목적으로 높게 쌓아 올린 집을 협소주택이라고 부릅니다. 이 협소주택은 흔히 실용적이라고 이야기합니다. 좁은 땅을 매우 잘 활용했기 때문입니다. 협소주택을 '실용적'이라고 말하지만 '럭셔리'하다고 말하지는 않습니다. 잘 만들어진 협소주택을 '예쁘다'고 말하기도 하지만 역시 '럭셔리하다'고 말하지는 않습니다. 만약 럭셔리 스타일의 펜션을 만든다면 '좁다'는 이미지와 '실용적이다'는 이미지가 아닌 '과하다', '사치스럽다'라는 이미지가 먼저 만들어져야 합니다. 그래서 보통 럭셔리한 숙소들은 기본적으로 와이드한 거실 또는 큰 침실, 넓은 욕실, 수영장 등을 갖고 있습니다. 넓은 공간은 범용성도 좋아 보여야 합니다. 그리고 당연히 실내 실외 마감재는 고급스러워야 합니다. 이건 개인 눈높이의 차이에서 기준이 설정될 것입니다. 한국의 가난했던 시절을 경험한 연세가 있는 분들에게는 요즘의 잘 만들어진 예쁜 아파트만 보여드려도 화려하고 멋지다고 느낄 것입니다. 하지만 잘 먹고 잘사는 시대에 태어나 어릴 적부터 해외의 좋은 숙소를 경험한 젊은이들에게는 적어도 공신력 있는 5성급 호텔 정도는 보여줘야 럭셔리하다고 느낄 것입니다. 그러니 럭셔리한 공간을 만들고 싶다면 내 기준이 아닌 현재 젊은 고객들이 인정하는 것들을 살펴봐야 합니다. 저도 그 감을 잃지 않으려고 매년 수차례씩 해외의 유명 호텔과 풀빌라를 시찰하고 있고 디자이너들과도 꾸준한 교류를 하고 있습니다.

럭셔리한 스타일을 연출하기 위해 가장 기본적인 방법은 벤치마킹입니다. 일단 보고 베끼는 것입니다. 쉽게 말해 럭셔리한 공간에서 많이 봤던 모습으로 만들고 연출하면 됩니다. 최고급 호텔의 로비와 객실, 라운지, 고급 레스토랑, 명품숍 등을 확인해봐야 합니다. 최고급 호텔의 로비와 객실, 라운지는 실력이 좋은 디자이너가 만들어낸 결과물입니다. 예쁜 펜션과는 또 다른 느낌입니다. 최고가 만든 최고의 작품이라고 생각하면 됩니다. 이런 곳을 벤치마킹하는 것은 기본 중 기본입니다.

20~30대의 머릿속에 담겨 있는 멋진 숙소의 이미지는 40~50대가 생각하는 것과 다릅니다. 그들은 민박집, 전원 속의 멋진 펜션보다는 더 이색적이고 화려한 호텔의 이미지에 익숙해져 있습니

다. 어릴 적부터 해외여행과 호텔을 자주 접했기 때문입니다.

예전에 경남의 S펜션을 컨설팅할 때는 사치스러운 이미지를 연출하기 위해 고급 브랜드를 함께 노출한 일도 있었습니다. 펜션 건축을 마치고 난 후 홈페이지를 촬영할 때 실제 명품(시계, 가방, 펜, 스카프 등)들을 렌트해서 펜션 촬영 시 소품으로 사용했습니다. 물론 당시 사용한 소품들은 지금 사치스러운 소비를 즐기는 현재 젊은 층들이 가장 선호하는 디자인과 브랜드를 선택했습니다.

판매자의 의도를 소비자에게 잘 전달하려면 먼저 소비자의 머릿속에 들어 있는 기준을 자세히 파악해야 합니다. 그리고 그 기준과 어울리는 모습이 연출되어야만 비로소 판매자가 의도한 바를 쉽게 받아들이게 됩니다. 종종 아버지와 아들 또는 남편과 아내가 제 앞에 앉아 서로의 의견이 맞지 않아 진한 토론을 벌이는 경우를 종종 보게 됩니다. 사실 그 토론의 승자는 그 누구도 아닌 소비자의 상품 선택 기준을 잘 이해하고 있는 사람입니다.

정리하자면 다음과 같습니다. 럭셔리한 객실에 대한 기준은 다양하지만 그 기준은 객실을 이용할 고객층이 생각하는 기준에 부합해야 한다는 것입니다. 그리고 럭셔리 펜션은 실용적이고 합리적인 공간으로 만들어져서는 안 됩니다.

# 소비자의 마음을 읽는 법
(소비자가 원하는 것을 판매하는 법)

이번에 해드릴 조언은 펜션 사업에 가장 중요한 펜션 컨셉에 대한 내용입니다. 좀 더 정확히 말하자면 숙박 사업의 마케팅에 관한 이야기입니다.

많은 분들이 펜션 컨셉을 어떻게 잡느냐고 묻습니다. 그런데 펜션의 컨셉은 여러 상황에 따라 달리 만들 수 있기 때문에 정답은 없습니다. 같은 상품도 '누구에게 판매할 것인가'에 따라 상품의 컨셉을 달리할 수 있습니다.

컨셉은 펜션이 위치한 곳에 따라 달라질 수 있습니다. 바다가 위치한 곳, 산, 계곡, 들, 절벽, 작은 마을 등 주변 환경이 다를 수 있고 투자금과 시공 방법에 따라 철근 콘크리트, 목조 건물, 스틸하우스, 흙집 등 여러 형태가 될 수도 있습니다. 디자인과 형태에 따라 풀빌라, 케빈하우스, 한옥 등으로 나뉠 수도 있을 것입니다. 그리고 목표로 하는 영업 대상에 따라 젊은 층이 선호하는 커플펜션부터 가족펜션, 키즈펜션까지 다양한 컨셉이 나올 수 있습니다. 영업 환경이 모두 다르기 때문에 "펜션의 컨셉을 어떻게 잡아야 하는 가?"에 대한 질문에 모든 답을 일반화할 수는 없습니다. 하나씩 하나씩 해당 펜션의 상황에 맞춰보고 고민해봐야 합니다. 물론 실제로 펜션 사업을 해보지 않고 소비자들이 선호하는 컨셉을 단번에 만들어내기는 쉽지 않습니다. 그래서 이해를 돕기 위해 다양한 상황에 따라 펜션의 컨셉을 잡는 방법 한 가지를 소개해보겠습니다.

신축으로 창업하거나 기존 펜션을 리모델링할 계획이 있는 분들에게 새롭게 만들어질 펜션은 어떤 스타일로 만들려고 하는지 물으면 보통 "모던 스타일로 깔끔하고 고급스럽게 만들고 실내 풀장을 넣으려고 합니다" 또는 "커플여행자들에게 어필할 예쁜 펜션으로 만들고 실내에는 파티나 이벤트를 할 수 있는 객실로 만들려고 합니다"라고 말합니다.

예상했겠지만 이런 답은 좋은 답이라고 할 수 없습니다. 보통 머릿속에서는 큰 그림을 구상하고 있지만, 소비자들을 완벽하게 설득시킬 만큼 구체적이고 좋은 표현법(연출방법)을 생각해내지 못했을 경우에 이처럼 답을 하기 때문입니다. 가장 중요한 것은 기준입니다. 소비자를 쉽게 납득시킬 수 있는 그런 기준이 있어야 합니다. 몇 장의 사진과 펜션을 알리는 짧은 한 줄의 문장만 읽어도 소비자 스스로 어떤 분위기의 펜션인지 단번에 이해할 수 있어야 하고, 대략 객실료가 얼마 정도 할 것이라는 예상을 할 수 있어야 합니다. 객실 판매를 위해 인터넷에 노출된 사진이 럭셔리해 보이거나 펜션을 소개하는 설명 문구에 '럭셔리'라는 단어가 들어가면 '객실료가 비쌀 거 같다'라는 이미지가 만들어집니다. 이해를 돕기 위해 조금 더 구체적인 예를 들어 설명해보겠습니다.

동창회를 앞둔 A씨. 동창회에 나가서 자신이 잘나간다는 걸 과시하고 싶다는 생각을 하게 됩니다. '좋은 차를 가지고 나갈까?' 생각했지만 어차피 차는 주차장에 놓고 동창회 장소로 이동해야 하니 차는 포기를 합니다. 한참을 고민하다가 멋진 '손목시계'를 차고 나가 자랑해야겠다고 결정하게 됩니다. A씨는 1,000만 원짜리 롤렉스 시계도 있고, 3억 원이 넘는 파텍필립 브랜드의 시계도 있습니다. 친구들에게 시계 자랑을 하려면 어떤 시계를 차고 나가는 것이 좋을까요? 3억 원이 넘는 파텍필립 노틸러스 손목시계를 차고 나가면 될까요? 만약 파텍필립을 차고 나간다면 과연 몇 명이나 이 시계가 럭셔리하고 비싼 시계인지 알 수 있을까요? 열에 아홉은 그 시계를 잘 모를 것입니다. 혹여 관심을 조금 보이는 동창이 있다고 하더라도 "시계 예쁘네", "시계가 참 고급스럽다" 등의 반응이 전부일 것입니다. 그럼 그럴 때마다 "야! 친구야. 이리로 와서 내 시계를 좀 봐. 음각이 어떻고 양각이 어떻고, 시계 안에 다이아몬드가 몇 개가 박혀 있고…" 하며 일일이 3억 원이 넘는 시계에 대해서 설명을 해줘야 할까요? 차라리 1,000만 원이 조금 넘는 롤렉스 시계를 차는 것이 친구들에게 자랑하기엔 더 좋을 것입니다. 친구들 대부분은 롤렉스 시계를 알아볼 것입니다. 그중 시계에 관심이 있는 친구 몇몇은 롤렉스 시계에 관심을 보이는 이도 있을 것입니다. 사실 롤렉스 시계는 툴 워치의 대명사입니다. 여행을 하거나 다이빙을 하거나 험한 환경에서도 망가지지 않고 정확한 시간을 알려주는 튼튼한 시계입니다. 수천만 원짜리도 있지만 1,000만 원 정도에 좋은 롤렉스 시계를 구할 수도 있습니다. 롤렉스는 우리나라뿐만이 아니라 전 세계적으로 럭셔리한 시계의 대명사가 되었습니다. 앞서도 이야기했지만, 롤렉스보다 더 비싼 시계는 얼마든지 있습니다. 하지만 그러한 브랜드들은 시계를 좋아하는 몇몇을 제외하고 일반적인 사람들은 잘 모릅니다. 수천, 수백만 원짜리 시계를 차고 나가봐야 대부분의 사람들은 그저 예쁜 손목시계쯤으로 생각할 것입니다. 그러니 만약 시계를 차고 나가 동창들에게 자랑을 하고 싶다면 대중들이 잘 알고 있는 이미지를 이용해야 한다는 것입니다. 3억 원짜리 파텍필립 노틸러스가 아닌 1,000여만 원짜리 롤렉스가 대중을 이해시키기에 더 좋다는 것입니다.

그럼 앞의 예를 잘 생각해보면서 펜션의 기준에 대해서 이야기해보겠습니다. 지금 막 펜션 창업을 염두에 두고 있는 분들이나 새롭게 리모델링을 염두에 두고 있는 분들이라면 함께 고민해보길 바랍니다.

지금 당신이 만들려고 하는 펜션은 어떤 이미지의 펜션인가요? 과연 한두 문장 정도로 소비자들을 완벽하게 이해시킬 수 있나요? 내 펜션이 얼마나 좋은 펜션인지 구차하게 설명을 늘어놓아야 하진

않나요?

대부분 펜션 창업자들에게 펜션의 컨셉에 대해서 설명해달라고 하면 한두 문장으로 요약해 소비자를 설득하는 문장을 만들지 못하는 경우가 많습니다. 많은 게 아니라 지금까지 펜션 사업 컨설팅을 하는 동안 단 한 번도 명확히 답을 하는 분은 못 봤습니다.

펜션의 컨셉이 정해졌다면 그 컨셉을 짧고 굵게 소비자에게 전달할 수 있는 도구가 만들어져야 합니다. 사진과 광고 문구입니다. 그런데 그 사진과 문구는 소비자들의 머릿속에 담고 있는 기준을 이용한 것이어야 합니다.

"내 펜션은 OOO펜션이다"라고 간단히 이야기해도 소비자의 반응은 "아! 그런 곳이구나" 또는 "매우 화려한 곳이구나", "기념일 여행으로 어울리겠구나" 등의 반응이 나와야 합니다. "그래서? 정확히 어떤 스타일의 펜션인데?"라는 반응이 나오면 안 됩니다.

여러 매체를 통해 접한 펜션의 이미지가 고급스러운 스타일, 모던스타일, 깔끔한 스타일, 예쁜 펜션, 커플펜션 등의 구체적이지 않은 이미지라면 소비자는 펜션이 보여주고자 하는 수준을 가늠하지 못하게 됩니다.

'올 화이트로 만들어진 모던 스타일의 예쁜 펜션!'

이 문장을 보고 객실료가 20만 원일까? 50만 원일까? 100만 원일까? 가늠이 되나요? 감을 잡기가 쉽지 않을 것입니다. 여기에 화이트톤으로 보이는 멋진 객실 사진이 함께 소개되어도 역시 객실료가 얼마일지 감을 잡기는 어려울 것입니다. 그렇기 때문에 구매가 잘되도록 소비자를 설득시키려면 소비자들이 알 만한 정보를 보여 줘야 합니다. 그래야만 더 쉽게 상품을 이해하고 지갑을 열기 때문입니다.

몰디브, 하와이, 푸껫, 보라카이 등의 단어를 들으면 어떤 이미지가 머릿속에 떠오르나요? 조금 더 구체적인 그림이 머릿속에 그려지죠? 과거에 어렵게 시간을 내서 떠났던 해외여행의 기억이 떠오를 수도 있고, 신혼여행이나 특별한 기념일 여행이 머릿속에 떠오를 수도 있습니다. 그럼 힐튼 호텔, 리치칼튼 호텔, 하얏트 호텔 등의 단어를 들으면 어떤 이미지가 머릿속에 떠오르나요? 디럭스 룸, 스위트 룸, VIP 룸은 모두 알고 있는 정보이기 때문에 이미지가 쉽게 머릿속에 떠오르게 됩니다. 소비자들이 알 만한 호텔이나 리조트의 브랜드를 끌어들여 설명하면 이해가 더 빠를 것입니다. 앞서 설명한 단어들은 모두 여행자들이 긍정적으로 받아들일 수 있는 단어들로 채워져 있습니다. 그래서 소비자들이 알 만한 이미지로 기준점을 만들어야 합니다. "내가 차고 있는 손목시계는 금통으로 만들어져 있고 사방에 다이아몬드가 들어가 있고 음각과 양각 기술이 뛰어나다" 등의 이야기를 구구절절하게 설명해봐야 소비자를 이해시키기 힘들다는 것입니다. 그저 "내 시계는 롤렉스입니다"라고 설명하거나 "내 시계는 롤렉스와 비슷한 시계입니다"라고 설명하는 것이 소비자를 이해시키기가 더 쉽습니다.

다시 말해 "우리 펜션은 화이트톤의 예쁘고 고급스러운 바다 전망 펜션이다"라고 구구절절이 설명하기보다 "우리 펜션은 몰디브의 힐튼과 비슷한 럭셔리 펜션이다"라고 설명하는 것이 더 좋다는 것입니다. 사진 연출도 마찬가지입니다. 하와이의 이미지로 컨셉을 정했다면, 펜션을 소개하는 사진에서 하와이의 이미지를 느낄 수 있는 연출이 필요합니다.

신혼여행으로 많이 찾는 하와이

판매를 잘하려면 이미 형성되어 있는 시장을 이용하는 것이 가장 빠릅니다. 카메라 시장에 액션캠이 등장했을 때 사람들은 매우 어리둥절했습니다. '저 작은 카메라를 어디에 쓸까?'라고 생각했습니다. 그런데 점차 이 단단하고 방수도 잘되고 크기도 작은 카메라를 이용해 서퍼들이 서핑을 탈 때 촬영을 하고, 극한의 익스트림 스포츠를 즐길 때 촬영을 하면서 대중에게 알려지기 시작하더니 판매량이 급증하기 시작했습니다. 처음에 세상에 나왔을 땐 매우 고전했지만 이후 액션캠 시장이 형성되고 나니 여러 카메라 회사에서 우후죽순 액션캠을 내놓기 시작했습니다. 그리고 그들은 이전에는 세상에 있지도 않았던 단어인 '액션캠', '고프로와 같은 성능', '고프로 스타일' 등의 단어들을 이용해 이미 형성되어 있는 시장에 익숙한 소비자들을 자신의 제품으로 시선을 돌리도록 안간힘을 썼습니다.

이미 형성되어 있는 기준을 이용해야 소비자들을 설득시키기 쉽습니다. 내가 만들 펜션, 내가 운영 중인 펜션을 어떻게 연출해야 소비자들이 쉽게 이해할 수 있을지 그들의 입장에서 고민해야 합니다.

경주에서 강의가 있어 KTX를 타고 목적지로 향하던 중, 전화 한 통을 받았습니다. 당시 저에게 전화를 해왔던 송O석 씨는 큰 결정을 하기 직전이었습니다. 당시 그는 펜션을 지을 300평 정도의 땅을 구입하기 직전이었는데, 잘한 결정인지 점검하고 싶은 마음에 저에게 전화를 했다고 말했습니다. 사실 그는 이전에 이미 두 번 정도 전화해서 컨설팅을 신청할지 말지를 여러 번 고민했었습니다. 뭔가 선뜻 결정하기 애매한 상황에 처한 분이라고 생각돼서 잠시 그의 이야기를 들어보기로 했습니다.

그가 현재 갖고 있는 자산을 모두 펜션 사업을 위한 투자금으로 사용할 경우 약 3억 원 정도를 확보할 수 있었고, 나머지는 대출을 해서 펜션을 완성하려고 생각하고 있었습니다. 30대 후반의 젊은 나이에 집을 제외하고도 3억 원이나 모은 것은 참 대단하지만 멋진 펜션을 만들기 위한 자금으로는 부족했습니다. 약 30분 남짓 그의 사업계획을 들어본 저는 그가 생각하는 것이 현실적이지 못하다는 답을 했고, 매입을 염두에 뒀던 계약 직전의 땅은 매입하지 말라고 일렀습니다. 하지만 그는 이미 이전에 하던 사업을 모두 접은 상태였고 마음속으로는 벌써 각박한 도시 생활을 청산한 상태였습니다. 너무나도 직설적인 답을 들은 송 사장은 당황한 듯 물었습니다.

**송 사장** : "그럼 펜션을 하기 위해 방법은 없는 걸까요?"

**김 작가** : "방법이 없는 건 아니죠."

**송 사장** : "그럼 3억 원이 조금 넘는 자금에 2억 원 정도를 더해서 5억 원 정도 되는 작고 오래된 펜션을 인수할까요?"

**김 작가** : "장사가 안 되어서 매물로 나온 펜션을 그대로 인수하시려고요? 인수한 후에 약간의 손만 본다고 해도 수천만 원에서 1억 원은 우습게 들어갈 것입니다. 그럼 5억 원에 인수한다고 해도 이것저것 손보고 영업을 시작한다면 6억 원 가까이 들어갈 수도 있습니다. 인수 후에 별 투자 없이 바로 창업할 수도 있겠지만, 저는 그런 식으로 창업한다면 말리고 싶습니다. 5억 원 정도 되는 펜션의 규모는 크지 않습니다. 그리고 객실 수준도 평범하거나 평균 이하의 객실 분위기일 가능성이 높습니다. 물론 그 정도 펜션으로도 좋은 수익을 만들 수 있지만, 저에게 이야기한 큰 목표 수익에 다다르려면 수준이 낮고 적은 수의 객실로는 정말 쉽지 않을 것입니다. 그저 열심히 한다고 해서 큰 수익이 만들어지는 건 아닙니다. 펜션 건물 자체가 수익을 만들 수 있는 건물이어야 합니다. 펜션 건물주가 되고 싶은가요? 펜션 사장이 되길 원하는 건가요? 아니면 안정적인 전원생활을 원하는 건가요? 가장 필요한 게 뭔가요?"

송 사장 : "글쎄요. 건강한 라이프 스타일과 그런 생활을 영위할 수 있는 수입이 있으면 좋겠습니다. 솔직히 전 아직 젊고 돌봐야 할 처자식이 있으니 많이 벌면 더 좋겠습니다."

김 작가 : "그렇다면 지금 당장 건물주가 될 필요는 없습니다. 제대로 수익을 만들지 못할 애매한 펜션을 매수해 허울만 좋은 펜션 건물주가 될 바엔 더 좋은 수익을 만들 수 있는 적당한 펜션을 임차해서 운영하는 편이 더 나을 수 있습니다. 임대한 펜션으로 좋은 수익을 내서 매년 1억 원씩 저축하고 꾸준히 4~5년만 노력한다면 5년 동안 5억 원을 저축하겠네요. 그땐 송 사장님이 갖고 있는 3억 원에 5억 원을 합해 8억 원이 되겠네요. 여기에 2억 원 정도만 대출을 낀다면 10억 원짜리 펜션 건물주가 되는 것입니다. 5년 안에요. 쉽지 않겠지만 불가능하지도 않습니다."

송 사장 : "네? 5억 원이요? 임차한 펜션으로 그게 가능할까요? 그런 수익을 만들려면 임대료만 1억 원 가까이 하는 엄청난 고급 펜션을 임차해야 하는 거 아닐까요? 저는 그런 여유가 없는데요? 일단 펜션을 구하고 난 뒤 펜션 근처에 제 아내와 아이가 편히 머물 아파트를 전세로 하나 두어야 할 거 같고 펜션의 낡은 집기들을 바꾸고 필요한 부분을 약간 손을 본다면 몇천만 원은 들어갈 텐데…. 그리고 전 펜션 사업이 처음이라 불안해서 여윳돈을 좀 갖고 있으려고 합니다. 요즘은 월세보다는 1년 단위로 연세를 지불하는 방식으로 많이 한다고 하던데, 저는 펜션 연임대료에 들어갈 비용을 8,000만 원에서 1억 원까지는 못 씁니다."

김 작가 : "네. 그렇게 큰 임대료가 들어가는 펜션을 볼 필요는 없습니

다. 연세 3,000만 원 정도의 펜션을 찾아보죠. 3,000만 원 정도의 펜션으로 연 순수익 7,000만 원에서 1억 원 정도를 만드는 걸 목표로 하죠."

**송 사장** : "3,000만 원이요? 3,000만 원짜리로 순수익 1억 원을 만든다고요? 저는 도저히 이해가 안 됩니다. 저도 크진 않지만 작은 사업을 하고 있고 나름 사업을 하며 쌓은 경험이 있는데 선생님의 이야기가 현실적으로 들리지가 않습니다. 물론 그렇게 된다면 너무 좋겠지만…."

**김 작가** : "그런가요? 저는 이런 경험이 많이 있으니 염려 마세요. 지금까지 상담을 하면서 사장님의 이야기를 쭉 들어보니 가능할 거 같아서 말씀드리는 겁니다. 하지만 누구나 다 이처럼 할 수 있는 건 아닙니다. 결국 저는 길만 내어드리는 것이고 모든 것은 정작 업주가 모두 다 해내야 합니다. 앞으로 선택해야 할 것들이 정말 많을 겁니다. 펜션 사업을 잘 하기 위해 어떤 것들을 해내야 하는지 미리 말씀드릴 테니 그것들을 해낼 수 있을지 스스로 잘 판단해보세요."

상담 중 목표로 잡았던 수익을 이야기 듣고 송 사장은 정말 그런 결과를 만들 수 있는지 여러 차례 되물었습니다. 송 사장이 성공적으로 목표에 다다를 수 있다고 자신했던 데는 여러 가지 이유가 있었는데, 가장 큰 이유는 바로 마케팅 능력이었습니다. 송 사장은 이전에 온라인 마케팅 관련 사업을 해왔기 때문에 펜션 사업을 하기에 좀 더 유리한 출발을 할 수 있을 거라 생각했습니다. 수익을 만들 수 있는 제대로 된 컨셉에 온라인 마케팅 능력까지 갖춘다면 성공 확률이 훨씬 높을 거라고 판단했습니다. 펜션을 하기 위해서 여러 가지 선택을 하게 되는데, 그 선택에 실수만 없다면 목표에 무난히 안착할 수 있을 거라 생각했습니다.

이후 송 사장은 매입을 고민했던 토지를 포기하고 임차 물건을 알아보기로 했습니다. 송 사장은 남해든 동해든 가족이 행복할 수 있다면 전국 어디서든 일을 할 수 있는 각오가 되어 있다고 했습니다. 하지만 현실적으로 생각해보면 송 사장의 선택 폭은 그리 넓지 않았습니다. 먼저 풀빌라 등의 화려한 고급 펜션은 높은 연세 때문에 임차하기 쉽지 않습니다. 그래서 저는 이미 많은 부분을 먼저 결정하고 송 사장에게 제 생각을 전달했습니다.

깨끗하고 예쁜 펜션은 전문가가 아닌 일반인의 눈으로 봐도 좋아 보입니다. 하지만 중요한 건 예쁜 펜션이 아니라 돈이 될 만한 펜션을 고르는 안목을 키워야 한다는 것입니다. 저는 송 사장에게 어떤 펜션을 골라야 하는지 마치 미션을 주듯이 알려주었고, 송 사장은 제가 알려준 것들을 토대로 수많은 펜션을 답사하기 시작했습니다. 송 사장의 현 상황을 살펴보면 객실로 승부할 수 있는 펜션을 찾기는 어렵다고 생각되었습니다.

그래서 즐길 거리를 전면에 내세운 이미지를 차용하기로 결정했습니다. 그중에서도 여행과 연관해서 연상될 수 있는 이미지를 이용해야 모객을 하는 데 더 유리하다고 판단했습니다. 이를테면 평온해 보이는 둘레길 또는 아름다운 저수지 옆에 위치한 펜션이 있습니다. 하지만 둘레길 또는 저수지 등을 머릿속에 떠올렸을 때 여행과 연상되는 임팩트는 그리 크지 않습니다. 그리고 연상되는 이미지 역시 다양하지 않습니다. 가장 먼저 휴식과 힐링에 가까운 이미지가 떠오릅니다. 물론 둘레길과 저수지 등의 차분한 이미지도 좋지만 임팩트 있는 이미지는 아닙니다. 송 사장의 펜션은 좀 더 자극적인 이미지가 필요했습니다. 그래서 생각한 것이 서핑과 캠핑이었습니다. 머릿속에 서핑을 생각하면 떠올릴 수 있는 이미지는 무수히 많습니다.

서핑과 함께 연상되는 이미지는 바다, 파도, 하와이, 발리, 젊음, 파티, 캠핑까지 하나같이 임팩트 있고, 이색적이고, 여행에 관련된 이미지로 가득 차 있습니다. 결국 펜션의 이미지를 서핑이 연상되는 컨셉으로 만들기로 했고, 구상한 컨셉에 어울리는 펜션을 알아보기로 했습니다. 지역은 강원 영동 지역으로, 국내에 한참 서핑으로 인기를 얻고 있는 고성, 속초, 양양, 강릉으로 정했습니다. 물론 서핑이 가능한 바닷가 앞이면 좋겠지만 큰 기대는 하지 않았습니다. 서핑이 가능한 해변가 앞의 펜션들은 높은·임대료가 당연했고, 당시엔 매물도 없었습니다. 제가 원했던 건 그저 서핑 이미지만 차용할 수 있는 정도의 위치라면 충분할 거라고 생각했습니다. 예를 들자면 펜션 광고 문구에 '서핑의 메카 죽도 해변까지 약 10분 거리' 또는 '하조대 해변까지 5분 거리' 이 정도 문구를 써넣어도 될 만한 위치라면 충분하다고 생각했습니다.

'서핑과 캠핑 이미지를 펜션으로 끌어들인다.'

펜션이 해변과 연결되어 있지 않고 10분 정도 차를 타고 가야 할 거리에 있다면, 아마도 서퍼들은 그런 위치의 펜션을 이용하지 않을 가능성이 높아질 겁니다. 하지만 우리가 모객하려는 사람들은 서퍼들이 아닙니다. 일반 여행자들만 모객해도 충분하니 모객에 도움이 되는 이미지만 잘 만들면 충분히 승산이 있습니다. 서핑과 캠핑 등 여행 관련된 이미지를 전달할 수 있다면 관심을 더 모을 수 있는 좋은 소재가 됩니다. 당연히 그런 관심은 예약률을 높이는 요소가 됩니다. 그래서 송 사장과 이야기를 나눈 후 창업 지역을 양양으로 결정했고, 송 사장은 양양 펜션들을 속속 뒤지기 시작했습니다. 약 두 달 동안 서울의 집과 양양을 오가며 20여 곳의 펜션을 돌아본 후 드디어 여러 조건에 맞는 펜션을 찾게 되었습니다.

높지 않은 임대료의 펜션이었기 때문에 당연히 펜션은 화려하지 않았습니다. 객실 수가 일곱 개뿐이었지만, 객실 내부가 꽤 커서 잘 보완하면 숙박료를 현재보다는 좀 더 높일 수 있을 거라 생각했습니다. 이제 계약만 잘 하면 첫 단추가 꿰어지는 것입니다.

당시 저는 송 사장에게 임대료를 더 낮춰서 계약하라고 전했습니다. 그게 안 된다면 첫 달만이라도 낮추라고 전했습니다. 만약 그게 또 안 된다면 100만 원이라도 깎으라고 전했습니다. 그러나 송 사장은 임대료를 깎는 게 쉽지 않을 거 같다고 답하며 곤란해했습니다. 내심 '저렇게 착하고 점잖은 사람을 앞으로 어떻게 해야 할까?' 하며 걱정스럽게 생각했던 때가 기억납니다. 저는 계속 송 사장에게 독하게 마음먹으라며 조언을 했고 결국 꽤 많은 임대료를 낮추게 되었습니다. 결국 투자 자금도 조금은 더 늘릴 수 있게 되었습니다.

컨셉의 시작은 상호명입니다.

펜션에 연상되는 이미지를 서핑, 젊음, 바다, 해변, 캠핑, 발리, 하와이 등으로 결정했으니 이제 컨셉을 만들기 위해 가장 먼저 상호를 정해야 했습니다. 저는 서핑으로 유명한 지역명을 송 사장에게 알려드렸고 결국 너무나도 센스 있는 이름이 만들어졌습니다.

'발리별'

펜션의 상호에 '발리'라는 단어까지 포함되었으니 이제 설레는 여행, 그리고 서핑의 이미지를 구체화하기 위해 컨셉이 더 명확해졌습니다. 실제로 발리는 전 세계 서퍼들에게 사랑받는 지역이고, 그중 발리의 꾸따 지역은 서퍼들의 메카로 알려진 곳입니다.

발리 꾸따 지역의 거리

이제 '발리별'이라는 이름과 컨셉에 어울리는 시설을 갖추어야 합니다. 하지만 예산은 한정적이기 때문에 펜션 전체에 투자할 수가 없었습니다. 그래서 시그니처 포인트가 될 공간을 찾고 그 한곳만 집중해서 변화를 주기로 했습니다. 제가 생각한 시그니처 포인트는 바로 테라스였습니다. 당시에는 청결과 아웃도어 라이프가 여행의 조건에 큰 영향을 미치던 시기였습니다. 결국 각 객실 앞 작은 테라스를 1970년대 히피문화가 떠오를 만큼 자유분망한 분위기를 연출하기로 했습니다.

저는 당시 하와이에서 서핑으로 유명한 노스 쇼어의 독특한 상점들과 펍 사진 몇 장을 가지고 와서 송 사장에게 보여주며 그대로 연출하라고 권했습니다. 조명과 타프를 설치할 구조물 공사를 해줄 업체를 소개한 후, 테라스에 목공 공사를 했고 비치 플래그, 망가진 서핑보드, 캠핑용품 등을 이용해 공간을 연출했습니다. 그 공간은 마치 감성 캠핑이라고 불리는 젊은 감각의 캠핑장처럼 보였습니다. 그 공간이 바로 캠핑장 이미지를 갖춘 바비큐장이 되었습니다. 당시 펜션에 투자된 비용 중 이 공간을 꾸미는 데 가장 많은 비용이 들어가게 되었습니다. 객실 내부도 큰 변화를 주고 싶었지만, 예산 부족으로 조도를 낮춰 더 아늑한 공간으로 변화시키는 데 만족해야만 했습니다.

조금씩 상호명과 펜션의 컨셉이 어울리기 시작했습니다. 소비자들에게 쉽게 각인될 펜션으로 만들고자 한다면 펜션 상호, 펜션의 대표 사진, 펜션을 소개하는 짧은 설명 문구, 남겨진 후기들까지 모두 하나의 컨셉을 위해 만들어져야 합니다. 예를 들어 펜션의 컨셉이 인도네시아 발리 이미지라면 펜션의 상호도 발리의 이미지를 풍기는 이름이어야 합니다. 그리고 대표 사진도 발리의 느낌이 많이 나는 사진이 전면에 보여야 하고, 남겨진 소비자들의 후기들도 '발리에 온 것 같은 느낌이 들어서 행복했다'라는 글들로 남겨져야 합니다. 그래야 소비자가 조금이라도 해당 펜션을 발리의 이미지라고 인식하게 됩니다.

그런데 아직 많은 펜션들이 서로 어울리지 않는 조각들을 억지로 끼워 맞추듯 사용하고 있습니다. 그저 발음만 듣기 좋은 영어나 프랑스어로 만들어진 펜션 상호에 객실 내부는 럭셔리한 모던 스타일이고 펜션을 소개하는 설명 문구는 펜션의 이미지를 구체화하지 못하고 그저 '아름답다, 럭셔리하다, 수영장이 있다' 등의 문구만 가득합니다. 당연히 그런 컨셉은 소비자들을 강하게 자극하지 못하기 때문에 소비자를 내 상품에 집중하도록 하고 설득하는 데 한계가 있습니다. 컨셉은 명확해야 하고 구체화되어야 합니다.

화려하고 고급스러운 펜션의 컨셉만이 소비자들을 주목시키는 것은 아닙니다. 많은 사람이 멋지고 화려한 것을 좋아하겠지만, 그렇다고 모든 사람이 화려한 것만 찾는 것은 아닙니다. 소박하고 편안하며 차분한 느낌의 펜션을 원하는 사람들도 있고, 이색적이고 거친 이미지를 찾는 사람들도 있습니다. 어떤 이미지가 되었든 소비자가 쉽게 이해할 수 있도록 명확하고 임팩트 있게 노출해야 합니다.

> **<상호부터 대표 이미지까지 일원화된 이미지를 집중적이고 적극적으로 알려야 한다>**
>
> - 커플 여행에 인기가 좋은 강원도 여행지는 A, B, C가 있다.
> - 이 A, B, C 여행지는 '홍길동 펜션'에서 몇 분 거리에 있다.
> - 홍길동 펜션은 A, B, C 여행에 가장 어울리는 펜션이다.

이 글을 쓰는 지금은 양양 발리별이 오픈된 지 1년이 채 안 된 시점입니다. 1년 동안 발리별펜션이 얼마나 영업이 잘되었는지 궁금해서 오랜만에 송 사장에게 전화했습니다. 송 사장과 이런저런 이야기를 나누던 중, 지난 1년 동안의 매출을 조심스럽게 물었습니다. 결과는 제가 생각했던 것 이상이었습니다. 첫해이기에 투자했던 비용이 많이 컸을 텐데도 창업 당시 목표로 했던 수익을 훨씬 넘어서고 있었습니다. 펜션의 위치, 시설 수준, 활용 공간 모두 아쉬운 부분이 많았던 펜션이었지만, 결국 대단한 결과를 만들어냈습니다.

"선생님이 저에게 이 펜션을 이용해서 7,000만 원에서 1억 원 정도의 순수익을 올릴 수 있을 거라고 이야기했을 땐 솔직히 미심쩍었습니다. 아마 걱정과 두려움이 컸기 때문이었겠죠. 그런데 지금 확인해보면 그때 말씀하셨던 수익 이상이 만들어졌습니다. 만약 2년 전에 계약 직전까지 갔었던 경기도의 그 땅을 샀더라면 아마 저는 그 자리에서 작은 펜션도 제대로 짓지 못하고 전전긍긍하고 있었을 겁니다. 정말 선생님께 너무나도 감사하게 생각하고 있습니다."

매번 통화를 할 때마다 감사 인사를 건네는 송 사장. 하지만 이 결과는 모두 송 사장이 만든 것이나 다름없습니다. 저는 그저 길을 좀 내어드린 것뿐입니다. 천천히 여유 있게 운영해도 좋은 결과를 만들 수 있는 화려하고 멋진 펜션도 있습니다. 하지만 스스로 약점이 많은 펜션이라고 생각한다면 더욱 많은 노력을 해야 합니다. 좋은 컨셉을 만들고 상호부터 리뷰까지 일원화해 컨셉을 알리기 위한 노력을 멈춰선 안 됩니다.

캠핑 이미지를 갖춘 바비큐 장소(양양 발리별펜션)

# 딱 한 채만 운영하는
# 독채펜션이 돈이 될까?

요즘 한 채만 운영하는 독채펜션에 대한 상담 문의가 많습니다. 현재도 제가 컨설팅하는 분들 중 열에 한두 분은 독채펜션을 계획하고 있습니다. 이전에 제가 집필한 《대박 펜션의 비밀》에서도 독채펜션으로 좋은 수익을 만들었던 사례를 소개했었습니다. 사실 독채펜션이 최근에 유행한 것은 아닙니다. 이미 수년 전부터 독채로 좋은 수익을 만드는 펜션은 꽤 많았습니다. 독채펜션은 잘 운영하면 세컨드잡으로 좋은 머니파이프를 만들 수도 있습니다. 하지만 독채펜션을 너무 쉽게만 바라봐서는 안 됩니다. 서울에서 직장 생활을 하며 교외에 집을 하나 만들어놓고 유유자적 즐기며 돈을 버는 형태가 아니기 때문입니다. 그럼 독채펜션이 과연 무엇인지, 얼마나 투자가 되고 얼마를 벌 수 있는지 제 경험에 빗대어 이야기해보겠습니다.

한 팀만 받을 수 있는 독채펜션을 만드는 데 얼마가 필요할까요? 여행자들이 만족스러워할 만한 위치여야 할 테니 너무 외진 곳은 펜션 부지로 적합하지 않을 것입니다. 100~200평을 구입하는 데 적어도 1억 원 이상의 땅값이 필요할 것입니다. 그럼 집을 짓는 데는 얼마나 들까요? 혹자는 집 하나 짓는 데 평당 300만 원 정도면 짓는다고 말하는 사람도 있습니다. 그 말이 참인지 거짓인지는 모르겠지만 현재는 불가능합니다. 단독주택 건축은 골조부터 시작해서 다양한 자재로 집을 지을 수 있기 때문에 건축비를 평당으로 계산하기는 힘들지만, 굳이 평균을 내자면 25~50평 정도의 건축비는 적게는 500만 원에서 많게는 1,000만 원 정도가 됩니다. 물론 평당 건축비가 올라감에 따라 집의 수준도 함께 올라갈 것입니다. 만약 고객의 마음을 사로잡을 정도로 높은 수준의 건축물로 만든다면 적어도 600만 원 이상은 들어야 할 것입니다.

약 40평짜리 전원주택 겸 펜션을 하나 만든다면 2억 4,000만 원이 들어갑니다. 여기에 설계비나 각종 세금 등을 더하면 예상했던 금액을 훌쩍 넘어서게 됩니다. 정확한 산출을 할 수는 없지만 대략적으로 소개하자면 다음과 같습니다.

- 토지 매입 비용 = 1억 원
- 토지 취등록세(토지 가격의 3.4%) = 340만 원
- 토목설계 및 인허가 비용 = 300만 원
- 건축설계 비용 = 500~2,000만 원
- 건축 인허가 비용 = 150~300만 원
- 농지 전용 부담금(대지가 아닌 농지일 경우 공시지가의 30% 부담금 발생. 토지 평수 x 3.3m2 x 5만 원) = 1,650만 원
- 건축 비용(40평) = 약 2억 4,000만 원
- 기반 시설 인입비(전기, 가스, 수도, 저장탱크 구매 비용) = 약 1,000만 원
- 정화조 설치 공사 = 500만 원
- 그 외 경계 측량 지적현황 측량 비용, 건축물 취득세(공사비의 약 2%), 건축물 등록세(공사비의 0.8%), 농어촌특별세(취득세의 10%)의 합 = 약 700~800만 원
- 조경과 가구 및 가전 구입, 주방용품 등 집기류 구입 비용 = 약 3,000~4,000만 원

대략 위의 평균값으로 독채를 적당히 만든다면 약 4억 초반대의 비용이 들어갑니다. 더 수준을 높여 풀빌라를 만든다면 5억 원까지 투자해야 될 수도 있습니다. 아무튼 한 채만 운영해 소소한 수익을 늘리기 위한 목적인데, 4~5억 원 이상의 투자는 과한 투자라고 생

각할 수도 있습니다. 그렇다면 다른 방법도 있습니다. 오래된 시골집을 저렴한 가격에 구입해서 리모델링하는 방법입니다. 1억 원 미만의 시골집을 구입해 1억 원 정도의 리모델링 비용을 들여 총 2억 내외로 오픈을 시키는 것입니다. 그런데 이런 방식은 정말 조심해야 합니다. 객단가를 높이기가 쉽지 않기 때문입니다. 운 좋게 시골집이 온라인에서 핫플레이스로 유명해져서 영업이 매우 잘되는 경우도 있지만, 애매한 위치의 저렴한 가격으로 구입한 시골집으로 큰 매출을 만드는 펜션은 정말 극소수에 불과합니다. 그리고 낡은 시골집이라고 할지라도 나름의 매력을 잘 어필하려면 온라인 광고에 많은 시간을 투자해서 진행해야 합니다.

앞서 4억 원 초반으로 독채펜션을 지은 경우를 생각해보겠습니다. 40평형의 객실이고 준수한 스타일로 잘 꾸며졌다고 하면 적어도 여름 성수기 한 달은 거의 다 예약이 찰 것입니다. 성수기 1박 요금 50만 원을 받고 30일 만실을 채우면 1,500만 원을 벌 수 있습니다. 준성수기 기간에 평일 30만 원, 주말 40만 원을 받아서 2주 정도 만실을 채웠다면 440만 원이 됩니다. 그렇다면 여름 가장 핫한 시즌인 7월부터 9월 첫째 주까지 약 2,000만 원 정도를 벌 수가 있습니다. 독채 하나로 벌어들인 수익치고는 꽤 좋은 수익입니다. 그런데 운영비를 500만 원으로 잡는다면 순수익은 1,500만 원 정도로 잡을 수 있습니다. 비수기 평일은 어떨까요? 여름을 뺀 9월부터 다음 해 6월까지 보수적으로 계산을 하는 것이 좋겠습니다.

주말도 못 채우는 경우도 있지만 잘 영업한다면 보통 주말은 채울 수 있을 것입니다. 주말 1박에 40만 원 정도로 잡고 4주 한 달이면 160만 원을 법니다. 만약 운 좋게도 금요일이나 평일에 한 번 정도 더 예약이 된다면 하루 30만 원, 4주면 120만 원입니다. 그럼 보수적으로 계산했을 때 한 달에 280만 원을 법니다. 연휴가 끼어 있거나 한다면 월 300만 원을 넘기는 달도 있을 것입니다. 평균 300만 원의 수익으로 비수기 10달을 계산하면 3,000만 원입니다. 운영비로 30% 정도 약 1,000만 원 정도를 뺀다면 2,000만 원의 수익입니다. 앞서 계산한 여름철 수익 1,500만 원을 합하면 총 연 수익 3,500만 원입니다. 이렇게 보면 나름 괜찮은 것 같습니다. 그런데 이런 수익에 만족을 하려면 운영비, 그중에서도 인건비를 합리적으로 뺄 수 있어야 합니다. 독채펜션에서 가장 중요한 업무는 계속 걸려오는 상담 전화와 청소 관리입니다. 펜션에 손님을 받기 위해서 깔끔하게 청소하고 정리해야 합니다. 손님이 입실하기 직전에도 객실 체크를 해야 합니다. 이를테면 보일러가 잘 작동하는지, 전등이 잘 작동하는지, 그리고 객실 바닥에 벌레가 떨어져 있는지 등을 체크해야 합니다. 그럼 결국 한 번의 손님을 받기 위해 두 번을 왕복해야 할 수도 있습니다. 펜션과 집을 왔다 갔다 하면서 전화를 받고 예약을 확인하고 청소하고 입실 전 체크를 하는 등 내 인건비 또는 내 일을 대신해줄 가족의 인건비를 생각한 기회비용을 생각해서 대략적인 수익 3,500만 원이 과연 이익일지 아닐지를 고민해봐야 합니다. 그렇기 때문에 저는 서울에서 거주하면서 춘천이나 강릉 등에 독채펜션을 만들어서 운영하는 건 어떻냐고 묻는 경우에는 쉽지 않다고 답할 때가 많습니다. 독채를 운영한다면 관리할 펜션이 거주지 근처에 있어야 유리합니다. 펜션과의 거리가 노동력에 대한 기회비용을 아끼는 방법이 될 수 있습니다. 더군다나 서울에서 직장생활을 하면서 느긋하게 한 채의 펜션을 여유롭게 운영한다는 건 쉽지 않습니다. 펜션 사장이 직장생활을 하고 있다면 한 채라고 할지라도 누군가 그 펜션을 관리해주어야 합니다. 그럼 펜션 인근의 이웃에게 부탁을 하고 관리를 맡기면 어떨까요? 물론 가능합니다. 하지만 그만큼 수익이 줄어듭니다. 그럼 객단가를 70~100만 원이 되도록 높이면 되지 않겠냐고 반문할 수도 있지만, 그 정도 펜션으로 만들기 위해서는 매우 높은 수준의 펜션이 만들어져야 합니다. 건축비가 아마도 평당 800~900만 원 이상이 들어갈 것입니다.

앞서도 이야기했지만 4억 원 초반의 투자 비용도 적지 않습니다. 투자만 하고 손을 놓는 것도 아니고 계속 손님들을 상대하고 펜션을 관리해야 합니다. 그렇다면 차라리 4억 5,000만 원의 상가를 매수해서 월 200만 원 정도의 수익을 얻는다면 어떨까요? 별다른 일을 하지 않고 매년 2,400만 원의 수익이 발생됩니다. 매매가 4억 5,000만 원짜리 상가를 2억 원 정도의 대출을 받아서 매수 후 보증금을 5,000만 원 정도를 받는다면 실투자금은 2억 원입니다. 거기에 월세 200만 원을 받는다면 연 수익률 12%가 되는 것입니다. 만약 대출을 하나도 끼지 않는다면 수익률은 8%입니다. 너무나도 멋진 상가가 됩니다. 그래서 가끔은 과한 비용을 들여 펜션을 창업해서 고생하느니 연 수익률이 꽤 나오는 상가를 찾는 게 낫지 않느냐고 반문하기도 합니다. 물론 수익율이 좋은 상가를 찾는 것도 그리 쉬운 일은 아닙니다. 앞서도 이야기했지만 거주지와 펜션이 가깝다면 펜션 운영과 수익률을 높이는 데 더 유리합니다. 그러니 잘 생각해봐야 합니다. 문제는 앞서 제가 보수적으로 계산한 수익보다도 더 낮은 수익이 될 수도 있다는 것입니다. 거저 얻을 수는 없습니다. 두 가지 일을 해낼 정도로 사업 센스가 매우 발달한 사람이라면 가능하겠지만 본인이 평범한 사람이라면 다시 한번 생각해보는 것이 좋겠습니다.

　최근 들어 단 한 채만 운영하는 독채펜션을 창업하려는 분들의 수가 늘었습니다. 단 한 채만 만들어 운영하는 방식이기 때문에 관리도 어렵지 않고 투자금도 높지 않다고 생각하기 때문입니다. 그런데 문제는 창업 과정이 아니라 높지 않은 수익입니다. 어정쩡한 독채로 만들어지면 인건비도 못 챙길 정도로 낮은 매출을 만들 가능성이 높습니다. 그래서 독채를 만들기 위해서는 객단가를 높일 수 있도록 화려한 펜션이 되어야 합니다. 그런데 화려한 독채는 역시 건축 비용이 만만치 않게 들어갑니다. 만약 독채 풀빌라로 만든다면 웬만한 작은 펜션을 만들 정도의 투자금이 들어가기도 합니다. 그렇다고 해서 투자금을 줄여 어정쩡한 수준의 펜션으로 만들게 되면 소비자들에게 외면을 받을 가능성이 높기 때문에 투자금과 펜션 수준은 과거에 비해 점차 높아져만 가고 있습니다. 점점 더 경쟁하기가 어려워지고 있는 것입니다. 그럼에도 상위 10% 안에 드는 멋진 펜션으로 만들 수 있다는 자신감에 시작하는 창업자는 점차 늘어나고 있습니다. 저에게 컨설팅을 받는 분들 중 20~30% 정도는 독채펜션을 준비하고 있을 정도입니다. 그런데 이미 수년 전 한 팀만을 위한 독채펜션으로 좋은 매출을 만들고 인기를 끌고 있는 펜션이 있었습니다.

'단양 덕담'이라는 펜션입니다. 펜션 사장은 경치가 매우 좋은 곳에 작은 땅을 사서 크지 않은 비용을 들여 작은 흙집 한 채를 지었습니다. 그 흙집을 지인들에게 가끔 내어주기 시작하면서 숙박 사업에 대한 관심을 갖게 된 사장은 객실 수를 늘려서 본격적으로 해보자는 마음에 저에게 연락해 컨설팅을 받게 되었습니다.

당시 사장이 가장 염려했던 부분은 증축 규모였습니다. 땅이 크지 않아 작은 객실을 두세 개 정도만 늘릴 수밖에 없었습니다. 하지만 작은 객실이 몇 개 더 만들어진다고 해도 매출을 크게 높일 수 없는 구조였습니다. 객단가를 크게 높일 수 없으니 투자를 해야 할지 말아야 할지 고민이 되는 상황이었습니다. 당시 펜션 사장은 이미 흙집은 한 채 있으니 그 옆에 들어갈 건물은 목조주택으로 만들 계획을 하고 있었습니다. 그런데 그 계획도 이야기를 들어보니 역시 큰 이익을 만들기 힘든 사업계획이었습니다. 그래서 사업계획을 처음부터 다시 짜기로 했습니다. 그리고 흙집과 별개로 만들어질 펜션은 숙박료를 50~60만 원까지 높일 수 있는 멋진 컨셉을 전달해드렸습니다. 컨셉과 예상 매출에 대한 상담을 마친 펜션 사장은 이후 건축 허가 조건을 건축사 사무실과 단양군청을 오가며 체크하기 시작했습니다. 건축이 바로 시작될 것이라고 생각되어서 믿을 만한 건축회사도 몇 곳 소개해드렸습니다. 영업률을 크게 높일 수 있는 멋진 컨셉 아이디어를 전달받은 펜션 사장은 기쁜 마음을 감추지 못했습니다. 하지만 문제가 생겼습니다. 증축이 가능할 거라고 생각했던 그 땅이 여러 이유로 더 이상 건축을 할 수 없다는 답을 들었기 때문입니다. 큰 기대를 갖고 있던 사장은 맥이 빠진 채 며칠을 고민하다가 다시 저를 찾아왔습니다. 저를 찾아온 펜션 사장을 반갑게 맞이하고 간단히 식사 자리를 만들었습니다. 펜션에 대한 이야기부터 개인적인 이야기까지 참 많은 대화를 나눴습니다. 사적인 이야기까지 나누면서 시간을 함께 보내고 나니 제 앞에 앉아 있는 부부가 원하는 삶의 방향과 펜션 운영 방식, 그리고 그들이 원하는 수익까지 좀 더 깊게 알게 되었습니다.

이제 증축을 할 수 없으니 '독채를 어떻게 운영할 것인가?'로 운영 방향이 정해졌습니다. 저는 고민 끝에 방향을 정하고 컨셉을 하나씩 정리해드렸습니다. 먼저 이 흙집은 전통적인 한옥 또는 흙집과는 거리가 멀었습니다. 건축에 쓰인 재료로 흙이 많이 쓰였을 뿐 곳곳에 현대식 건축 소재들이 많이 보였습니다.

단양 덕담펜션

굳이 이 흙집을 표현하자면 세미 흙집 정도라고 할 수 있겠습니다. 단양의 또 하나의 유명한 흙집인 '가고픈흙집'과는 다른 분위기였습니다. 저는 이 흙집을 더욱 전통적인 모습으로 보이도록 연출하는 방법에 대해서 소개했습니다. 전통 한옥 형태의 대문과 담장, 객실 내·외부의 조명까지 설명했습니다. 바로 전통 느낌이 전해지는 분위기로 바꾸기 위해 공사를 시작했습니다. 이후 집에 많은 애정을 갖고 있던 펜션 사장은 한지 조명 제작을 배워서 집에 들어가는 모든 한지 조명을 직접 만드는 열의를 보이기도 했습니다.

물론 연출된 몇 가지 매력적인 모습만 가지고는 안심을 할 수 없었습니다. 그래서 차별화된 이미지를 생각하기로 했습니다. 바로 키즈펜션의 아이템 활용입니다. '전통 흙집과 요즘 유행하는 키즈펜션의 이미지가 과연 매칭이 될까?' 생각할 수도 있지만, 조금만 눈을 돌리면 차별화된 좋은 컨셉이 나올 수도 있습니다. 보통 우리가 알고 있는 키즈펜션은 넓은 거실에 아이들이 좋아할 만한 장난감이나 놀이시설을 잔뜩 집어넣은 형태입니다. 거기에 좀 더 고급화된 키즈펜션으로 만든다면 개별 풀장까지 만들게 됩니다. 이게 우리가 보통 알고 있는 키즈펜션입니다. 하지만 이 흙집에는 차별화를 위해서 아이들이 좋아할 만한 전통놀이를 넣기로 했습니다. 우리나라의 거주 형태는 대부분 아파트입니다. 마당이 없는 아파트에서 거주하는 아이들이 쉽게 접하지 못했던 마당을 이용한 놀이를 넣기로 했습니다. 펜션에는 연날리기, 자치기, 쥐불놀이, 팽이치기, 구슬치기, 널뛰기, 윷놀이, 공기놀이, 비석치기 등을 가족, 친구가 함께 즐길 수 있도록 했고, 많은 활동을 마당에서 체험할 수 있는 펜션이 되도록 했습니다. 그리고 이 펜션은 가족들을 위한 잔치에 더 어울리는 자리가 되도록 했습니다. 이를테면 집에서는 생일이나 돌잔치, 환갑, 칠순 등의 작은 잔치를 하는 것도 쉽지 않습니다. 좁은 집에서 부침개를 하나 부치는 것도 너무나도 불편하기 때문입니다. 이 펜션에서는 그런 요리를 야외에서 불편함 없이 할 수 있도록 오픈된 주방 공간도 제공했습니다. 이곳은 목적이 명확한 펜션으로 연출되었습니다. 그렇다면 이제 펜션의 건축물, 연출방법, 메인 사진 이미지, 펜션 광고 문구 그리고 펜션의 상호까지 컨셉을 더욱 돋보이도록 일원화하는 작업이 남았습니다. 저는 고민 끝에 이 펜션의 이름을 소박하고 전통적 느낌이 강하게 느껴질 수 있는 '덕담(德談)'이라고 지어드렸고, 그동안 컨셉을 살리기 위해 연출한 부분들을 점검했습니다. 이후 '덕담'은 2019년 1월 둘째 주 EBS <한국기행>에 출연한 것을 계기로 몇 번의 TV출연을 더 하게 되었습니다. 확실하고 독특한 컨셉 때문에 방송국 작가들도 관심을 갖게 된 것입니다. 현재는 덕담 한 채 만으로 객실 네다섯 개 정도의 규모인 펜션에 버금가는 좋은 매출을 만들어내고 있습니다. '덕담'은 규모가 크지도 않고 화려하지도 않지만, 분명히 평범한 펜션들과는 비교할 수 없을 정도의 멋진 컨셉을 잘 만든 곳으로 지금도 발전하고 있습니다.

산이 좋으면 물이 없고, 물이 있으면 산이 없고
그런데 지금 우리 집 찾은 건 정말 행운인 거 같아요

EBS 〈한국기행〉에 출연한 덕담 사장

# 풀빌라는 진짜
# 돈이 될까?

제가 해외 풀빌라 마케팅을 시작한 지 벌써 20년이 다 되어갑니다. 당시에는 신혼여행을 떠나려는 소비자들을 대상으로 마케팅을 했는데 그때도 여행자들이 풀빌라를 선택하는 비율이 굉장히 높았습니다. 당시에는 아고다나 호텔스닷컴, 에어비앤비 등 숙박 관련 사이트가 없었고, 총판이라는 형태로 독점 방식으로 판매하던 시절이었기 때문에 숙박료도 지금에 비해 굉장히 높았습니다. 그럼에도 풀빌라의 인기는 대단했습니다. 당시 국내 숙박업소의 수준은 해외에 비한다면 격차가 매우 심했습니다. 하지만 해외의 아름다운 숙소를 자주 접하며 눈높이가 높아진 소비자들이 많아지면서 국내 숙소들은 소비자의 기준에 맞추기 위해 수준을 높이기 시작했습니다. 객실에 벽화가 그려지기 시작하더니 객실에 스파가 들어가고 실내 바비큐장이 만들어지더니 결국 풀빌라까지 만들어지게 된 것입니다.

해외의 풀빌라가 국내 소비자들에게 알려진 시기는 꽤 오래되었지만, 국내에서 풀빌라의 인기가 높아진 것은 불과 몇 년 되지 않았습니다. 그럼에도 지금은 풀빌라 창업에 대한 인기가 굉장한 듯합니다. 저에게 펜션 창업 컨설팅을 의뢰한 분들 중 과반수 이상은 풀빌라 창업을 문의할 정도입니다. 이 인기는 한동안 지속될 듯합니다.

풀빌라인가? 일반펜션인가? 무엇이 옳은 형태의 창업이라고 말할 수 없습니다. 어차피 소비자들은 실용적인 여행 소비를 하는 층과 사치스러운 여행 소비를 하는 층으로 나뉩니다. 수익을 내기 위해서는 둘 중 어떤 그룹을 잡아도 상관없습니다. 그런데 두 그룹을 잡기 위해서는 그들이 어떤 소비를 하고 어떤 것을 원하는지 알아야 합니다.

제 글과 유튜브 영상을 꾸준히 접한 분들은 아시겠지만, 저는 2000년대 초부터 해외의 호텔과 풀빌라에 대한 칼럼을 관련 잡지나 신문에 기고하며 리조트 마케팅 관련 일을 했습니다. 덕분에 발리나 롬복, 푸껫, 보라카이, 하와이 등 휴양지에 새로 오픈하는 럭셔리 호텔이나 풀빌라가 있다면 가장 먼저 비행기를 타고 날아가 시찰하고 경험했습니다. 호텔의 세일즈 매니저를 만나 그들의 마케팅 방식에 대해서 듣고, 운이 좋으면 호텔의 그랜드 매니저나 호텔 디자이너를 만나 디자인 컨셉에 대한 대화를 나눌 때도 있었습니다.

태국 파타야의 S호텔 세일즈 매니저와 함께한 호텔 인스펙션

한창 열심히 일할 땐 한 달에 한 번꼴로 해외 출장을 나갔습니다. 짧은 출장이었지만 매일 시찰해야 할 호텔을 최대한 많이 둘러보며, 해외에 머무르는 동안은 매일 호텔을 바꿔가며 짐을 싸고 풀기를 반복했습니다. 매일 다른 풀빌라에서 잠을 자 보는 것이 즐거워서 매일 호텔을 옮기는 번거로운 일도 당시엔 너무나도 즐거웠습니다. 그만큼 많은 호텔과 풀빌라들을 경험하고 싶었습니다. 당시에 주변 사람들은 저를 보고 일에 미친 사람 같다고 이야기하기도 했습니다. 그렇게 10년을 넘게 일하다 보니 해외의 호텔과 풀빌라를 시찰한 횟수가 1,000여 회가 되었고, 직접 투숙해본 5성급 이상의 호텔과 풀빌라의 수가 약 300곳이 넘게 되었습니다. 거기에 더해 컨설팅을 하며 답사한 국내 펜션의 수까지 합한다면 그 수가 어마어마할 것입니다. 정말 많은 경험을 했습니다. 제 경험을 자랑하

기 위해 이처럼 이야기를 하는 것이 아닙니다. 경험에 따른 가치 판단의 기준에 대해서 이야기를 하려는 것입니다. 이제부터 제가 하는 이야기의 포인트가 여기에 있습니다. 앞서 설명했듯 저는 많은 호텔과 풀빌라, 그리고 국내 펜션을 경험했습니다. 많은 경험을 하다 보니 이제는 나름 숙소에 대한 기준이라는 것이 생겼습니다. 객실을 훑어보면 1박에 대충 얼마 정도가 적당한지 가늠할 수 있습니다. 나름 제 기준에 비춰볼 때 가격 대비 수준이 높다면 좋은 객실, 가격 대비 수준이 낮다면 안 좋은 객실이라고 판단할 것입니다. 그런데 일반 소비자들의 눈높이도 저와 같을까요? 고급 풀빌라에 대한 경험이 많지 않으니 기준이 모호할 것입니다. 이는 창업자나 소비자도 마찬가지입니다. 창업자는 어느 정도까지 풀빌라의 수준을 올려야 할지 모르는 경우가 너무 많았고, 소비자들은 화려한 객실에 얼마나 지출을 해야 1박 요금으로 합당한지 모르는 경우가 많았습니다. 하지만 잘 살펴보면 그들도 고급 숙소에 대한 나름의 기준이 있을 것입니다. 그런 고급 풀빌라를 직간접적으로 경험해봤던 적이 있기 때문입니다. 만약 과거에 신혼여행으로 풀빌라를 다녀온 경험이 있다면 아마 당시의 이미지를 기억할 것입니다. 또는 내 주변의 형, 누나, 언니, 친구가 다녀왔던 고급 풀빌라를 사진을 통해 간접 경험했을 수도 있습니다. 그들은 대체로 신혼여행에 어울리는 숙소를 화려하고 좋은 숙소, 그리고 비싼 숙소라는 생각을 머릿속에 담고 있습니다.

신혼여행을 떠올리게 하는 이미지

　반대로 배낭여행의 이미지를 떠올릴 때는 게스트하우스, 그리고 유스호스텔 등의 저렴한 숙소에 대한 이미지를 머릿속에 담고 있을 것입니다. 그렇기 때문에 해외 휴양지의 풀빌라를 벤치마킹해서 만들면 평균 이상의 결과를 얻을 수 있는 숙소가 될 가능성이 큽니다. 소비자는 그런 이색적인 풀빌라를 더욱 희소성이 있는 풀빌라로 받아들이게 될 것입니다. 그리고 키즈 풀빌라로 만들든 커플 풀빌라로 만들든, 가족용 풀빌라로 만들든 기본 구조는 허니문에도 어울릴 만큼 사치스러움이 묻어나는 구조가 만들어지면 됩니다. 하지만 최근 국내에 만들어진 많은 풀빌라의 구조와 디자인을 보면 참으로 평범하고 애매하게 만들어지는 경우가 많습니다. 고급 전원주택에 개별 수영장이 딸린 형태로 나름 준수해 보이지만, 소비자의 눈 높이를 충족시키지 못한 풀빌라가 되는 경우가 많습니다. 소비자의 마음이 충분히 설렐 만큼 멋스러운 풀빌라를 만들려면 일반적으로 우리가 자주 접한 주택의 구조와 디자인으로 만들어져서는 안 됩니다. 물론 운영하는 데는 큰 문제는 없지만, 일반적으로 실용적이고 합리적인 디자인의 주택을 럭셔리하고 이색적인 이미지로 보이도록 연출하는 데 한계가 있기 때문입니다. 그렇기 때문에 처음부터 일반적인 집 구조인 현관, 거실, 침실, 부엌, 화장실 형태에서 벗어나서 희소성 있는 숙소로 연출해야 모객에 유리하게 됩니다. 그래서 앞서 휴양지의 고급 호텔과 풀빌라를 벤치마킹하는 것이 유리하다고 설명한 것입니다.

커플용 풀빌라가 오픈했다고 가보면 그저 고급스럽게 만들어진 집에 작은 수영장을 만들어놓은 형태가 가장 많습니다. 개별 수영장, 아일랜드 테이블을 낀 큰 부엌, 거실, 작은 침실, 작은 화장실이 있는 형태는 잘 만들어진 아파트 모델 하우스처럼 깔끔하고 예쁘게 보이기도 하지만 역시 독특하다는 느낌은 받을 수 없습니다. '거실과 작은 방, 화장실 그리고 부엌을 어떻게 실용적으로 나눌 것인가?'가 중요한 것이 아닙니다. 커플 객실은 편리하고 실용적인 구조의 숙소가 아니라 커플을 위한 이벤트 공간을 어떻게 만들고 연출하느냐가 더욱 중요한 포인트가 됩니다. 사랑하는 사람과 아름답고 럭셔리한 숙소에 들어갔을 때 어떤 이미지를 상상하나요? 사람마다 상상하는 것이 다르겠지만, 저는 은은하게 퍼지는 어두운 조명 아래 연인과 와인을 마시며 대화하는 이미지가 떠오릅니다. 기념일 여행으로 비싼 숙소에 큰돈을 지불하고 도착해서 그저 거실에서 티비를 보고 부엌에서 편리하게 요리하고 방에 들어가서 잠을 편하게 자는 등 일상적인 이미지를 떠올리지는 않을 것입니다.

키즈 풀빌라도 마찬가지입니다. 집에 풀장을 만들고 거실 크기를 많이 넓혀서 아이들 놀이시설과 장난감을 거실에 가득 집어넣습니다. 마치 우리 동네에서 자주 이용했던 키즈카페를 키즈 풀빌라에 그대로 옮겨놓은 듯합니다. 지금까지 만들어진 키즈 풀빌라가 대부분 이런 형태였습니다. 그리고 지금 새롭게 키즈 풀빌라를 창업하려는 분들과 마주 앉아 대화를 나눠보면 그들 역시 이런 식의 키즈 풀빌라를 만들겠다고 이야기합니다. 이제 키즈 펜션은 거실을 크게 만들고 그 안에 잔뜩 놀이시설을 넣는 것이 키즈펜션의 트렌드가 되었습니다. 지금 저에게 펜션 창업 컨설팅을 받는 분 중 20% 이상은 키즈펜션을 생각하고 있고, 그들 대부분은 소규모로 객단가를 높여 이익을 내는 풀빌라펜션을 생각하고 있습니다. 이러한 형태로 펜션을 만들어 운영하면 4~5년 정도는 큰 문제없이 잘 운영될 수 있지만, 키즈 풀빌라가 급속히 많아진다고 하면 문제가 심각해집니다. 현재 많은 창업자가 키즈 풀빌라 창업에 관심을 두는 이유는 바로 높은 숙박료 때문입니다. 현재는 독채 형태로 매우 비싸게 판매할 수 있습니다. 하지만 비슷한 형태의 키즈펜션이 계속 만들어진다면 공급자 수가 수요자 수를 크게 웃돌게 될 것입니다. 당연히 수년 후에는 이와 같은 높은 객단가를 받지 못할 가능성도 있다는 것입니다. 그리고 비슷한 형태가 많아지게 된다면 키즈 풀빌라는 결국 차별화된 컨셉에서 멀어질 수도 있습니다. 그러니 이제 새롭게 풀빌라를 창업한다면 더 세분화된 컨셉을 적용해 연출해야 합니다.

국내에 풀빌라가 거의 없던 시절에는 풀빌라 자체가 매우 눈에 띄는 신선한 컨셉이 될 수 있었습니다. 하지만 이제 풀빌라는 컨셉이 아니라 하나의 숙소 카테고리로 고착되었습니다. 한옥펜션, 흙집펜션, 통나무펜션, 모던펜션, 풀빌라펜션 등이 하나의 카테고리가 되었습니다. 그만큼 많이 만들어졌기 때문에 이제 펜션을 소개할 때 '경기도에 위치한 풀빌라 펜션'이라고 소개할 것이 아니라 '경기도에 위치한 OO 스타일의 풀빌라 펜션'이라고 광고해야 합니다. 라스베이거스 고급 호텔을 본뜬 스위트룸과 같은 풀빌라 스타일인지, 발리의 이색적인 분위기의 풀빌라인지, 태국의 노천펍 분위기처럼 술판을 벌이기 좋은 풀빌라인지 독특하고 기억하기 좋은 이미지를 만들어야 합니다. 과일을 판매한다고 가정해보면 이해하기 쉬울 것입니다. 시장에서 모든 상인이 귤을 판매할 때, 경쟁에서 이기겠다고 남들보다 더 크고 좋은 귤을 판매할 것이 아니라 나 혼자만 새빨갛게 익은 사과를 판매하는 게 더 쉽게 포지셔닝을 할 수 있습니다. 희소가치를 생각해야 합니다. 비슷비슷해 보이는 제품은 희소성이 떨어집니다. 그리고 그만큼 가격도 함께 하락하게 됩니다. 만약 풀빌라를 희소가치가 있다고 생각해서 창업하기로 선택했다면 다시 한번 깊게 생각해봐야 합니다. 이미 풀빌라는 많습니다. 더 희소가치가 있는 독특한 컨셉을 기획했다면 그때 시작하길 바랍니다.

# 키즈 풀빌라는
# 어떻게 만들어야 할까?

최근 저에게 상담을 신청한 분들 중 많은 창업자가 키즈펜션 창업을 준비하고 있습니다. 그야말로 키즈펜션 창업이 열풍입니다. 어제도 키즈펜션 창업을 준비하던 중에 좀 더 디테일한 정보를 얻고자 저를 찾아온 분이 있었습니다. 그분은 강원도에서 S건축회사를 운영하는 분입니다. 이미 전원주택, 타운하우스, 원룸 등 많이 만들어본 경험이 있어서인지 S건축 회사 사장의 펜션 평면도는 매우 안정적이고 구성이 잘 짜여 있었습니다. 그런데 거주 목적이 아닌 숙박업을 하기 위한 기준으로 다시 평면도를 바라본다면 많은 부분에서 수정해야 할 것이 보였습니다.

먼저 창업 예정자는 앞으로 만들어질 펜션의 숙박료를 50~60만 원 정도로 잡고 싶다고 했습니다. 그렇다면 매우 고급스러운 객실을 만들어야 합니다. 그래서 1층에는 개인 수영장과 실내 놀이시설이 들어가고, 2층에 마스터룸과 거실, 그리고 3층에 아이들이 이용할 작은 세컨드룸을 만들 계획을 갖고 있었습니다. 그런데 이런 형태로 키즈펜션이 만들어지게 되면 불필요한 공간이 만들어질 수도 있습니다. 어렵게 쪼개고 고민해서 만든 공간이 결국 쓸모없는 공간이 되어버리는 것입니다. 펜션 내에 방이 많다면 객단가를 높일 수 있는 요건이 되기 때문에 방이 많아서 안 좋을 이유는 없습니다. 하지만 키즈펜션은 조금 다릅니다. 대부분의 미취학 아동 정도의 아이들은 엄마, 아빠 옆에서 잠을 잡니다. 설령 혼자 자는 습관을 들인 아이라고 할지라도 밤에 천둥 번개라도 치면 안방으로 뛰어들어와 엄마, 아빠의 이불 속으로 숨습니다. 하물며 집에서도 이런 행동을 하는데 처음 방문한 낯선 집에서 부모와 떨어져 잠을 자려고 하는 아이들은 많지 않습니다. 그래서 키즈펜션을 운영한다면 객실은 어른 방과 아이 방으로 나누지 않고 큰 방 하나를 마스터룸으로 크게 만든 후 옆에 아이들이 누울 수 있는 엑스트라 배드를 붙이거나 킹 사이즈 침대 두 대를 붙일 만큼 방을 키우는 것이 좋습니다.

만약 두 가족 이상을 대상으로 해서 방을 나누려고 한다면, 가급적 한 층에 마스터룸과 세컨룸이 있어야 하고, 앞서 설명한 것과 같이 마스터룸은 침대 두 대를 붙일 수 있을 만큼 넓게 만들고, 세컨룸은 적당히 실용적인 크기로 만드는 것이 좋습니다. 그렇게 만들어야 여러 형태의 그룹을 모객하는 데 유리해집니다. 그리고 각각의 공간은 개방감이 있어야 합니다. 안전상의 이유로 가급적 수영장과 거실(부엌)은 한 층에 있어야 합니다. 가장 좋은 형태는 계단

없이 한 층에 수영장, 거실, 부엌, 방이 모여 있는 형태입니다. 얼마 전 키즈펜션을 창업한 분이 계십니다. 아쉽게도 설계가 나온 후에 저에게 컨설팅을 받은 터라 계단을 줄이라는 제 조언을 따를 상황이 되지 못했었습니다. 키즈펜션은 가급적 계단이 없거나 계단수가 적은 것이 좋습니다. 보통 키즈펜션의 타깃이 되는 연령대는 젊은 가족입니다. 그리고 아이들은 미취학 아동입니다. 일곱 살 미만의 아이들은 특히 부주의하고 쉼 없이 뛰어다닙니다. 이 점을 파악하지 못했던 창업자는 조언을 따르지 못하고 펜션을 설계 그대로 완성했습니다.

이후 저는 빨리 보험부터 들어놓으라고 했지만 보험에 큰 신경을 쓰지 않던 창업자는 창업 2주 만에 아이가 펜션 계단에서 넘어져 다치는 일이 발생했습니다. 큰 사고는 아니었지만 아이의 부모에게 시달린 하루를 생각하면 펜션 사업을 시작하자마자 자괴감에 빠져 펜션을 때려치우고 싶었다고 당시를 회상하며 말했습니다. 그리고 계단뿐만 아니라 키즈펜션은 동선을 짤 때에도 신경을 써야 합니다. 앞서 일반 펜션들은 합리적인 동선이나 시설보다 연출이 무조건 우선시되어야 한다고 설명했습니다. 펜션 사업은 연출을 위한 공간을 만드는 것이 가장 중요합니다. 하지만 키즈펜션은 연출 외에 동선도 신경을 써야 합니다. 이를테면 아이들이 움직이는 동선에 놀이시설이 있다면 장난감 등으로 걸려 넘어질 위험이 매우 커집니다. 그래서 아이들이 속도를 내서 뛰어다니는 넓은 공간과 놀이시설 공간은 동선이 겹쳐지지 않도록 구획을 나누는 것이 좋습니다. 그렇다고 펜션의 연출에 덜 신경을 써도 된다는 뜻은 아닙니다. 오히려 화려한 커플펜션에 비해 연출하기가 더 힘들 수도 있습니다. 지금까지 키즈펜션은 수영장, 넓은 거실 겸 놀이시설을 잘 비치하면 운영이 잘되었지만, 앞으로는 이런 단순한 형태로는 힘들 수 있습니다. 키즈펜션의 대상은 미취학 아동이 주가 되지만, 실제로 키즈펜션은 누가 예약을 할까요? 90% 이상 엄마들이 결정합니다. 결국은 엄마들의 마음에 드는 펜션이어야 예약률이 높아지는 것입니다. 그럼 이 엄마들의 상황에 대해서 이해를 해야 할 필요가 있습니다. 먼저 그들은(엄마들) 누구보다도 여행에 목말라 있습니다. 엄마들은 아기가 태어난 후 아이가 다섯 살에서 여섯 살이 될 때까지 여행은커녕 밖에서 친구들과 맥주 한잔 마시기도 쉽지 않습니다. 특히 아이가 어린이집에 가기 전 서너 살 때까지는 정말 아이와 한 몸처럼 움직이며 돌봐야 합니다.

하지만 남편들은 그나마 아주 조금의 여유를 찾을 수 있는 시간이 주어질 수 있습니다. 일단 직장생활을 하며 사회활동을 할 상황이 엄마들보다는 좀 더 여유롭습니다. 그리고 퇴근을 하면서 잠깐 친구를 만나 맥주 한잔 급하게 마시고 집으로 들어갈 수도 있습니다. 그럼 아이 엄마는 아이와 한참을 씨름했는지 연애시절 예쁜 모습과 달리 부스스한 머리를 하고 퇴근한 남편을 맞이해줍니다. 사실 저 역시도 아이를 낳기 전에는 이런 상황이 참 당연하다는 생각을 했었습니다. 그런데 아이가 생기고 그 옆에서 엄마가 아이를 돌보는 모습을 보면서 '이게 참 쉽지 않은 일이었구나!' 하는 생각을 하게 되었습니다. 굉장한 스트레스를 받을 수 있습니다. 그래서 그맘때 우울증에 걸리는 엄마들이 매우 많다고 합니다. 안타깝지만 이런 상황을 잘 이용한다면 차별화된 키즈펜션을 만들 수 있습니다. 키즈펜션은 당연히 아이들의 놀이시설을 잘 갖추어야 합니다. 하지만 더욱 차별화된 컨셉을 만들기 위해서는 키즈 펜션 예약 결정권자인 엄마의 탈출구를 만드는 것이 예약률을 높이는 데 더욱 효과적입니다. 예를 들어 키즈펜션임에도 펜션 내의 카페를 완벽하게 맥줏집 분위기로 만들 수도 있습니다.

해외여행지에서 많이 볼 수 있는 스포츠 펍

이전에 제가 집필한 《나는 펜션 창업으로 억대 연봉 사장이 되었다》에서도 소개했지만, 키즈펜션은 금기를 깨는 방법이 사용되어야 합니다. 평소 아기를 데리고 홍대나 종로의 맥줏집을 다녀오기는 쉽지 않습니다. 하지만 그런 곳에서 시원한 맥주를 마시며 친구들과 수다를 떠들 수 있는 상황을 만들 수만 있다면 큰 호사라고 느낄 수도 있습니다. 한동안 아기를 키우느라 자유롭게 즐기지 못했기 때문입니다. 그런데 키즈펜션에 그런 공간이 만들어져 있다면 함께 여행을 온 친구 가족과 마치 시끌벅적한 맥줏집에서 즐기는 듯한 분위기를 느껴볼 수도 있습니다. 물론 이외에 해외 휴양지의 모습을 연출해서 키즈펜션을 만들 수도 있습니다. 엄마들의 상황을 잘 이해할 수 있다면 그들의 입맛을 맞춘 이미지는 얼마든지 만들어낼 수 있습니다.

키즈펜션은 참 신경 써야 할 것들이 많습니다. 그만큼 키즈펜션은 조언할 내용이 많습니다. 그만큼 손도 많이 가고 안전사고의 위험도 일반펜션에 비해서 몇 배는 더 높습니다.

펜션은 어떻게 만들고 운영하느냐에 따라 돈 벌어주는 좋은 수단이 될 수도 있고, 고객이 무서워 전전긍긍하며 운영하는 애물단지가 될 수도 있습니다. 더 깊게 고민해서 안전한 창업을 하길 바랍니다.

# 복층 객실이
# 과연 매력적일까?

지금 펜션 창업을 준비하는 사람이 복층 객실을 만든다면 대부분 1박 요금을 꽤 높게 책정하길 원할 것입니다. 당연한 이야기지만 옛날 1세대 펜션처럼 1박에 10~12만 원만 받겠다고 생각하는 사람들은 거의 없습니다. 다들 그럴싸한 사업계획을 갖고 시작합니다. 하지만 그들의 그럴싸한 계획은 현실을 반영하지 못한 사업계획인 경우가 너무나도 많습니다.

얼마 전 펜션 건축을 위한 가도면(假圖面)이 나왔다며 평면도를 함께 검토해달라는 분이 찾아왔습니다. 그분은 강화도에 풀빌라 펜션을 준비 중이고 독채 형식으로 총 두 채만 만들 계획을 갖고 있었습니다. 객실 수가 적으니 객단가를 많이 높여 고급 풀빌라 펜션으로 만들어야 하는 상황이었습니다. 그분은 허가 도면을 넣기 직전이었는데, 그 도면이 숙박업에 적당한 매력적인 도면인지 허가를 넣기 전에 마지막으로 저의 조언을 듣고자 했습니다. 사실 이분뿐만이 아니라 가도면을 들고 와서 저에게 조언을 구하는 분들이 꽹

복층 객실

장히 많습니다. 그런데 이처럼 평면이 나왔다고 상담 신청을 한 분들과 이야기를 나누다 보면 90% 이상이 펜션 사업계획과 어울리지 않는 도면을 갖고 있는 경우가 많았습니다. 도면이 잘못되었다기보다는 창업자의 사업계획과 어울리지 않는 도면을 들고 있다는 표현이 더 맞을 거 같습니다.

강화도에 창업을 준비하는 분의 도면도 마찬가지였습니다. 도면은 매우 실용적이고 합리적으로 잘 나왔지만, 펜션 창업자의 현재 상황과 사업계획을 들어보니 사업계획과 목표에 힘을 보태는 도면이 아닌, 그저 깔끔하고 예쁜 도면이 만들어져 있었습니다. 즉, 건축 도면을 그린 분은 건축사로서는 훌륭할 수는 있으나 숙박업을 잘 모르기 때문에 창업자가 계획한 숙박 사업계획을 이해하지 못했다는 생각이 들었습니다. 제가 이렇게 이야기한 이유는 도면 여러 곳에서 발견할 수 있었는데, 그중 한 가지를 짚어서 설명해보겠습니다. 바로 복층 형태입니다.

도면을 보니 1층에는 실내 수영장이 있고, 2층에는 침실이 하나 있고 부엌과 거실이 이어져 있었습니다. 그리고 3층에는 마치 다락방과 같은 크기와 분위기로 만들 침실이 하나 더 있었습니다. 복층방 천장의 가장 높은 곳은 180cm이고, 비스듬하게 경사면이 점차 내려와서 가장 낮은 천장의 높이는 1m 정도였습니다. 이런 곳이 침실이 되기 때문에 잘 꾸며놓는다면 아기자기한 다락방처럼 예쁘게 꾸밀 수도 있습니다. 하지만 이런 공간은 사치스러워 보이지는 않을 것입니다. 강화도에 펜션을 준비하는 분은 현재 예쁜 펜션이 아니라 사치스러워 보이는 펜션이 필요한 상황이지만, 앞서 설명한 대로 도면은 그렇지 못했습니다. 좀 더 자세히 설명하자면 다음과 같습니다. 먼저 강화도 펜션 사장은 풀빌라를 독채로 2동밖에 지을 수 없으니 객단가를 많이 높여야 합니다. 그래서 생각한 객실 요금은 1박 50만 원이었습니다. 그럼 하루 두 개의 객실을 모두 채운다면 하루 100만 원의 수익을 만들 수 있습니다. 하지만 객실료는 펜션 사장이 마음대로 정하는 것이 아닙니다. 물건을 사줄 소비자가 '그 가격을 납득할 수 있느냐?'가 무엇보다 중요합니다. 모두 알다시피 1박에 50만 원의 숙박료는 매우 높은 숙박료입니다. 돈을 잘 벌고 잘 쓰는 사람들 입장에서 봐도 1박 숙박료에 50만 원을 쓰는 건 쉽지 않습니다. 숙박료 50만 원은 5성급 호텔 중에서도 상급 객실을 이용할 수 있는 정도의 요금입니다. 호텔 직원들의 친절한 서비스를 받으면서 호텔 내의 다양한 부대시설을 모두 이용할 수 있는 비용인 셈입니다. 그리고 발리나 롬복, 푸껫, 사무이, 빈탄 등의 3베드 또는 4베드의 규모를 갖고 있는 풀빌라를 이용할 수 있는 비용입니다. 그런 비싼 5성급 호텔과 고급 풀빌라들은 공통적으로 매우 넓고 내부의 가구와 소품들도 매우 럭셔리합니다. 1박에 50만 원을 받아야 하기 때문에 기본적으로 분위기가 매우 사치스러워 보여야 합니다. 그런데 침실에서 똑바로 서 있지도 못할 만큼 낮은 다락방의 이미지는 어떨까요? 럭셔리함과 다락방의 이미지는 어울리지 않습니다. 다락방을 아무리 예쁘게 꾸며놓았다고 해도 사치스러움과는 거리가 있습니다. 손님에게 1박 요금으로 50만 원을 받았다면 다락방을 내어줘서는 안 됩니다. 그리고 다락방 형태의 복층 객실은 이미 너무나도 많이 봐왔던 식상한 디자인입니다. 즉, 소비자 입장에서 보면 복층펜션은 옛날 스타일 디자인이 되어버린 지 오래되었습니다. 그리고 예쁜 다락방을 갖고 있는 펜션들은 얼마든지 있습니다. 50만 원이라 아니라 10만 원, 20만 원만 해도 충분히 찾을 수 있습니다. 다시 말하지만 숙박료로 50만 원이나 받았다면 다락방에서 잠을 자게 해서는 안 됩니다.

숙박료로 30만 원 이상을 책정했다면 더 이상 객실을 판매한다는 생각에서 벗어나야 합니다. 그럼 무엇을 팔아야 할까요? 바로 '사치스러움'을 팔아야 합니다.

# 객실에 따른 기준 인원과 최대 인원을 어떻게 정해야 할까?

　얼마 전 매수 계약을 막 마친 분의 연락을 받고 인수한 펜션으로 향했습니다. 펜션은 부분적으로 레노베이션 공사가 필요해 보였지만 전체적으로 보면 꽤 세련된 모습이었습니다. 무엇보다 다양한 연출이 가능해 보일 만큼 내부 구조가 참 좋았습니다. 현관에서 들어서면 바로 부엌이 보이고, 부엌을 지나면 작은 거실과 소파가 있고 소파 뒤편으로 작은 방이 하나 있었습니다. 방에는 퀸 사이즈 침대가 하나 놓여 있었습니다. 펜션은 이처럼 작은 거실과 방이 있는 형태의 객실이 대부분이었습니다. 펜션 사장과 함께 펜션을 둘러보며 어떻게 펜션을 꾸며야 할지 설명해드렸습니다. 그리고 저는 둘러보고 있는 객실을 얼마에 판매할 예정이며, 또 기준 인원과 최대 인원을 어떻게 할 것인지를 물었습니다. 한참을 고민하던 펜션 사장은 4인에서 최대 8인까지 받고 싶다고 답했습니다. 아마도 펜션 사장은 거실과 침실 크기를 눈대중으로 확인하고 대충 몇 명 정도가 누울 수 있을지 체크해본 것 같았습니다. 만약 이 펜션이 학생

단체를 받거나 야유회 등 단체 전문 펜션이라면 그렇게 입실 가능 인원수를 짜도 큰 문제가 없습니다. 하지만 커플이나 소규모 가족 여행 전문 펜션으로 컨셉을 잡아서 운영한다면 이처럼 투숙 가능 인원을 짜면 문제가 될 수 있습니다. 이 객실은 거실 하나에 작은 침실이 하나입니다. 그런데 침실 크기가 매우 작아 두 명이 누우면 편하게 누울 정도로 보입니다. 네 명이 작은 방에 눕기엔 좁아 보였습니다. 만약 4인이 여행을 온다면 두 명은 방에서 잠을 자고 두 명은 거실에서 잠을 자야 편하게 잠을 잘 수 있을 거 같았습니다. 20만 원에 가까운 숙박료를 지불하고 딱딱한 거실 바닥에서 잠을 자게 해서는 안 됩니다. 절대로 평점이 높아질 수 없습니다. 친구 자취방에 놀러 가서 소파나 부엌 아래에서 이불을 깔고 잠을 자는 경험은 10대나 20대에 해본 걸로 충분합니다. 굳이 돈을 써가면서 그런 경험을 하고 싶은 사람은 없을 것입니다.

객실의 기준 인원은 방의 수에 맞춰야 합니다. 거실이 있다고 해도 방이 한 개라면 기준 인원은 2인입니다. 만약 방이 매우 크다면 4인으로 해도 됩니다. 기준 인원은 그저 바닥에 누울 수 있는 공간으로 결정해선 안 됩니다. 숙소는 돈을 받고 판매해야 하는 상품이기 때문입니다. 만약 거실 하나에 객실이 두 개라면 기준 인원은 각 방에 2인씩 총 4인부터 시작하면 됩니다. 앞서도 설명했지만 각 방이 크다면 2인이 아니라 4인으로 해도 됩니다. 그리고 최대 인원은 적당히 바닥에 누울 수 있는 면적을 체크해서 설정하면 됩니다. 보통 펜션에서 수십만 원의 숙박료를 정하고 추가 인원이 붙을 때마다 1~3만 원 정도를 더 받는 경우가 있습니다. 이처럼 높게 받지 않는 이유는 객실 이용료라기보다 이불값이라고 생각하고 받는 것이 맞습니다.

종종 기준 인원을 높여놓았다가 손님들과 다투었다는 이야기를 듣습니다. "한두 푼 낸 것도 아닌데 도대체 어디서 잠을 자라는 거냐"며 따지는 손님들 때문에 곤혹스러웠다는 이야기입니다. 만약 객실 단가가 높은 펜션이라면 기준 인원은 방의 개수에 따라 넉넉하게 짤 필요가 있습니다. 우리나라가 한참 못 살던 시절에 야유회나 수련회 다닐 때를 생각해서는 안 됩니다. 객실이 만들어진 후 기준 인원과 최대 이용 인원을 결정하는 경우도 있지만 가급적 펜션 사업계획을 짤 때, 펜션 건축이 되기 전 수익과 이 부분에 대해서 고민을 해봐야 합니다.

# 풀빌라를 운영하기
# 좋은 지역은 어디일까?

얼마 전, 작은 풀빌라 창업을 하길 원하는 분과 상담을 나눴습니다. 아직 마흔이 되지 않은 젊은 부부였는데, 이분들은 창업 지역에 제한을 두지 않고 영업만 잘된다면 어디든 정착할 수 있다고 말했습니다. 그래서 펜션 부지와 매물로 나온 펜션을 알아보기 위해서 가평과 안면도, 경주, 삼척 등 많은 곳을 돌아봤다고 했습니다. 시간이 날 때마다 거의 3개월 동안 전국을 다녔는데 확신이 서지 않아 현재까지 지역조차 결정하지 못했다고 했습니다. 물론 그 과정이 쉽지 않았을 것입니다. 하지만 먼저 창업자가 만들고자 하는 펜션의 컨셉과 영업 방법이 명확하게 서면 펜션 부지와 매매 물건을 보는 데 더 합리적이고 빠른 판단을 할 수 있었을 것입니다.

펜션을 하기 위해 안 좋은 땅이라는 건 없습니다. 그 땅에 어울리는 펜션 형태가 들어가면 됩니다. 펜션 부지에 과할 정도로 돈을 투자할 필요도 없습니다. 운영하고자 하는 목적에 맞는 땅을 찾으면 되는 것입니다.

그럼 먼저 지역을 선정하기 전에 풀빌라에 대해서 이야기해보겠습니다. 풀빌라 숙박료가 얼마일까요? 수준에 따라 다르겠지만 꽤 비쌉니다. 원룸 형태의 일반적인 숙소와 비교한다면 몇 배 이상은 비쌀 것입니다. 그럼 그런 비싼 풀빌라를 왜 이용할까요? 지갑에 돈이 두둑하다면 여행 때마다 풀빌라를 별생각 없이 이용할 수도 있지만, 대부분의 사람들은 1박에 40~50만 원이나 하는 숙소는 보통 특별한 날이나 특별한 날로 만들기 위해서 이용합니다.

풀빌라와 일반 펜션을 완벽하게 구분하기는 어렵지만, 대체로 풀빌라를 선택하는 소비자와 일반 펜션을 선택하는 소비자의 여행 목적은 다릅니다. 이를테면 낚시를 즐기려고 조용한 바닷가를 찾는 낚시꾼의 목적은 낚시입니다. 그래서 그들은 낚시터 인근에 편하고 깔끔한 정도의 숙소라면 괜찮다고 생각합니다. 거기에 가격까지 저렴하다면 더 좋겠죠. 그럼 올레길이나 오름을 걷기 위해 제주도 여행을 떠나온 사람의 목적은 무엇일까요? 당연히 여행과 걷는 것이 목적입니다. 그래서 그들은 화려하고 비싼 숙소보다는 저렴한 게스트하우스를 주로 이용합니다. 물론 숙소가 더 럭셔리하고 예쁘면 좋겠지만, 목적이 여행이니 숙소는 그럭저럭 지낼 만하면 만족합니다. 그럼 프러포즈, 만난 지 100일 기념일, 200일 기념일, 크리스마스, 연인의 생일, 결혼기념일 등 특별한 날을 즐기기 위한 여행 목적은 무엇일까요? 그들은 주변 여행지에 신경 쓰기보다는 내 가족, 연인과 함께 특별한 날을 더욱 멋지고 화려하게 만들 수 있는 공간을 찾기 위해 화려하고 비싼 펜션을 선택합니다. 보통 여행 인프라가 잘 발달된 유명 관광지로 여행을 떠나는 사람들은 여행이 목적이기 때문에 숙소는 적당한 곳을 찾습니다. 그렇기에 유명 관광지나 여행 인프라가 잘 발달한 지역에서 펜션을 운영한다면 숙소에는 적당히 투자해서 운영해도 충분합니다. 가격 경쟁력을 갖는 것이 유리합니다. 그런데 풀빌라를 운영하려 한다면 굳이 관광으로 유명한 지역의 비싼 땅을 구입할 필요는 없습니다. 유명지의 땅값은 매우 비쌉니다. 거기에 고급 풀빌라까지 건축한다면 창업 비용이 어마어마하게 들 것입니다. 물론 유명 관광지가 가깝게 있다면 펜션을 운영하는 데 이점이지만, 풀빌라는 굳이 유명지가 아니어도 된다는 것입니다. 예를 들어 서울에 거주하는 남녀가 있습니다. 갑작스럽게 상대방에게 생일 이벤트를 해주고 싶을 때 서울에서 저 멀리 강릉이나 삼척으로 가서 생일파티를 해주는 것이 유리할까요? 아니면 가까운 파주나 가평 등 가까운 곳에서 파티를 하는 것이 좋을까요? 당연히 후자입니다. 목적이 여행이 아니라 생일파티이기 때문입니다.

키즈 풀빌라도 마찬가지입니다. 아이를 차에 태우고 1시간만 넘어가도 아이들은 지루해하고 힘들어하기 때문에 키즈 풀빌라도 역시 도심에서 멀지 않은 곳이 모객에 유리합니다. 그래서 풀빌라는 도심에서 가까운 지역, 또는 대도시에서 이동하기 좋은 길목에 창업하는 것이 좋습니다.

# 펜션 건물을 얼마나 완벽하게 만들어야 할까?

저를 찾아온 많은 분이 이처럼 이야기합니다.

"가평에 ○○○펜션이 있는데 그렇게 만들면 영업이 잘될 것 같아요."

"제주도에 ○○펜션과 똑같이 만들고 싶어요."

어떤 의도로 이처럼 이야기하는지는 충분히 이해가 됩니다. 많은 사람들이 수준 높게 멋진 펜션을 건축하면 운영이 잘될 것이라고 생각합니다. 하지만 결코 건물의 완성도만으로 영업이 잘되는 것은 아닙니다. 만약 건축가가 직접 펜션을 짓고 운영한다면 어떨까요? 펜션 창업이 굉장히 유리할 것입니다. 아마 건축물을 잘 만드는 것만으로 따진다면 건축가가 일반 비전문가들에 비해 더욱 계획적이고 멋지게 자신의 펜션을 건축해낼 것입니다. 하지만 펜션 사업계획까지 멋지게 만들어내지는 못합니다. 지금까지 저는 많은 건축 회사의 대표분들, 그리고 건축 관련 전문가분들에게 펜션 창업 컨설팅을 했습니다. 그렇지만 펜션 사업을 잘 이해하는 분들은 손에 꼽을 만큼 많지 않았습니다.

얼마 전 강릉에 새롭게 펜션 창업을 준비하는 분에게 연락을 받고 강릉으로 달려가서 펜션 부지를 답사했습니다. 펜션이 만들어질 위치를 확인하고 창업 예정자의 명함을 받았습니다. 그분은 강원 지역에서 활동하는 건축 회사의 대표였습니다. 당시 저는 다음 미팅까지 시간이 조금 남아 있어 인근 카페에 앉아 그분과 좀 더 대화를 나누게 되었습니다. 긴 시간 동안 그분이 주로 만들었던 전원주택과 타운하우스, 원룸 그리고 많은 수는 아니었지만 펜션 건축에 대한 생각도 들을 수 있었습니다. 이해가 되고 공감이 되는 부분도 많았지만, 몇몇 부분에서는 공감할 수 없었던 부분도 있었습니다.

제가 공감하지 못했던 부분 중 한 가지를 설명하자면 바로 실용적·합리적 디자인에 대한 내용이었습니다. 그분의 회사는 전원주택을 전문으로 했기 때문에 주 영업 대상의 연령대는 보통 40~60대 사이였습니다. 하지만 여행 중 숙박에 사치스럽게 돈을 쓰는 주 타깃은 20~30대 초중반입니다. 그동안 상대한 영업 대상이 달랐기 때문에 펜션을 바라보는 시점에서 저와 이견이 있었다고 생각했습니다. 그래서 저는 주제넘지만 그 자리에서 제 생각을 이야기했습니다. 반대 의견이라기보다는 그분에게 제 생각을 이야기해드려서 조금이라도 도움이 되길 바라는 마음에서였습니다.

펜션 사업은 많은 투자금이 들어가는 만큼 신중해질 수밖에 없습니다. 이는 전원주택을 지을 때도 같은 마음가짐일 것입니다. 건물의 내·외부, 그리고 가구와 소품들까지 온 신경을 쏟아 창업 준비를 하게 됩니다. 물론 그렇게 하나부터 열까지 신경 써서 잘 창업해야 하는 것이 맞습니다. 그런데 간혹 너무 완벽한 모습을 만들기 위해 세세한 부분들까지 신경을 쓰다 보면 결국 실용적 이미지를 선택할 경우가 많아집니다. 누구에게나 인정받는 점잖고 준수하며 보편적이고 실용적인 이미지를 선택합니다. 펜션 사업은 한 달 살기와 같은 원룸 단기 임대 사업과도 다르고 게스트하우스, 모텔 사업과도 다릅니다. 물론 다 같은 숙박업이지만 펜션 사업은 어찌 보면 여행업과 교차점이 많은 사업이라고 할 수 있습니다. 그래서 이 부분을 파악하느냐 못 하느냐에 따라 결과가 크게 달라집니다. 전문가에게 인정받는 건물, 그리고 건축물에 관심을 가질 만한 연령대에게 인정받는 건물과 이제 막 사회에 발을 들여놓은 젊은 20대가 바라보는 건축물은 기대치가 다릅니다. 눈높이가 다르다고 표현하는 것이 더 맞을 수도 있습니다. 30대 중반에서 40대 연령에 이른 사람들에게 집은 갖고 싶거나 가져야 하는 것이라면, 20대 초반에게 집은 갖기 위해 구체적으로 생각할 필요 없는 당장 가질 수 없는 공간이라는 것입니다. 그들이 기대하는 숙소는 거주의 목적이 아닌 이벤트를 위한 숙소 정도라면 충분합니다. 그러므로 20~30대 젊은층을 타깃으로 판매를 해야 한다면 실용성보다는 감성을 자극할 수 있는 요소가 더욱 중요한 것이 될 수 있습니다. 그리고 펜션은 거주 공간이 아니라 하루 또는 이틀만 지내는 곳이기 때문에 건축에 대해서 잘 모르는 젊은 소비자가 건축물의 완성도에 대해서 완벽하게 파악할 시간과 능력이 되지 못합니다. 여행 중 가장 즐거웠던 것 하나 또는 가장 임팩트 있던 것 하나가 있다면 그 여행은 기억에 남는 여행이 됩니다. 여행 중에 숙소도 평균 수준, 볼거리도 그럭저럭이었다고 해도 여행 일정 중 미슐랭 스타 레스토랑에서 식사를 한 경험이 있다면 여행 후 기억에 남는 것은 미슐랭 레스토랑일 것입니다. 펜션도 마찬가지입니다. 준수한 이미지를 갖고 있는 펜션보다는 다소 엉성해도 임팩트 있는 이미지 하나를 갖는 펜션이 더 영업에 효과적입니다. 펜션 건물 전체가 모두 완벽할 필요는 없다는 것입니다. 물론 완벽한 건물을 만든다면 더욱 좋겠지만, 세세한 부분까지 신경 쓰느라 불필요한 시간과 투자 비용이 들어가선 안 된다는 것입니다. 앞서도 설명했지만 우리가 만들어야 할 건축물은 거주용이 아니라 판매를 해야 하는 상품이기 때문입니다.

저는 지금까지 해외의 수많은 풀빌라에서 투숙을 해본 경험을 갖고 있습니다. 1박에 30만 원짜리부터 1박에 500만 원이 넘는 숙소도 경험해봤습니다. 1박에 500만 원이 넘는 숙소는 입구에 들어서는 순간부터 입이 떡 벌어질 정도로 아름다웠습니다. 물론 지내는 동안 너무나도 행복했습니다. 하지만 그 풀빌라에서 장기간 거주를 하라고 하면 불편해서 쉽지 않을 것입니다. 화려하고 멋진 풀빌라는 단기간 머물기는 좋아도 살기에는 불편합니다. 거주 목적으로 만든 집이 아니기 때문입니다. 만약 거주를 할 목적으로 비싼 풀빌라 객실을 다시 돌아본다면 객실 온 사방에 화려하게 연출된 것들이 불편하게 느껴질 수도 있습니다. 조도, 주방, 동선 등 만들어진 목적이 다르기 때문입니다. 다시 말해 거주 공간과 여행 숙소는 다릅니다. 거주 공간은 동선과 디자인 모두 실용적 사용 가치에 중점을 두지만, 여행 숙소는 연출에 중점을 두어야 합니다. 물론 실용적 가치도 필요하고 중요합니다. 하지만 둘 중 하나를 선택해야 한다면 소비자들에게 잘 보여 판매를 목적으로 한 연출을 선택해야 합니다.

도자기를 잘 만들어 저렴한 생활용품점인 '다이소'에서 판다면 1만 원에 판매할 수 있지만, 백화점에서 판매한다면 10만 원에 판매할 수도 있습니다. 같은 도자기지만 소비자들이 도자기를 어떤 위치에서 어떻게 바라보느냐에 따라 소비자가 상품에 대해 느끼는 가치와 가격은 다르게 느끼게 됩니다. 펜션 창업을 잘 하고 잘 운영하기 위해서는 건축가의 눈으로 펜션을 바라봐야 할 때도 있고, 사진 작가의 눈으로 건물을 바라봐야 할 때도 있으며, 여행업 전문가의 눈으로 펜션을 바라봐야 할 때도 있습니다. 펜션 창업을 하기 전, 이런 안목을 키우는 공부를 꼭 해야만 합니다.

고가의 상품을 할인 전문점에서 판매한다면?

# 자신의 눈을 믿지 마라!

10년 전만 해도 지금 1세대 펜션이라고 부르는 형태의 펜션도 충분히 영업이 잘되었습니다. 벽에 꽃무늬가 붙은 벽지를 하고 있어도, 긴 형광등이 천장에 붙어 있어도 소비자들은 그게 촌스러운 건지 모르고 펜션을 즐겼습니다. 그게 당시 소비자들의 수준이었고 펜션을 바라보던 눈높이였습니다. 당연히 지금은 그렇게 연출하고 운영해서는 안 됩니다. 지금은 시간이 흘러 주 소비자들의 층이 변화했고, 소득 수준이 올라갔고, 근무 일수가 변했기 때문입니다.

저는 40대입니다. 과거 제 어린 시절, 우리나라는 그리 잘사는 나라가 아니었습니다. 당시만 해도 서울에는 지금처럼 큰 상권이나 큰 아파트 단지가 많지 않았습니다. 대부분 오래된 단층집들이 옹기종기 모여 주택가를 형성하고 있었고, 포장이 안 된 골목길은 비가 오면 질퍽거렸습니다. 평범했던 저희 집도 그런 주택이었습니다. 당시에는 우리나라의 경기가 막 탄력을 받고 발달하기 직전인 개발도상국이었는데, 그 시절 어린아이였던 제 눈으로 봐도 우리나라는 항상 바쁘게 돌아가는 듯했습니다. 공장은 쉼 없이 돌아가고 주말에도 넥타이를 맨 회사원들이 길거리에 많았습니다. 주 6일 근무를 했고 바빴던 아버지는 6일 근무도 모자라 일요일에도 회사에 가는 일이 잦았습니다. 아마 경공업이 매우 발달한 현재 베트남의 모습이 제가 어릴 적 우리나라의 모습이지 않을까 싶습니다. 당시의 우리 부모님들은 매우 열심히 바쁘게 지냈습니다. 놀지 않고, 쉬지 않으며 열심히 일하셨습니다. 그래서 잘 즐기지 못하셨던 거 같습니다. 제 집도 마찬가지였습니다. 당시에는 짧은 휴가 기간 때문에 1~2년에 한 번 정도 당일치기로 또는 1박 정도로 여행을 했습니다. 대단할 건 없었고 그저 계곡 옆에 텐트를 치거나 바닷가 근처 민박집에 머무는 정도였습니다. 당시에는 민박집에서 삼겹살에 바비큐를 해 먹는 것만으로도 너무나도 행복했습니다. 저는 우리나라의 숙박업과 여행 인프라가 발달하지 않았던 시절에도 여행을 해서 그런지 마흔이 넘은 지금도 민박집 정도의 수준이라면 문제없이 즐겁게 지낼 수 있습니다. 방은 깨끗하면 되고 벌레만 나오지 않는다면 괜찮습니다. 만약 저와 비슷한 연령대의 사람들을 대상으로 펜션 영업을 한다면 민박집 또는 민박집보다 좀 더 멋스럽게 만들어서 펜션을 운영해도 마흔이 넘은 소비자들을 만족시킬 수 있을 것입니다. 그런데 숙박업에서 그들은 주 영업 대상이 아닌 경우가 많습니다. 물론 마흔이 넘어도 열심히 여행을 다니는 사람들도 있지만 대부분은 그렇지 않습니다. 사회적 위치에 따른 책임과 무게 때문에 여행에 많은 투자를 하기가 어렵습니다. 일과 가족을 챙겨야 합니다. 그리고 가장 중요한 건 예전만큼 여행에 열정이 없습니다. 저도 마찬가지입니다. 저는 펜션을 답사해야 하기 때문에 전국 방방곡곡을 누비지만 실상 저를 위한 여행은 많이 하지 않습니다. 저도 20~30대에는 정말 여행을 많이 했습니다. 그 시절엔 무슨 할 이야기가 그렇게 많았는지 친구들과 여행을 떠나면 밤새도록 술을 마시기도 했습니다. 하지만 지금은 그렇게 놀 체력도 없고 체력이 그때와 같지 않으니 뭘 해도 의욕이 잘 생기지 않습니다. 지금 가장 즐기는 취미라면 가끔 가까운 지인들을 모아 필드에 나가 골프를 치는 것이 전부입니다. 그리고 근처에서 식사를 하며 간단하게 한잔하고 집으로 돌아오는 일정이 가장 좋습니다. 여행을 아직도 좋아하지만 여러 이유로 여행의 빈도가 줄어든 것이 사실입니다.

그래서 만약 숙박업으로 수익을 크게 올리고 싶다면 저와 같은 중년의 연령대에게 포커스를 맞춰 운영하면 안 됩니다. 영업 대상의 연령대를 20대 초반으로 낮춰야 합니다. 20대부터 30대 초반까지의 연령층은 여행을 많이 다닙니다. 챙겨야 할 이벤트가 너무나도 많기 때문입니다. 여자친구 또는 남자친구의 생일, 만난 지 100일, 200일, 크리스마스, 발렌타인데이, 프러포즈, 결혼기념일 등 많은 이벤트가 있습니다. 물론 이들도 점차 시간이 흘러가면 갈수록 사치스러운 이벤트에 무뎌지기 시작할 것입니다. 결혼기념일 1주년은 아마도 무조건 챙길 것입니다. 저도 결혼 1주년 때는 인도

네시아 발리의 멋진 리조트로 다녀왔습니다. 2주년 때에는 필리핀 보라카이, 3주년엔 일본의 오키나와, 결혼 4주년엔 기념일 날을 깜빡 잊고 다음 날에 좋은 식당에 가서 늦은 기념일을 챙겼습니다. 5주년엔 아내에게 "결혼기념일에 뭘 할까?"라고 물으니 돈으로 달라고 하더군요. 물론 농담처럼 건넨 말이지만 시간이 흐르고 나이가 들수록 챙겨야 할 이벤트의 빈도수는 줄어드는 게 사실입니다. 그만큼 여행의 빈도도 줄어듭니다. 그렇기 때문에 가장 활발히 여행하고 여행에 많은 지출을 할 수 있는 젊은 층을 잡아야 합니다. 그리고 그들이 어떤 생각을 갖고 있고, 어떤 기준을 갖고 있는지 알아야 합니다. 그리고 그들의 기준을 알았다면 이후 눈높이를 맞추는 작업을 해야 합니다. 이제 막 스무 살이 된 대학생이나 20대 중 후반의 사회 초년생들은 저처럼 민박이나 1세대 펜션을 만족스러운 숙소라고 생각하며 경험한 세대가 아닙니다. 눈높이가 매우 높은 소비자들입니다. 분명히 현재 40~50대와는 다른 환경에서 살아온 사람들입니다.

제가 어릴 적엔 서울에서 강릉으로 넘어갈 때면 굽이굽이 대관령을 넘어 5~6시간을 달려야 목적지에 도착할 수 있었습니다. 저에겐 그 일정이 마치 대단한 모험과도 같았고 매우 흥분되었습니다. 하지만 지금의 우리의 주 영업 타깃층, 그러니까 젊은 사람들의 세상은 달라졌습니다. 교통(KTX)의 발달로 강릉이나 부산을 한두 시간이면 도착하는 시대에 살고 있습니다. 그들도 여행의 설렘은 있지만 제가 어릴 적에 느꼈던 흥분과는 다를 것입니다. 편리한 교통이 일상이기 때문입니다. 그들은 우리나라가 가장 풍족하고 가장 높은 경제 성장을 이룬 시대에 살고 있습니다. 좋은 물건은 넘쳐나고 저마다 합리적인 가격을 내세워 고객을 유혹하고 있습니다. 여행사들마다 경쟁이 치열해져서 태국 방콕이나 필리핀 보라카이 여행이 399,000원에도 판매가 되는 시대입니다. 그들은 어릴 적 저처럼 민박과 올드한 펜션에 기뻐하고 감동한 사람들이 아닙니다. 어릴 적 초등학교 때부터 엄마, 아빠 손을 잡고 해외여행을 다녔던 기억을 갖고 있는 사람들입니다. 그들 입장에서 어릴 적 제가 느낀 모험과 같은 기분을 느끼기 위해서는 적어도 비행기 정도는 타야 흥분되는 여행이라고 느낄 것입니다.

비행기 탑승 전, 여행중 가장 설레이는 순간

그럼, 그들의 여행 중 머릿속에 강하게 남아 있는 여행지와 숙소는 어떤 형태로 자리 잡고 있을까요? 바로 이국적인 호텔입니다. 해외여행을 가서 민박집에서 머무는 일은 드뭅니다. 3성급이 되었든 5성급이 되었든 그들에게 좋은 기억으로 남아 있는 숙소는 바로 호텔입니다. 제 어릴 적 이용했던 숙소와는 다른 형태의 숙소입니다. 그래서 지금 여행 빈도가 높은 젊은 층을 잡으려면 주택에서 파생된 민박이나 펜션의 형태가 아닌, 호텔의 이미지를 갖추는 것이 유리합니다.

아직도 자신의 생각만으로 펜션 사업을 밀어붙이는 분들이 있습니다. 경치 좋은 곳에 멋진 전원주택처럼 펜션을 만들면 장사가 잘 될 거라고 믿고 있는 것입니다. 여행이든 제품이든 풍족하지 않았던 개발도상국을 거쳐 중년을 넘어선 사람의 기준으로 펜션을 만든다면 좋은 결과를 얻지 못합니다. 풍족한 시대에 태어나 자유로운 해외여행을 어린 시절부터 즐겼던 사람들의 눈높이를 맞춘다는 것은 그리 쉬운 일이 아닙니다. 그러니 자신만의 신념으로 창업을 기획해서는 안 됩니다. 주변의 소리에 귀 기울여야 합니다.

# 펜션 인수인계를
# 어떻게 받아야 하나?

얼마 전, 제가 운영하는 네이버 카페에서 이런 글을 봤습니다. 카페 회원 중 한 분이 이제 막 펜션 매수를 위한 계약서를 작성했는데 매도자가 업무 관련 인수인계를 해주지 않고 있다는 것입니다. 인수인계를 여러 번 요청했음에도 매도자(건물주)는 본인도 잘 모른다는 답만 되풀이하고 수년 동안 펜션을 임차해 운영해온 현 펜션 사장은 본인도 아무것도 모르는 상태에서 시작했다고 하면서 인수인계를 거부했다고 합니다. 결국 전 펜션 운영자는 계약 만료 직후 펜션을 떠났고, 펜션을 넘겨받은 사장은 전등 스위치 하나 찾는 것에도 꽤 시간이 걸렸다고 합니다. 앞으로 객실뿐만이 아니라 수영장, 보일러, 카페 등의 관리와 운영을 어떻게 해야 할지 난감하다면서 도움을 요청하는 분을 봤습니다. 전후 상황을 모두 파악할 수 없으니 매도자와 매수자 중 누가 잘못했다고 말하기는 어렵지만, 어찌 되었건 이러한 상황에 놓인다면 분명히 매수자 입장에서는 꽤나 난감한 상황이지 않을까 생각합니다.

펜션을 인수받으면 운영 방법까지 함께 인수인계받아야 합니다. 많은 사람들이 펜션 인수인계를 가볍게 생각했다가 매매 계약서가 작성된 이후 펜션관리 부분에 많은 애를 먹습니다. 저도 몇 번 펜션을 인수받아 경영해본 경험이 있습니다. 최근 제가 인수받아 현재까지 운영하는 펜션은 규모가 꽤 큰 편이고, 대부분의 시스템이 이전에 제가 운영했던 펜션과 많이 달라서 전 사장에게 기술적인 부분을 배우는 데 꽤 많은 시간이 걸렸던 기억이 납니다.

당시 저는 나름 인수인계를 꽤 꼼꼼하게 잘 받았다고 생각했지만 그래도 인수 직후 서너 곳의 문제가 생겨서 몇 번이나 당황했던 일이 있었습니다. 인수인계를 받을 때 가장 안전하고 좋은 방법은 펜션 매수 계약 전부터 입주 전까지 며칠 동안 인수할 펜션에 머물며 펜션 사장에게 인수를 받는 것입니다. 그리고 계약 후에도 건물에 문제가 생긴다면 전 사장에게 도움을 받을 만한 상황은 얼마든지 발생할 수 있으니 사후 문제 해결에 대한 조언을 구할 수 있도록 이야기해놓아야 합니다. 실제로 펜션 매수 계약 직전 매수 예정자가 매도자의 펜션에 운영자와 함께 지내며 펜션 인수인계를 받던 중에 해결하기 어려운 문제를 발견하고 계약을 파기한 경우도 가끔씩 발생하기도 합니다. 어쩌면 이 방법이 펜션 매수를 위해 매우 현명한 방법이라고 할 수도 있습니다.

우리나라의 보통 사람들은 대부분 회사를 다니며 아파트나 빌라에서 거주하는 삶을 살고 있습니다. 집을 관리해볼 일이 거의 없기 때문에 전기 스위치 하나 바꾸는 것도 어려워하는 사람들도 많이 있습니다. 저 역시도 그랬습니다. 저는 젊은 시절 해외의 풀빌라 리조트와 호텔 세일즈 마케팅 경력을 쌓았습니다. '럭셔리 풀빌라' 라는 단어조차도 생소하던 시절부터 전 세계 휴양지의 화려한 숙소들을 경험할 수 있었고, 그 경력을 바탕으로 국내 펜션 사업자들에게 영업 방법을 가르쳐주게 되었습니다. 지금 생각하면 리조트 마케팅을 좀 안다고 너무 자신이 넘쳤던 것 같습니다. 실제로 당시 저의 조언을 듣고 대박이 난 펜션들이 많았기 때문입니다.

지금 다시 돌이켜 그들이 대박이 날 수 있었던 이유를 살펴보면 기본적으로 펜션을 원활하게 돌릴 수 있는 능력이 있었기 때문이었습니다. 하지만 어린 시절의 저는 그러한 능력도 없이 단지 리조트 마케팅을 잘한다는 자신감에 덜컥 태안의 큰 펜션을 경영하기도 했습니다. 고생 끝에 결국은 영업이 매우 잘되기는 했었지만, 인수후 펜션에 적합한 운영 방법과 관리 방법에 대한 체계가 없어 심한 스트레스를 받았던 기억이 납니다. 물론 그 이후부터는 펜션 운영 관리를 자신의 스타일로 체계화시키는 것이 얼마나 중요한지 알게 되었습니다. 그래서 저는 이후 펜션을 인수할 때 좀 더 신중하기로 했습니다. 강원도 A펜션을 계약할 당시, 계약 전부터 저와 펜션을 함께 운영할 분은 며칠 동안 펜션에 머물며 기본적인 내용에 대한 인수인계를 받았습니다. 그리고 인수인계를 하는 시간 외에도 A펜션의 사장을 졸졸 따라다니며 질문 세례를 이어갔습니다. 특히 저는 겨울철에는 펜션 운영을 소극적으로 하고 해외에서 한 달 살기를 하거나 휴식 시간으로 보낼 예정이었기 때문에 겨울 관리에 관한 질문을 많이 했습니다. 펜션이 크고 관리할 것들이 많이 있어 인수인계를 받는 시간이 꽤 걸렸습니다. 넉넉히 시간을 갖고 인수인계를 받으니 펜션에 대해서 더 꼼꼼하게 체크해볼 수도 있었고, 새로운 펜션에 머무르며 보낸 일주일은 마치 긴 휴식 시간처럼 느껴지기도 했습니다. 전(前) 펜션 사장의 입장에서 보면 인수인계를 명목 삼아 제가 머문 숙박 일자에 따른 숙박료를 받을 수 있었으니 비수기 평일 손님이 없는 상황에 서로 도움이 되었을 것입니다. 물론 수업료 명목으로 좀 더 챙겨드렸습니다. 하지만 대부분의 매도자는 이런 상황을 불편해할 것입니다. 이처럼 인수인계를 받지 못한다고 하더라고 하루나 이틀 정도는 펜션에 머물면서 펜션이 돌아가는 상황을 파악해야 합니다.

전(前) 사장에게 인수인계를 받으며 건네받았던 거래 업체 연락처들도 꽤 많았습니다. 등유 업체, 가스, 정수기, 방향제, 인력회사, 홈페이지 업체, 광고 업체, 집수리 업체, 케이블 방송, 페인트 업체, 보일러 등 펜션 관련 업체의 많은 연락처를 받았습니다. 갑작스럽게 거래 업체들을 바꿀 경우 문제가 생길 수도 있기 때문에 인수 후 첫해는 그대로 거래했고, 그다음 해부터는 저와 좀 더 잘 통할 수 있을 만한 업체들로 거래처를 천천히 바꿨습니다. 결국 절반 정도는 제가 거래하기 더 편한 업체들로 바꾸게 되었습니다.

작은 펜션 하나를 인수받는 데도 생각보다 많은 것들이 필요합니다. 만약 인수할 펜션의 부대시설이 다양하다면 인수인계 목록은 더 많아질 것입니다. 많은 펜션들의 사고가 보통 신규 창업자에게서 발생합니다. 신축펜션 또는 매수 후 초보 사장이 운영하는 펜션에서 일어납니다. 사업자 본인이 펜션 운영에 베테랑이 아니라면 기본적인 부분부터 하나씩 배워나가야 합니다.

# 규모가 작은 펜션이
# 살아남는 방법

　이번에 제가 소개할 내용은 저에게 창업 컨설팅을 의뢰했던 분의 사례입니다. 컨셉을 잡는 데 가장 중요한 차별화에 대한 이야기입니다.

　이제 막 펜션 창업을 결정하고 설계를 시작한 분의 펜션 부지를 답사하려고 전남 자은도로 떠났습니다. 이 섬은 얼마 전까지만 해도 배를 타고 들어가야 하는 곳이었는데 천사대교가 만들어지면서 네 개의 섬이 연결되어 이동이 매우 편리해졌습니다. 직접 운전해서 다리를 건너가 봤는데 규모가 정말 어마어마했습니다.

　다리를 건너 목적지까지 한참을 가면서 느꼈지만 섬이 참 예쁘다는 생각이 들었습니다. 포근한 느낌이었습니다. 아직은 은퇴를 하기는 이르지만 '만약 은퇴를 한다면 이렇게 조용한 곳에서 살면 어떨까?' 하는 생각이 들 정도였습니다. 하지만 좋은 것만 있는 것은 아니었습니다. 교통의 편의성이 참 아쉬웠습니다. 다리를 건넌 후 긴 시간 동안 운전을 해야 펜션이 만들어질 목적지에 다다를 수

천사대교

있었습니다.

목적지에 도착해서 창업자분을 만나 잠시 인사를 나누고 현장을 둘러봤습니다. 바닷가 앞이라 매우 좋은 경관을 갖고 있지만 장점만큼 단점도 많아 머릿속이 복잡해지기 시작했습니다.

천사대교를 건너면 네 개의 섬이 이어져 있는데, 섬의 분위기는 매우 예뻤습니다. 공장의 수도 적고 대부분은 농지로 사용되는 곳이었습니다. 이 지역은 지자체에서 여러 관광 사업을 계획 중인 곳으로, 지금보다 발전 가능성이 높은 곳으로 보였습니다. 하지만 아직은 여행 인프라가 많지 않은 상태였습니다. 문제가 하나 더 있었는데, 바로 창업자의 펜션 규모였습니다. 바닷가 바로 앞에 위치한 펜션 부지는 참 마음에 들었지만 예상 건축 규모는 총 연면적 60

평 미만이었고, 그나마도 1층에는 카페가 들어간다고 합니다. 그래서 10평 정도의 작은 객실 네 개가 만들어질 예정이었습니다. 그리고 그 객실 평면도를 살펴보니 우리가 일반적으로 알고 있는 민박집 또는 오래된 원룸형 펜션의 구조를 갖고 있었습니다. 현관문을 열고 들어가면 신발을 벗는 공간이 있고 화장실 하나, 부엌 그리고 거실 겸 침실로 구성되어 있었습니다. 침대에 누워 있으면 부엌과 식탁이 보이고 화장실은 어릴 적 저 혼자 자취하던 15평짜리 집에 있던 화장실 크기만 했습니다. 오래전부터 눈에 익은 민박집이나 펜션에서 본 원룸 스타일의 흔한 모습으로 객단가를 높이기 힘들어 보였습니다. 현장 답사 전 주변의 숙박업소들을 살펴보니 비슷한 구조의 민박과 펜션의 1박 단가는 평일 5~7만 원, 성수기에는 12~13만 원 정도였습니다.

그런데 창업자는 작은 건물에 10평짜리 네 개만 만들 예정이었으니, 만약 현 상태로 독특한 컨셉이 없이 시작된다면 좋은 매출을 만들어내지 못하는 펜션이 될 확률이 매우 높아 보였습니다. 물론 숙박료가 낮아도 객실 수가 많다면 해볼 만합니다. 단, 조건이 하나 더 있습니다. 여행지로 인기가 있는 곳에 펜션이 위치해 있어야 합니다. 유명한 여행지는 객실 수만 많다면 박리다매 방식으로 객실을 많이 팔아 매출을 높일 수 있습니다. 하지만 보통의 섬 지역은 여름철 반짝 인기를 끌고 난 후에는 늦가을과 겨울철 여행자 수가 급감합니다. 위치상 이 섬 지역에서 펜션을 운영하려면 타깃으로 해야 할 도시는 광주입니다. 광주에서 이곳까지는 약 1시간 반 정도가 걸립니다. 결코 가깝다고 할 수 없습니다. 그 정도의 거리라면 수년 전부터 관광 인프라가 넘쳐난 여수도 충분히 갈 수 있는 거리입니다. 광주에서 담양은 40분, 그 외 유명 여행지도 비슷한 시간대에 충분히 도달합니다. 그렇다면 여름을 제외하고 여행 인프라가 아직 많지 않은 조용한 시골의 섬으로 여행자들이 몰리는 시간은 그리 많지 않을 것입니다. 이 섬을 여행하는 사람들의 숫자도 적고 타 지역에 비해 객단가도 낮습니다. 그렇기 때문에 적은 수의 객실을 갖고 펜션을 운영한다는 건 무리입니다.

첫 상담 시 창업자는 저에게 이 섬의 장점과 발전 가능성에 대해서 많은 이야기를 해주었지만, 지금 만들려고 하는 작은 펜션에는 대부분 부합되지 않는 장점들이었습니다. 미래에 어떻게 발전할지는 모르겠지만 창업자는 지금 당장 수익을 내야 합니다. 현재 새롭게 이 자리에 만들어질 펜션은 미래의 주변 여행 인프라를 기대할 필요 없이 지금 당장 매력적이고 차별화된 모습을 만들어야 살아남을 수 있습니다. 머릿속이 참 복잡해졌습니다. 보통 컨설팅을 시작하면 해당 펜션에 대해서 하루 정도 고민을 한 후에 자료를 만듭니다. 하지만 이곳은 꼬박 3일이 걸렸습니다. 자료를 만드는 시간보다 고민을 했던 시간이 길었습니다. 컨설팅한 내용을 자세히 설명할 수는 없지만 기본 개념을 설명하자면 다음과 같습니다. 이곳은 고급화가 아니라 차별화를 먼저 고민해야 했습니다.

컨설팅할 때 고민했던 주제는 다섯 가지였습니다.

① 어떻게 차별화를 둘 것인가?

② 현 위치를 가장 잘 살리는 이미지가 무엇일까?

③ 여행자가 동경할 만큼 매력적인 공간으로 만들 수 있을까?

④ 어떻게 객단가를 높일 것인가?

⑤ 건축 시공 업체는 이색적인 공간을 만들 경험을 갖추었을까?

이곳은 해변과 완전히 맞닿아 있는 바닷가 앞 땅입니다. 이 상황을 장점으로 극대화시켜야 했습니다. 그래서 매우 이색적인 이미지를 찾기 위해 노력했습니다. 평소 여행자들이 국내에서 자주 이용할 수 없는 해외의 휴양지 이미지를 연출하는 것이 좋을 것이라고 판단했습니다. 조용하고 아늑한 자은도의 이미지를 기대하고 찾아오는 것이 아니라 해외 휴양지를 기대하고 찾아오도록 이미지를 만드는 것입니다. 만약 소비자가 해당 펜션을 인터넷으로 확인했다면 마치 보라카이나 발리를 떠올릴 수 있는 이미지 정도가 되어야 승산이 있습니다. 만약 온라인을 통해 보는 모습이 고즈넉한 시골 마을과 푸른 바닷가, 해변가 등 아름답지만 국내 어디서든 볼 수 있는 이미지들로 채운다면 소비자들은 더 경쟁력이 있는 인근의 여행지로 빠지게 될 것입니다. 그러니 해당 펜션 앞 해변가에 평범한 파라솔을 꽂아둘 것이 아니라 해외 휴양지에서 봤을 법한 야자잎으로 만든 파라솔과 소품들을 비치해야 합니다. 국내에 바다 전망의 펜선들은 많지만, 해외 이미지를 그대로 차용해서 연출할 수 있는 곳은 그리 많지 않습니다. 바닷가가 있어야 가능한 연출이기 때문입니다. 펜션에서 멀리에 있는 바닷가가 아닌 펜션과 해변이 맞닿아 있는 땅이 있어야 가능한 연출이기 때문입니다. 만약 그렇게 할 수 있다면 해당 펜션은 소품 몇 개로도 충분히 해외 휴양지의 분위기를 연출할 수 있습니다.

필리핀 보라카이의 허술하지만 이색적인 해변가 카페

보통 바닷가 휴양지는 파란 바닷가와 수평선에 아무것도 걸쳐 있지 않은 망망대해를 바라볼 수 있는 이미지를 상상합니다. 하지만 이곳은 바닷가에 크고 작은 섬들이 여럿 보였습니다. 어찌 보면 필리핀 팔라완 지역 바닷가와 비슷하게 보였습니다. 현재 이 펜션 부지가 바로 그런 연출을 할 수 있는 땅입니다. 부지에서 바닷가 방향으로 사진 구도를 잡고 그 안에 몇 가지 소품만 집어넣으면 완벽하게 해외 휴양지처럼 보이도록 할 수 있습니다.

그리고 참 드물게도 해당 펜션은 카페가 시그니처 포인트가 되어야 합니다. 이유는 영업 타깃을 더욱 명확하게 하기 위해서입니다. 주말뿐만이 아니라 평일도 모객을 잘 하기 위해서는 커플을 타깃으로 영업을 하는 것이 유리합니다. 그런데 커플 여행자들의 여행 성향은 매우 폐쇄적입니다. 그래서 펜션과 주변 분위기를 닫힌 공간처럼 연출하면 더욱 효과적으로 마케팅을 할 수 있습니다. 둘만의 공간을 확보할 수 있도록 만들고 연출합니다. 객실은 물론이고 둘만의 해변, 둘만의 해변 카페, 둘만의 해변 바비큐 테이블 등이 있습니다. 자은도는 이미 다리로 연결이 되어 있지만 주변 분위기는 조용한 섬 마을 분위기가 강합니다. 섬으로 고립된 유명한 해외 리조트 중에는 필리핀 팔라완의 엘니도 리조트와 클럽 파라다이스, 클럽 노아 이사벨 등이 있습니다. 예전에 필리핀 관광청의 초청으로 이곳을 답사한 일이 있었는데 시설은 고급스럽지 않았지만 매우 독특한 분위기가 너무나도 좋았던 기억이 납니다. 그 고립되고 폐쇄적인 분위기를 커플에게 제공하는 것입니다. 그리고 펜션 사장은 상대해야 할 젊은 커플 여행자들의 성향을 알아봐야 합니다. 젊은 커플 여행자들의 여행 목적은 여러 가지가 있습니다. 휴식도 있고, 관광도 있고, 체험도 있고, 둘만의 이벤트도 있습니다. 다양한 목적을 갖고 여행을 다닙니다. 그런데 여러 여행 목적 중 멋진 순간을 사진에 남기는 것을 목적으로 여행을 떠나는 이들도 상당수입니다.

인기 있는 카페를 보면 커피 맛보다는 분위기 때문에 인기를 얻은 카페들이 참 많습니다. 그런 곳을 찾은 여행자는 커피를 마시러 방문했다기보다는 사진을 찍기 위해서 방문합니다. 거리가 멀어도 찾아옵니다. 사진 몇 장 찍으려고 50만 원이 넘는 럭셔리 풀빌라를 예약하기는 무리입니다. 하지만 멋진 사진을 찍기 위해서 카페는 찾아갑니다. 거리가 멀어도 커피 한잔 마시기 위해 떠납니다. 지출이 크지 않기 때문입니다. 그리고 멋진 사진을 건졌다면 그 이상의 가치를 얻었다고 생각합니다.

이제 마케팅의 측면에서 확인해봐야 합니다. 펜션뿐만이 아니라 카페도 함께 광고할 수 있다면 인터넷 공간에서 더 높은 점유를 할 수 있습니다. 그리고 인스타그램, 블로그 등 체험단을 모집하기에도 펜션보다 카페가 더욱 수월합니다. 그래서 창업 초기 일반적인 펜션보다 더 빠르게 인지도를 높여갈 가능성이 있습니다. 그리고 같은 조건이라면 단가가 높은 펜션보다 단가가 낮은 카페의 이용률이 더 높습니다. 즉, 인터넷에 콘텐츠가 쌓이는 속도도 더 빠르게 늘릴 수 있습니다. 그리고 만약 멋진 사진을 찍기 위해서 찾아간 카페에 지갑이 가벼운 젊은 여행자들이 부담 없이 이용 가능한 숙소가 있다면 어떨까요? 이외에도 독특한 분위기의 카페가 만들어졌을 때 얻을 수 있는 이점은 많습니다. 단, 모든 펜션의 카페가 마케팅에 유용하다는 것은 아닙니다. 제대로 된 카페여야만 합니다. 펜션 창업자는 오랜 시간 요식업을 해왔던 분이었고, 펜션의 위치가 이색적인 카페를 운영하기에 최적의 장소였기 때문에 펜션 카페 운영을 추천한 것입니다. 이후 저는 펜션 디자인의 기초가 될 수 있는 시안을 잡아서 전달했고 실측을 해서 간단히 객실 분위기를 그렸습니다.

만약 이와 같은 차별화가 아닌 더 고급화시켜서 만든 아름다운 풀빌라 펜션이 이 자리에 만들어진다면 어떨까요? 투자를 많이 해서 화려하게 만들어놓으면 많이 찾아올까요? 독특하고 멋지다면 손님들은 당연히 찾아올 것입니다. 투자금이 넉넉하다면 그렇게 해도 되겠지만 목표에 다다르기 위해서 꼭 넘치는 투자금만 갖고 장사할 필요는 없다고 생각합니다. 확실한 컨셉은 큰 투자금도 넘어설 수 있습니다.

# 주변 환경에 어울리는 컨셉이 영업률이 높다

공급보다 수요량이 많은 상품이 있다면 당연히 그런 상품을 판매해야 합니다. 펜션으로 따진다면 키즈펜션, 애견펜션이 될 것입니다. 다양한 펜션을 경영해봤던 제 입장에서 봐도 확실히 키즈나 애견펜션이 훨씬 더 영업률이 높았습니다. 그리고 키즈펜션과 애견펜션은 주변 환경에 큰 영향을 받지 않기 때문에 바다, 산, 들 어디든 상관없이 좋은 펜션을 만들어 운영할 수 있습니다. 키즈와 애견펜션이 주변환경에 큰 영향을 받지 않는 이유는 여러 가지가 있지만 가장 큰 이유는 펜션 내의 시설을 이용하기 때문입니다. 펜션 주변에 유명 관광지나 맛집이 있다고 해도 어차피 애견 동반으로 입장할 수 없는 곳이 대부분이니 펜션 주변의 여행 인프라는 별 의미가 없습니다.

아이는 조금 이야기가 다르지만 그래도 키즈펜션을 선택한 사람들은 될 수 있는 한 펜션 내의 시설들을 이용하길 원합니다. 아이에게 우유를 먹이고 기저귀를 갈고, 우는 걸 달래려면 외부보다는 안락하고 프라이빗한 공간이 아이와 즐기기 더 좋기 때문입니다. 그렇게 생각하면 여행 인프라가 좋지 않은 조용하고 저렴한 땅을 사서 건축물에 신경 쓴 후 펜션을 만들면 좀 더 합리적인 투자 비용으로 키즈나 애견펜션을 창업할 수 있을 것입니다. 그런데 과연 키즈펜션과 애견펜션이 쉬운 길일까요? 저 역시도 새로운 펜션을 맡을 때마다 참 고민이 많습니다. 하지만 아이들을 정말 좋아하는 게 아니라면, 그리고 반려동물을 정말 사랑하는 것이 아니라면 키즈나 애견펜션은 쉬운 길이라고 할 수 없습니다. 단지 펜션 운영에 중요한 포지션을 차지하는 영업 부분이 조금 더 수월할 뿐, 나머지 부분은 모두 일반 펜션을 운영하는 것보다 어렵습니다.

얼마 전 저에게 컨설팅을 받은 분은 키즈펜션 창업을 염두에 두고 있었습니다. 그래서 가장 중요한 질문을 그에게 했습니다.

"아이들을 좋아하나요?"

"매일 안전사고의 위험을 줄일 수 있도록 관리를 잘할 자신이 있나요?"

이 두 가지 질문만 하면 보통 현실을 좀 더 깊게 파악하게 됩니다. 먼저 키즈펜션은 안전사고 위험이 잦습니다. 항상 관리해야 할 것들이 많습니다. 그리고 아이를 금이야 옥이야 키우는 부모 앞에서 펜션 사장은 슈퍼 을이 될 확률이 매우 높습니다. 몇억 원, 몇십억 원을 투자해서 멋진 사업장을 만들고 항상 노심초사하면서 운영을 하는 게 개인적으로는 비효율적으로 보이기도 합니다. 물론 이는 이해를 돕기 위해 다소 비약해서 표현한 내용입니다. 아무튼 키즈나 애견펜션은 관리해야 할 것들이 일반펜션에 비해 더 많기 때문에 항상 부지런해야 합니다. 그래서 키즈나 애견펜션으로 운영하길 원한다면 선배들이 어떻게 돈을 벌고 있는지를 알아야 합니다. 단지 매출만 보고 선택해서는 안 됩니다.

저 역시도 새롭게 맡아 운영할 펜션을 애견펜션으로 만들려고 고민했다가 마음을 돌려 다른 컨셉의 펜션으로 운영한 일이 있습니다. 오래전 일이지만 아직도 기억이 생생합니다. 저는 펜션을 계약한 직후 펜션 건물 앞에 서서 한참을 고민했습니다.

'이 오래된 펜션을 어떻게 운영해야 장사가 잘되는 펜션으로 바꿀 수 있을 것인가?'

제가 맡아 운영할 강원도 산골의 펜션은 건물이 좀 오래된 것이 단점일 뿐 주변 환경은 너무나도 멋졌습니다. 저는 펜션을 며칠 동안 돌아보며 아직 발견하지 못한 매력이 무엇이 있는지 고민했습니다. 펜션은 깊은 산속에 있어서 높은 나무로 둘러싸여 있고 봄, 여름, 가을의 모습은 계절별 독특한 분위기를 자아내는 곳이었습니다. 특히 여름에는 펜션 바로 앞의 물이 불어 큰 계곡물이 흐릅니다. 창문을 열어두고 잠을 자면 귓가에 자연의 소리들로 가득 찹니다. 그 소리들은 도시에서 들었던 자동차와 사람 소리가 아닌, 나무 흔들리는 소리, 벌레 소리, 계곡물 흐르는 소리입니다. 마음이 정화되는 듯한 소리가 방 안에 울립니다. 객실 수준을 떠나 가만히 객실에 눕는 것만으로 자연과 더 가까이 있는 듯 느껴집니다. 제가 운영할 펜션은 객실의 수준을 높여도 자연 속의 분위기를 압도하거나 넘어서지 못할 거라고 생각되었습니다. 결국 펜션이 자연 속의 분위기를 따라 만들어져야 한다는 생각을 했습니다. 물론 단점도 있었습니다. 강원 영동 지역에서 인기가 있는 펜션들은 대부분 해변가에 위치해 있습니다. 그리고 바닷가가 한눈에 들어오고 객실 내부는 마치 호텔 객실처럼 럭셔리합니다. 그런 펜션들과 경쟁하기엔 제가 맡을 펜션의 시설과 분위기는 부족함이 꽤 많이 느껴졌습니다. 업그레이드가 쉽지 않다면 차별화! 결국 저는 더욱 차별화에 매달렸습니다. 보통 펜션의 컨셉을 잡을 때는 경쟁 펜션이 갖고 있지 않은 것을 부각시키는 것이 유리합니다.

좋은 컨셉이란, 호감을 느낄 수 있는 것이어야 합니다. 그러기 위해서 소비자들이 이해하기 힘든 생소한 이미지를 보여줘서는 안 됩니다. 결국 완벽하게 새로운 컨셉이란 없는 것입니다. 세상에 나와 있는 이미지 중 소비자들이 좋아하는 이미지를 찾아내면 됩니다. 즉, 소비자들의 머릿속에 직간접 경험을 통해 쌓여 있는 정보 중 멋진 정보라고 생각되는 이미지를 보여주면 됩니다. 그렇게 좋은 컨셉을 만들기 위해서 가장 중요한 것은 역시 경험입니다. 가급적 여행과 숙소에 대해 많은 경험을 해봐야 합니다. 그리고 인기가 많은 곳들을 좀 더 깊게 분석해야 합니다.

컨셉을 잡기 위해서는 여러 가지 상황을 봐야 하지만 가장 기본적으로 저는 주변 환경을 살펴봅니다. 펜션의 주변 환경은 크게 바닷가, 산, 마을로 나뉠 수 있습니다. 만약 바닷가에 위치한 숙소라면 해외 휴양지 중 바닷가에 만들어진 휴양지 이미지를 차용하면 소비자들이 그 이미지를 더 쉽게 이해할 수 있을 것입니다. 발리의 꾸따나 스미냑 지역, 푸껫의 빠통이나 카타비치, 필리핀 보라카이 등의 지역이 있습니다. 만약 같은 바닷가일지라도 펜션이 언덕 위에 위치해 있어 바닷가 휴양지 이미지를 차용할 수 없다면 이탈리아 산토리니나 TV 방송 〈윤식당〉에 나왔던 스페인의 가라치코와 같은 세련된 바닷가 분위기를 따라 연출할 수도 있습니다.

그저 그리스 산토리니의 밝은 화이트와 파란 파스텔톤의 집이 예쁘다고 생각해서 주변 환경을 고려하지 않고 산속에 화사한 펜션을 만들게 되면 주변의 후광 효과를 전혀 받지를 못할 수 있습니다. 오히려 산속에 위치한 펜션이라면 여름에 어울리는 '바다 휴양지 모습'보다는 푸른 숲이 잘 어울리는 이미지가 좋습니다. 하지만 안타깝게도 매력적인 숲속의 이미지는 국내에서는 쉽게 찾기 어렵습니다. 국내보다는 해외에서 찾아볼 수 있는데, 태국 치앙마이, 치앙라이의 카페나 발리 우붓 지역, 라오스 비엔티엔 지역에서 볼 수 있는 녹색의 푸릇푸릇한 분위기가 이색적이고 독특한 분위기를 자아내고 있습니다. 제가 현재 운영하는 산속의 펜션은 이러한 이미지를 차용해서 톡톡히 효과를 보고 있습니다. 만약 바다도 아니고 산도 아닌 시골 마을에 위치한 펜션이라면 일본과 대만 등에서 여행지로 인기가 있는 소도시 이미지를 차용해 분위기를 연출할 수도 있습니다. 일본의 바닷가 마을에 위치한 료칸이 될 수도 있고, 대만의 오래된 탄광 마을을 관광지화한 지우펀이란 곳도 있습니다. 결국 사람들이 잘 알고 있는 컨셉이 좋습니다. 사진 한 장만 봐도 '어디서 본 분위기다!'라고 떠올릴 만한 컨셉을 만드는 것이 중요합니다. 다시 말하지만 아무리 좋은 컨셉이라고 해도 소비자들이 이해할 수 없거나 이해하기 어려운 컨셉은 주목받지 못합니다.

컨셉과 차별화에 대해서 좀 더 이야기해보겠습니다. 예를 들어, 넓은 운동장이 있는 펜션이라면 객실을 더 업그레이드하기보다는 먼저 넓은 운동장을 업그레이드하거나 홍보하는 것이 유리합니다. 또는 멋진 객실과 멋진 실내 수영장을 갖고 있다면 상대적으로 실내 수영장을 갖고 있는 펜션들이 많지 않으니 수영장을 우선으로 노출하는 것이 맞습니다. 펜션에 남들이 갖지 못한 것이 있다면 그걸 먼저 보여줘야 합니다. 물론 소비자가 반응할 만한 매력적인 모습이어야만 합니다. 앞서 설명했듯이 제가 경영하는 펜션은 깊은 산속에 위치한 매우 오래된 펜션입니다. 제 펜션은 객실 수준으로 화려한 펜션들과 경쟁할 수 없으니 자연 친화적인 모습을 더욱 부각시켜 연출했습니다. 최근에는 인공적인 느낌을 배제한 보테니컬 디자인(식물들을 활용한 디자인)이 각광을 받고 있습니다. 그리고 플랜테리어 디자인이라는 합성어까지 만들어져 실내에 식물을 잘 배치해서 더 자연 친화적인 이미지를 만드는 것이 유행입니다. 몇 년 전부터는 힐링이라는 단어가 유행을 하더니 이제는 가공되지 않은 공간에 대한 수요가 점차 늘고 있는 추세입니다. 이런 흐름을 잘 이해하고 따른다면 모객은 어렵지 않습니다.

높은 수준의 객실은 여행자가 숙소를 선택하는 데 매우 큰 작용을 합니다. 하지만 여행의 목적이 '아늑한 공간에서의 휴식'이 아니라면 객실 수준은 중요하게 작용하지 않습니다. 이를테면 두바이에는 텐트로 만들어진 호텔도 운영되고 있습니다. 객실 안에는 호텔에서 갖추어야 할 가구와 물품들이 잘 비치되어 있지만, 역시 유명 휴양지의 럭셔리 리조트 객실에 비해 화려하지 않습니다. 하지만 사막을 느끼고 이색적인 경험을 하고 싶은 사람들에게는 너무나도 좋은 호텔이라고 알려져 있습니다. 아이슬란드에도 크고 작은 호텔과 숙박업소가 많이 있습니다. 하지만 우리가 상상하는 크고 멋진 호텔들은 많지 않습니다. 그럼에도 겨울과 눈, 그리고 오로라를 보고 싶어 하는 사람들에게는 낡은 북유럽의 호텔도 아이슬란드 여행에 최적의 장소가 될 수 있습니다. 그렇기 때문에 객실로 승부하지 않고 주변 환경 또는 그 외 시설물, 즐길 거리로 모객을 하길 원한다면 그러한 즐길 거리들을 명확하게 소비자들에게 보여줘야만 합니다. 단, 소비자들이 쉽게 이해할 수 있는 범위 안에서 연출해야합니다. 예를 들어 펜션 광고 문구에 '아름답고 고급스러운 계곡 펜션에서 힐링하세요'라는 문구보다는 '온 가족이 낚시를 즐기기 좋은 계곡펜션'이라는 문구가 더 쉽게 모객할 수 있습니다.

제가 운영하는 펜션은 숲의 계곡이 참 멋진 곳입니다. 하지만 소비자들에게 '아름다운 숲속에서 가족과 좋은 시간을 보내세요'라고 펜션을 소개하면 임팩트 있게 다가갈 수가 없습니다. 그래서 저는 숲과 계곡을 더욱 임팩트 있게 연출해서 소비자들이 동경하고 가고 싶은 숲의 이미지를 만들기로 했습니다.

동네의 뒷산을 걷고 싶은가요? 발리 우붓 지역의 숲속을 걷고 싶은가요? 대부분은 후자를 선택할 것입니다. 해외여행지를 막연히 동경하는 여행 마니아도 있고, 신혼여행을 다녀온 사람이라면 추억의 해외 휴양지를 다시 떠올릴 사람들도 있을 것입니다. 해외여행지 중에서도 유명 여행지는 당연히 동경의 대상입니다. 그래서 펜션의 광고 슬로건을 '강원도 양양에서 발리 우붓을 느낄 수 있는 곳'이라고 정했습니다. 소비자가 우연히 이 문구만 봐도 어떤 펜션인지 꽤 궁금해할 것이라고 판단했습니다. 특히 발리를 가고 싶거나 우붓 지역을 좋아하는 여행자들이라면 해당 펜션에 가고 싶은 마음이 들 것입니다. '왜 동남아 휴양지가 아니고 콕 찍어서 발리냐?'라고 묻는 분들도 있겠지만 펜션 영업은 다수가 아니라 마니아, 즉 소수에게 컨셉을 맞춰 영업하는 것이 유리하기 때문입니다. 물론 한 줄의 슬로건으로 펜션 전체의 이미지를 소비자에게 전달하기는 힘듭니다. 내 펜션의 이미지를 한눈에 보여줄 수 있는 임팩트 있는 사진도 함께 필요합니다. 저는 고민 후 펜션을 어떤 모습으로 연출해야 할지 계획을 세웠습니다. 그리고 동남아 휴양지와 같은 사진을 찍기 위해서는 공사가 필요했습니다. 결국 저는 발리 느낌이 풍기는 사진 한 장을 찍기 위해 공사를 진행했습니다.

동남아 휴양지 분위기로 바꾼 1세대 펜션

소비자는 보이는 대로 믿습니다. 이것은 매우 중요한 사실입니다. 우리가 아는 소비자는 전문가들이 아닙니다. 물론 전문가도 있지만 매우 소수입니다. 소비자는 판매자가 이야기하는 대로 믿습니다.

# 펜션 창업 전 유명 숙소의
# 답사가 필요한 이유!

 

저는 펜션을 새롭게 맡은 후 운영할 펜션의 컨셉을 동남아시아의 휴양지 이미지로 잡아 진행한 적이 있습니다. 그래서 동남아 휴양지의 정보들을 얻기 위해 노력했습니다. 하지만 아쉽게도 우리나라에서는 자연 친화적인 이미지를 잘 이용하고 있는 숙소의 디자인을 쉽게 찾아보기 힘들었습니다. 숲이 우거진 휴양지의 분위기가 풍기는 곳, 바닷가 휴양지가 아닌 숲과 나무로 채워진 휴양지는 제가 알기로 인도네시아 발리의 우붓 지역과 태국의 치앙마이, 치앙라이가 가장 대중적으로 유명한 여행지였습니다. 특히 태국의 경우에는 치앙마이를 비롯해 주변의 도시에도 보테니컬 디자인으로 꾸민 호텔과 카페들이 참 많습니다.

우붓, 치앙마이 모두 오래전에 다녀온 곳이긴 하지만, 이전의 해외여행은 보테니컬 디자인을 알아보기 위한 여행이 아니었습니다. 그렇기 때문에 휴양지의 보테니컬 디자인이 어렴풋이 기억날 뿐 어떻게 구성하고 꾸밀지 감을 잡기 쉽지 않았습니다. 그래서 먼저 인터넷을 통해 관련 사진들을 수집했습니다. 하지만 수많은 사진을 수집하고 들여다봐도 임팩트를 줄 수 있는 부분을 찾아내지 못했습니다.

당시 제 투자금은 한정적이었기 때문에 효과적인 곳에 정확히 투자가 되어야 했습니다. 만약 제가 펜션에 투자할 돈이 넉넉하다면 호텔 하나를 딱 정해놓고 그대로 베끼면 됩니다. 하지만 그만한 비용은 없었습니다. 그렇기 때문에 적은 투자금은 펜션 내에서 가장 임팩트 있는 효과를 줄 수 있는 곳을 찾아서 단 한 곳에 집중해야 합니다. 그리고 한 곳에 집중한 공간은 잘 연출해서 소비자들에게 조금이라도 관심을 받을 수 있도록 해야 합니다. 그 '임팩트 있는 모습을 찾을 수 있을까?' 하는 기대에 다시 한번 해외로 나가 보기로 했습니다. 답사도 할 겸 좋은 여행과 휴식도 할 겸 좋은 핑곗거리가 생겼습니다. '한 푼이라도 아껴서 오픈할 펜션에 투자해야지 무슨 여유롭게 해외여행이냐?'라고 생각할 수도 있지만, 저는 현지에서 보고 느끼는 경험이 가장 큰 공부가 된다고 생각합니다. 일출 사진을 보는 것과 직접 동해에 가서 일출을 바라보는 것은 감동의 차이가 매우 큽니다. 그래서 저에게 펜션 사업 컨설팅을 받는 분들에게도 가능하다면 창업 전 만들려고 하는 펜션과 비슷한 호텔이나 풀빌라를 찾아 답사를 다녀오길 권합니다.

당시 제가 운영할 펜션 리모델링 공사를 하기 전에 떠난 태국여행은 마치 마지막 만찬과도 같은 여행이었습니다. 펜션을 한번 창업해본 사람들은 잘 알겠지만, 펜션을 오픈시키기 위해 해야 할 일들이 정말 한두 가지가 아닙니다. 기존에 운영되던 펜션을 인수받아 재오픈한다고 해도 할 일은 많습니다. 그래서 창업자 대부분이 오픈 시점에 꽤 힘들어합니다. 창업을 위한 힘든 여정에 앞서 맛보는 휴식은 시간과 돈이 든다고 해도 충분한 가치가 있다고 생각합니다.

우리나라의 많은 카페 창업자들은 카페를 오픈하기 전에 태국 방콕의 독특한 카페들을 시찰하러 떠납니다. '우리나라보다 경제 수준이 훨씬 낮은 국가에서 과연 배울 점이 있을까?'라고 의아해하는 사람들도 있겠지만, 여행과 관광 분야만큼은 태국이 우리나라를 크게 앞섭니다. 태국의 경제 규모는 우리나라의 3분의 1 정도밖에 되지 않습니다. 하지만 우리나라와 비교할 수 없을 정도로 많은 해외여행자들이 태국을 찾습니다. 그리고 국가적 정책과 개방적인 성향의 사람들 때문에 방콕과 더불어 태국의 지방 휴양지들은 우리나라의 몇몇 지방보다 더 국제화된 곳이 많습니다. 호텔과 카페를 비롯해 모든 유명 관광지들은 내국인들뿐만이 아니라 아시아, 아메리카, 유럽에서 찾아오는 여행자들까지도 만족할 만한 수준이며, 수많은 고급 호텔들은 낮은 인건비와 시설 운영비를 바탕으로 태국 곳곳에 들어서 있습니다. 그리고 세계 어느 나라나 빈부의 격차가 있지만, 특히 태국의 경우에는 빈부 격차가 상상 이상으로 큽니다. 이른바 '하이쏘'라고 불리는 상류층은 우리나라에서 부자라고 통하는 사람들과는 비교할 수 없을 정도로 어마어마한 재산과 네트워크를 갖고 있기도 합니다. 그들은 태국 내에서 카페를 이용하고 호텔, 풀빌라 등을 이용하며 여행을 하는데 그들이 주로 애용하는 곳에 가서 보면 '정말 여기가 태국이 맞나?'라는 생각이 들 정도로 멋지고 아름답습니다. 여행과 숙박업계에 종사하는 사람들이 그런 곳을 시찰한다면 분명히 좋은 공부가 됩니다.

'우리나라 사람들이 해외 휴양지에서 어떤 이미지를 접했을 때 가장 큰 감동을 받고 즐거워할까?' 이 질문을 계속 머릿속에 담아 둔 채로 태국 곳곳을 누볐습니다. 태국의 허름한 식당부터 시작해서 고급 카페, 호텔들을 시찰하며 오로지 디자인만 보려고 노력했습니다. 그와 관련된 공간이나 소품을 발견하면 카메라 셔터를 눌렀고 노트에 메모했습니다. 카페에서 아이디어를 많이 얻을 수 있었는데, 특히 방콕 통로 지역의 카페를 많이 둘러봤습니다. 통로는 고급스러운 카페가 많은 우리나라의 '가로수길' 같은 곳인데, 우리나라에서도 보기 힘든 어마어마한 슈퍼카들도 너무나도 쉽게 볼 수 있는 그런 지역입니다. 상류층을 상대하는 멋진 클럽뿐만이 아니라 레스토랑, 카페들이 하나같이 모두 아름다웠습니다. 이곳에서 여러 종류의 소품들을 확인했고, 그 소품들을 어떻게 펜션에 적용시킬지에 대해서도 많은 고민을 하게 되었습니다. 그리고 열심히 둘러본 곳은 당연히 호텔이었습니다. 방콕에 머무는 일주일 동안 호텔은 모두 네 번을 바꾸면서 이용했고, 오전부터 시작해서 매일 세 곳의 호텔과 풀빌라를 둘러봤습니다. 당시 여행에서만 총 19곳의 호텔을 둘러보게 되었습니다(해외 호텔을 시찰하며 담은 영상은 유튜브 채널 〈김성택TV〉에서 확인할 수 있습니다).

지금까지 저는 해외로 나가면 주로 고급 호텔이나 풀빌라를 시찰했지만, 이번 여행에서는 최고급 호텔보다는 수준이 높지 않은 호텔을 돌아보려고 했습니다. 이유는 제가 운영할 펜션의 객실 수준이 그다지 높지 않았기 때문이었습니다. 허름한 호텔에 고급스러운 가구가 들어간다고 한들 객실 이미지가 고급스러워지는 것이 아니기에 펜션의 수준과 비슷한 곳을 벤치마킹하는 편이 더 수월하다고 생각했습니다. 그래서 저는 호텔 예약 사이트를 기준으로 호텔의 등급과 1일 숙박료는 낮지만, 평점이 높은 호텔들의 리스트를 작성한 후에 답사하기 시작했습니다. 이번 여행에서 많은 호텔들을 답사했는데 가장 인상적인 호텔은 태국의 남쪽 파타야에 있는 '바사야 리조트 앤 스파 호텔'이었습니다. 하지만 말이 호텔이지, 수준은 정말 너무나도 형편없었습니다.

이 호텔은 지은 지 40년은 더 되어 보였는데, 오랜 시간 동안 수리를 안 했는지 곳곳에 페인트가 벗겨진 곳이 많았습니다. 어둡고 우중충한 객실에는 벽에 달려 있는 주먹만 한 전등 두 개가 전부였습니다. 호텔에서 볼 수 있을 법한 멋진 간접 조명 같은 건 찾아볼 수 없었습니다. 호텔 객실의 출입문은 나무로 어설프게 만들어져 있어 문밖에서 투숙객들이 복도를 걷는 소리가 다 들릴 정도였습니다. 마치 레오나르도 디카프리오가 주연한 〈비치〉라는 영화에 나왔던 우중충한 호스텔과 같았습니다. 시설에 대해 단점을 말하자면 정말 한도 끝도 없습니다.

바사야 리조트 앤 스파 호텔의 외부

바사야 리조트 앤 스파 호텔의 객실

하지만 이곳은 항상 80~90%의 부킹률을 보였고, 투숙객들 층을 보면 70%가 유럽인들이었으며, 나머지는 일본인이었습니다. 낡고 별 볼 일 없는 호텔이지만 운영이 잘되는 이유를 몇 가지 찾을 수 있었습니다. 첫 번째로는 역시 가격 경쟁력입니다. 주변의 호텔들에 비해 숙박료가 매우 저렴했습니다. 하룻밤 5만 원도 안 되는 비용에 조식까지 포함됩니다. 그리고 두 번째 장점은 호텔의 분위기입니다. 호텔이라기보다는 동남아시아에 잘 어울릴법한 호스텔의 이미지였습니다. 주머니가 가벼운 여행자들이 편안하게 이용하기 좋은 자유분방한 분위기를 잘 표현했습니다. 대나무를 많이 사용해서 로비와 펍, 레스토랑을 꾸몄습니다. 매우 저렴해 보이는 이미지였지만 사실 제가 찾던 바로 그 이미지였습니다. 저는 고급 호텔이 아니라 자유분방해 보이는 동남아시아의 호스텔을 벤치마킹하고 싶었습니다. 5성급의 수준 높은 호텔들도 많이 돌아봤지만 결국 이 호텔에서 힌트를 얻어 계속 야자잎과 대나무를 사용해 이색적인 분위기를 연출하는 방법을 찾아보게 되었습니다.

물론 파타야 바사야 호텔에서 힌트를 얻긴 했지만, 결코 이곳이 공부할 거리가 많거나 좋은 호텔이라는 건 아닙니다. 저는 트로피칼 디자인을 많이 사용한 파타야의 '센트라 그랜드 미라지 호텔'을 시찰하기도 했습니다. 센트라 그랜드 미라지 호텔은 파타야에서도 최고로 꼽는 5성급 호텔이고 이색적인 분위기로 인기가 매우 좋은 곳입니다. 이곳도 대나무와 야자잎을 사용해서 트로피칼 이미지를 전면으로 내세운 곳이지만, 앞서 설명한 '바사야 호텔'과 비교해보면 트로피칼 이미지를 더 디테일하고 훌륭하게 스타일링해놓았습니다. 호텔 레벨에서도 느낄 수 있지만 프로들이 만든 디자인과 스타일링은 역시 다르다는 느낌을 강하게 받았습니다. 저는 이 호텔에서 너무나도 많은 영감을 받게 되었습니다.

센트라 그랜드 미라지 호텔

이번 태국 호텔 답사 여행을 마칠 때쯤 오래전에 태국 파타야에서 제가 운영했던 게스트하우스도 돌아볼 수 있었습니다. 태국에 머무른 시간이 넉넉하지는 않았지만 꼭 한번 다시 찾아가 그때의 기억을 되짚어보고 싶었습니다. 당시 태국에 자주 드나들며 쌓은 경험과 기억은 분명히 강원도에서 새롭게 시작하는 펜션 사업에 자극이 될 것이기 때문이었습니다. 태국에서 게스트하우스를 운영할 당시 한국에서는 태안 지역에 규모가 큰 펜션도 동시에 운영하고 있었는데, 태국과 태안을 한 달에 한두 번씩 오가며 열심히 뛰었습니다. 피곤하기도 했지만 그때는 정말 숙박업에 미쳐서 열심히 일했습니다. '평안감사도 저 싫으면 그만이다'라고 합니다. 아무리 큰돈을 벌 수 있다고 해도 내가 싫으면 맥이 빠져 즐겁지 않습니다. 저는 또다시 설레고 즐거운 마음으로 펜션 사장이 되었습니다.

펜션 사업 컨설팅을 한 지 벌써 10년이 훌쩍 넘어 곧 20년이 다 되어갑니다. 숙박업에 대해서 알 만큼 안다고도 할 수 있지만, 저는 새로운 사업 앞에 건방을 떨지 않으려고 합니다. 새롭게 시작하는 사업에 요행도 바라지 않습니다. 태국 답사뿐만 아니라 국내에서 아이디어를 얻을 수 있는 곳들도 많이 다녀왔습니다. 숙소, 카페, 스튜디오 할 것 없이 제가 찾고자 하는 이미지가 있다면 달려갔습니다. 그렇게 얻은 아이디어를 제가 컨설팅했던 펜션에 적용해서 대박이 난 경우도 꽤 많습니다. 저는 어차피 여러 이유로 아이디어를 얻기 위해 답사를 다녀야 하지만, 사실 펜션 창업자들도 공부가 될 만한 여러 숙소들을 다녀오는 것이 좋습니다. 펜션 하나 운영하는 데 멀리까지 답사를 다녀오고 초심이 어떻고 너무 오버하는 거 아니냐고 할 수도 있지만, 저는 그렇게 해야 한다고 생각합니다. 직접 발로 뛰고 고생하며 얻은 지식은 그야말로 최고의 정보라고 생각합니다.

# 객실에 자신 없다면
# 객실이 아닌 공간을 팔아라!

　펜션이 호텔, 모텔, 게스트하우스와 다른 점은 많습니다. 그런데 그중 큰 부분을 차지하는 것 중 하나가 바로 바비큐입니다. 최근에는 호텔과 게스트하우스에서도 소비자의 니즈를 맞추기 위해 캠핑과 바비큐 서비스를 제공하는 곳이 늘고 있습니다. 이젠 펜션뿐만이 아니라 여행과 관련된 숙소에서 바비큐는 매우 중요한 요소가 되었습니다.

　펜션을 찾는 여행자들 중 다수가 바비큐를 합니다. 여러 이유가 있지만, 가장 큰 이유는 소비자들의 거주 환경과도 연관이 있습니다. 소비자 대부분은 도시에서 생활하고 있습니다. 아파트와 같이 마당이 없는 집에서 전기 그릴에 삼겹살을 구워 먹을 수도 있지만, 숯을 피우고 그 위에 숯 향이 가득한 고기를 해 먹고, 비어캔 치킨을 만들고, 해산물을 숯에 구우면서 시간을 보내는 건 도시에서는 거의 불가능한 일입니다. 그래서 답답한 도시 생활에서 벗어나 단 하루만이라도 '아웃 도어 라이프'를 즐기길 원하는 것입니다. 하지만 펜션에서 즐길 거리는 그다지 많지 않습니다. 물론 펜션 카페나 객실에 전자오락게임도 있고, 계곡이나 앞 바다에서 자연을 즐길 수도 있지만, 술과 고기를 좋아하는 우리나라 사람들에게는 역시 바비큐가 최고의 즐길 거리입니다. 소비자는 바비큐에 대해 많은 기대를 하고 있습니다. 그리고 그것 때문에 펜션을 놀러온 사람들도 있을 정도입니다. 그런데 몇몇 펜션들은 전혀 소비자의 마음을 읽지 못하고 펜션을 운영하고 있습니다. 비닐하우스로 만들어진 공간을 실내 바비큐장으로 이용하기도 하고, 주차장 창고 같은 공간을 바비큐장으로 내어주기도 합니다. 물론 그런 곳에서 바비큐를 한다면 소비자들의 기대는 한 번에 무너지게 됩니다. 펜션에서 바비큐장은 가장 신경 써야 할 부분입니다. 그렇기 때문에 공사 시작부터 바비큐장을 어떻게 만들지 고민을 해야 합니다. 멋진 객실을 만드는 것만큼 깊은 고민을 해서 바비큐장을 만들어야 합니다.

손님들이 펜션에 체크인을 한 후 객실 외 가장 오랜시간 머무는 공간은 역시 바비큐장입니다. 펜션의 분위기를 파악하는 데 객실만큼 중요한 장소가 됩니다. 객실 수준이 매우 높다면 바비큐장 따위는 신경 쓰지 않아도 좋을 것입니다. 하지만 객실 수준이 최고가 아니라면 객실 외의 것에서 소비자의 만족도를 높여줘야 합니다. 즉, 객실로 경쟁할 수 없다면 경쟁력 있는 다른 아이템이라도 만들어야 합니다. 제가 현재 운영하는 두 개의 펜션 중 하나의 펜션이 그런 상황입니다. 펜션 리뷰의 여러 글들 중 객실에 대한 평을 보면 대부분 '잘 관리되어 있다', '평범하다', '깔끔하다', '낡았지만 지낼 만했다' 정도의 평이 대부분입니다. 하지만 객실 외 바비큐장과 주변 환경에 대해서 이야기하는 리뷰를 보면 '너무나도 만족스럽다', '경치 좋은 곳에서 즐긴 바비큐는 잊지 못하겠다', '휴식하기 좋은 곳', '우리 가족만의 공간이 아늑하고 좋았다' 등의 좋은 평이 남겨져 있습니다. 실제로 제가 운영하는 펜션은 만든 지 20년이 다 된 낡은 펜션이지만 네이버 리뷰 평점은 항상 5점 만점에 4.8에서 4.9점 이상을 유지하고 있습니다. 요즘에는 바비큐장을 미리 와서 예약을 할 수 있냐고 묻는 경우도 꽤 많습니다. 이제 소비자들의 시선이 객실에서 다른 공간으로 향하게 된 것입니다.

제가 운영하는 펜션에는 통나무로 만들어진 6평 정도의 실내 바비큐장이 있습니다. 그곳은 특별히 공사를 할 부분은 없어 보입니다. 하지만 비가 오는 날 펜션 투숙객 전체를 수용하기엔 너무 좁다는 것이 문제였습니다. 테이블이 여섯 개 정도 들어가면 꽉 찰 정도였고 바비큐 통이 여섯 개 이상이 들어가면 연기 때문에 고객 만족도가 크게 떨어집니다. 그래서 실내 바비큐장을 더 늘리기로 했습니다. 펜션에는 규모가 꽤 큰 카페가 있는데, 그 앞에 테이블을 설치했습니다. 그리고 대형 가스 그릴을 설치해 마치 카페에서 바비큐를 하는 듯한 분위기를 만들었습니다. 하지만 실내 바비큐장이라는 건 임시방편일 뿐, 고객이 원하는 건 야외 공간입니다. 마치 캠핑을 즐기는 듯 푸른 자연 속에서 바비큐를 즐기길 원합니다. 펜션

가든에는 야외 바비큐 테이블이 일곱 개가 있었는데, 이 테이블은 펜션 건물을 가운데 두고 양쪽으로 네 개, 세 개가 나뉘어져 있었습니다. 바비큐 테이블이 네 개가 몰려 있는 공간은 손님들이 자주 사용을 했지만, 반대편의 야외 바비큐장 세 개 테이블은 손님들이 거의 이용하지 않았습니다. 이유는 죽은 공간처럼 보였기 때문입니다. 동선도 멀고, 그늘이 져서 음침하고, 나무가 많아 사용하기 불편했습니다. 저는 이 안쪽의 음침한 바비큐장 공간을 과감히 없애 버리고 손님들이 이용하지 않는 창고와 같은 공간으로 이용하기로 했습니다. 펜션을 인수한 후 이 바비큐장만 총 두 번의 공사를 하게 되었습니다.

목표 컨셉은 캠핑이었습니다. 캠핑장에서의 식사와 술은 맛이 아니라 분위기로 먹는 것입니다. 예전에 전국의 도심에서 '캠핑포차'라는 이름과 컨셉으로 독특한 주점이 인기를 끌었던 일이 있었습니다. 당시에는 여러 차례 뉴스에도 나올 만큼 큰 인기를 누렸습니다. 저도 독특한 분위기를 경험하고 싶어서 동네 상가에 만들어진 캠핑포차에서 술을 마신 일이 있었습니다. 그런데 솔직히 삼겹살 바비큐 맛과 다른 안주들의 맛은 그냥 평범했습니다. 그럼에도 저는 동네의 캠핑포차를 여러 차례 다녀왔습니다. 이 주점은 맛으로 즐기는 곳이 아니라 분위기로 즐기는 주점인 것입니다. 저는 당시 이 부분을 펜션에 차용할 생각을 하고 있었습니다. 일반적인 바비큐장이 아닌 캠핑 느낌을 최대한 살린 바비큐장을 구상했습니다. 저는 좀 더 아이디어를 얻기 위해 '캠핑포차'라는 이름으로 수백여 개의 지점을 만들어낸 프렌차이즈 대표를 만나 서로의 경험을 나누며 아이디어를 얻기도 했습니다. 사실 저는 캠핑 분위기의 바비큐장 컨셉을 이전에도 여러 번 시도했던 경험이 있는데, 결과는 항상 굉장히 좋았습니다. 저는 그 점을 잘 알고 있었습니다. 캠핑 컨셉은 바비큐장으로서 가장 확실한 컨셉입니다.

캠핑 분위기의 바비큐장

# 숙박료 어떻게 정할까?

　금요일 요금을 높게 책정하려면 명분이 있어야 합니다. 그저 옆집이 한다고 해서 따라 해서는 안 됩니다. 이번에는 숙박료에 대한 제 생각을 이야기해보려고 합니다.

　저는 매번 펜션 사업 상담을 할 때 펜션 운영자가 받고 싶은 요금을 성수기, 준성수기, 비수기 평일, 주말로 나누어 적어보라고 합니다. 물론 이후에 요금을 만들어내는 방법에 대해서 소개하지만, 먼저 사업주의 운영 방식을 알아보기 위해서 객실 요금을 설정해보도록 합니다. 보통은 평일과 주말로 나누어 요금을 책정하지만 가끔은 평일, 금요일, 토요일로 요금을 나누어놓는 펜션도 있습니다. 금요일은 평일보다 더 높은 요금으로 책정하고 토요일보다는 조금 낮은 금액으로 책정합니다. 어떤 방식이 맞다고 할 수 없지만 제 개인적인 생각에는 금요일에 좀 더 예약률을 높이고 금요일부터 일요일 퇴실까지 연박으로 이끌려면 금요일 요금을 평일 요금으로 책정하는 것이 좋다고 생각합니다. 아무래도 낮은 금액으로 보이면 예약률이 높아지는 건 당연하기 때문입니다. 다만 연박률이 높지 않은 럭셔리 커플펜션과 대규모 단체펜션의 경우는 예외입니다. 이 두 그룹은 연박률이 낮기 때문에 금요일 요금을 조금 올려도 상관없습니다. 이런 식의 요금 책정이 가능한 펜션 카테고리는 가족형 펜션입니다.

그리고 덧붙여 객실료 설정에 대해서 설명하자면 숙박료 설정 시에는 2인 기준으로 시작하는 것이 좋습니다. 물론 매우 큰 객실이라면 기준 인원을 높여야 하겠지만 일반적으로 커플, 가족실은 공간이 넉넉하더라도 2인으로 설정하는 것이 좋습니다. 이유는 앞서 설명한 대로 낮은 가격으로 보이도록 해야 예약률을 높이는 데 유리하기 때문입니다. 낮아 보이는 가격을 홈페이지와 네이버 예약 등에 노출 후 소비자들로 하여금 합리적인 가격대의 객실로 인지하게 한 후 추가 인원에 대한 요금을 받는 것입니다. 예를 들어 가족형 넓은 객실을 기준 인원 4인부터 최대 인원 6인까지 설정하고, 기준 인원 입실 시 14만 원을 받는 것과 기준 인원 시작을 2인 10만 원으로 시작가로 설정하고, 2인 추가 비용 4만 원을 받는 것은 다르지 않습니다. 하지만 시작가가 14만 원일 때보다 시작가가 10만 원일 때 더 높은 반응을 이끌 수 있습니다. 네이버 예약, 플레이스, 쿠팡, 야놀자 등의 가격 검색에서도 유리해지게 됩니다. 물론 이처럼 객실료를 2인 기준으로 설정할 때의 맹점도 있습니다. 펜션업주는 주말에 14만 원에 받고 싶은데 갑자기 커플이 넓은 가족형 객실을 차지하고 10만 원만 지불한다면 4만 원을 벌 수 있는 기회를 날려버릴 수도 있습니다. 제 주변에 이런 방식의 객실 요금 설정을 반대하는 분도 있었습니다. 하지만 이런 상황은 조금만 더 부지런하게 관리하면 문제될 것이 전혀 없습니다.

비수기에는 객실을 비워두는 것보다 싸게라도 객실이 판매되었으면 좋겠다는 생각이 간절합니다. 그때는 앞서 제가 설명한 가격 경쟁력을 앞세워서 영업을 하는 것입니다. 그리고 객실이 없어서 못 팔 정도로 바쁜 시기에 돌입하면 요금과 기준 인원 설정을 늘리면 됩니다. 객실 수가 많은 펜션이라면 그렇게까지 할 필요는 없다고 생각하지만, 객실 수가 적은 펜션이라면 이처럼 시즌에 따라 기준 인원을 변경해서 영업 설정을 하는 것만으로도 펜션업주에게 이익이 되도록 할 수 있습니다.

| PART 3 |

펜션 운영에
대한 조언

# 젊은 펜션 사장들의 탄생

　펜션 사업이 쉬운 사업일까요? 진입 장벽이 낮은 사업일까요? 오래전 펜션 사업은 지금보다는 좀 더 쉬운 사업이었습니다. 예전에는 시골 경치 좋은 곳의 땅값이 그리 비싸지도 않았고, 펜션 건축물도 지금처럼 화려하지 않았기 때문에 건축비도 지금처럼 높지 않았습니다. 그리고 과거에는 현재와 같이 경쟁이 치열하지 않았기 때문에 인터넷에 등록해놓는 것만으로도 손님들이 알아서 찾아왔습니다. 거기에 광고라도 한다면 영업은 너무나도 수월했습니다.

　하지만 우리나라 평균 소득 수준이 전보다 더 높아지고 주 5일 근무가 시작되면서 여행자 수가 급격히 늘어나게 되었습니다. 그리고 펜션이 돈이 된다는 말에 여행자의 수뿐만이 아니라 펜션의 수도 급격히 늘어나게 되었습니다. 그리고 펜션 사업을 하려면 고민해야 할 것이 또 있었습니다. 펜션 사업을 하기에 좋은 위치의 산과 바다로 떠나려면 도시의 안락함과 편리함을 포기해야 하는 큰 결단이 필요했습니다. 그래서 대부분 아이들을 다 키운 중년, 노년의 부부 그리고 오래전부터 전원생활에 로망을 갖고 있는 분들이 이 사업에 뛰어들었습니다. 불과 10년 전만 해도 펜션 사업은 나이가 좀 있는 분들의 전유물처럼 여겨졌고, 그래서 펜션 사업을 시니어 사업이라 부르기도 했습니다. 하지만 현재 펜션 사업은 나이에 상관없이 뛰어드는 사업이 되었습니다. 40~50대에 펜션을 창업해도 늦지 않은 시기라고 할 수 있지만, 최근에는 30대 펜션 창업자들의 수가 늘고 있습니다. 저는 지난 수년간 20대 펜션 창업자들도 여럿 컨설팅한 경험이 있습니다.

펜션을 운영하는 연령층이 점차 낮아진 데는 여러 가지 이유가 있지만, 그중 교통과 통신의 발달이 가장 큰 역할을 했습니다. 과거에 비해 지금은 교통 인프라가 너무나도 잘 구축되어 있습니다. 제가 어릴 적엔 동해 쪽에 한번 넘어가려면 대관령을 지나 구불구불 산길을 대여섯 시간 동안 달려야 했습니다. 오랜 시간 차 안에만 있는 게 힘들었던 기억이 납니다. 하지만 지금은 서쪽 끝 인천에서 동쪽 끝 강릉까지 3시간이면 도달할 수 있습니다. 고속도로는 전국 구석구석 시원하게 나 있고 고속철도도 계속 늘어나고 있습니다. 시골의 도로 상황도 매우 좋습니다. 예전엔 흙길, 자갈길도 많이 밟아봤지만 이젠 시골 어딜 가도 아스팔트가 깔려 있지 않은 도로를 찾기 어려울 정도입니다. 교통이 좋아져서 도시에서 시골로 물류 이동도 매우 쉬워졌습니다. 예전에 글을 쓰기 위해 제가 경영하는 펜션에 며칠 묵었던 일이 있었는데, 당시 촬영했던 사진과 글을 저장할 외장하드가 필요했습니다. 그때 쿠팡에 주문을 했더니 바로 다음 날 펜션으로 배송이 된 걸 보면서 새삼 시골살이가 정말 좋아진 걸 느꼈습니다.

도시 사람들이 시골 생활을 더욱 쉽게 접근할 수 있게 해준 것은 교통의 발달도 있지만 인터넷 인프라도 한몫했습니다. 예전 같으면 도시에서 살던 사람이 조용한 시골로 들어가 생활을 한다는 생각을 쉽게 하기 어려웠지만, 지금은 교통과 통신의 발달로 도시에서 경험하던 것들을 시골에서도 거의 비슷하게 누릴 수 있게 되었습니다. 최근에는 인터넷만 있으면 수익을 올리는 젊은이들이 급격히 늘고 있습니다. 얼마 전에 만난 30대 초반의 펜션 창업 예정자는 영상 편집일을 하고 있다고 합니다. 부부가 모두 회사에 출근하지 않아도 되는 일을 하고 있으니 좀 더 자유롭게 일하고 싶다고 말했습니다. 그들은 조용한 곳에서 여유로운 시간을 누리고 더 소득을 올리기 위해 펜션 창업을 알아보고 있다고 말했습니다. 이들 뿐만이 아니라 이처럼 생각하는 젊은 창업자들이 최근 눈에 띄게 많아졌습니다. 제가 운영하고 있는 유튜브 채널(김성택TV)의 시청자 연령대를 보면 40대에서 30대, 그리고 20대까지 시청 연령대가 예전에 비해 많이 낮아지기도 했습니다.

제가 이처럼 젊은 창업자들에 대해서 이야기하는 이유는 이제 펜션 사업은 더 이상 시니어 사업이 아니라는 것입니다. 더 젊고 톡톡 튀는 아이디어로 무장한 젊고 빠른 사업자들을 상대해야 한다는 것입니다.

요즘과 같은 시대에 펜션이든, 음식점이든 영업을 잘하기 위해서는 커뮤니케이션 능력이 가장 중요합니다. 거의 모든 마케팅이 온라인에서 이루어지게 됩니다. 그만큼 펜션을 잘 운영하려면 SNS 활용 능력이 뒷받침되어야 합니다. 펜션을 관리하느라 SNS를 할 시간이 없어 대행을 맡겨야 하는 상황이라고 해도, 펜션업주는 현재 상황을 잘 파악해 SNS 관리 담당자에게 오더를 줄 수 있어야 합니다. 그리고 어떤 사업이든 경험이 가장 중요합니다. 음식점을 하려면 수많은 음식들의 맛을 봐야 합니다. 잘되는 음식점은 꼭 직접 찾아가서 맛을 보고 분석해봐야 합니다. 펜션도 마찬가지입니다. 여행을 많이 다녀본 사람들이 펜션 창업을 위한 컨셉을 만드는 데 더 유리합니다. 제가 지금까지 소개한 젊은 펜션 사장들이 바로 그런 사람들입니다. 스마트폰과 노트북을 손에서 놓지 않는 생활을 해왔고 해외여행도 수없이 다녀온 사람들입니다. 펜션 사장으로서의 자질은 아직 갖추지 못했지만 적어도 여행 트렌드는 충분히 읽을 수 있는 사람들입니다.

얼마 전, 저와 마주 앉아 펜션 사업에 대해서 상담을 받은 분은 젊은 시절부터 지금까지 열심히 일만 해오다가 이제 좀 여유를 찾고자 펜션 사업을 하려고 한다고 말했습니다. 하지만 그는 지금까지 펜션은 한 번도 다녀본 적도 없고 해외여행도 젊은 시절 회사에서 단체로 베트남에 다녀온 것이 전부라고 합니다. 앞서도 여러 차레 이야기했지만 펜션 사업은 돈만 갖고 시작할 수 있는 것이 아닙니다. 창업 전 내가 어느 위치인지를 파악하고, 부족한 부분을 공부해야 합니다. 시니어 사업이라 생각했던 펜션업계에 경쟁력을 갖춘 사장들이 늘어나고 있습니다.

# 여름에 집중할
# 돈 버는 컨셉

펜션 사업이 아무리 힘들다고 볼멘소리를 해도 웬만해선 펜션은 망하지 않습니다. 바로 여름 휴가철 때문입니다. 가장 더운 7월 중순부터 8월 중순까지 피서지를 찾는 여행자들의 수요는 공급이 따라가지 못했으면 못했지, 결코 부족하지 않습니다. 과거에 비해 근로 시간이 짧아지고 소득도 수준도 달라졌지만 여전히 여름휴가는 마치 하나의 여행 문화처럼 자리 잡고 있습니다. 그래서 과거엔 바가지 요금이 큰 문제가 되기도 했습니다.

하지만 이런 상황도 이제는 옛날이야기라고 말하는 이들도 있습니다. 사실 틀린 말도 아닙니다. 과거에 비해 객실 공급량이 수요량 대비 많아지기 시작하면서 여름 성수기 기간에도 객실을 못 채우는 펜션들이 나오기 시작했기 때문입니다. 보통은 오래된 1세대 펜션이 여름 휴가철에 고전하는 경우가 많은데 가끔은 신축 펜션임에도 여름철 만실을 채우지 못하는 곳이 발생하기도 합니다. 그럼에도 1년 중 가장 큰 매출을 만들 수 있는 시즌은 여름휴가 시즌입니다. 다수의 펜션들이 많게는 3분의 1 이상의 매출을 여름 성수기를 통해 만듭니다. 그만큼 매우 중요한 시기입니다. 여름 성수기 매출이 연매출의 절반 이상을 차지하는 펜션들도 많습니다. 그러니 1세대 펜션이든 신축펜션이든 풀빌라, 스파펜션, 키즈펜션, 애견펜션, 가족펜션, 목조건물, 콘크리트, 흙집, 한옥 등 할 것 없이 모두 '여름 시즌을 어떻게 보내고 여름 시즌에 어떻게 컨셉을 잡고 노출하느냐'가 펜션 영업에 가장 중요한 부분을 차지합니다.

그렇다면 어떻게 만들고 마케팅해야 여름 휴가철 영업이 잘될까요? 답은 간단합니다. 우리가 기대하고 상상하는 여름휴가 이미지를 소비자에게 보여주면 됩니다. 여름철 장사가 안 되는 펜션들을 보면 한눈에 그 이유를 알 수 있습니다. 홈페이지만 보더라도 1년 내내 한 가지 사진과 설명 문구를 그대로 올려놓고 영업을 합니다. 소비자 입장에서 펜션을 확인했을 때 여름휴가를 즐기기 좋은 곳이라고 인식을 시키는 작업을 해놓아야 여름철 영업률이 올라가는 것은 당연합니다. 하지만 많은 사람들이 네이버 플레이스, 네이버 예약, 네이버 광고, 야놀자 등의 사진과 설명 문구도 겨울에 쓰던 것 그대로 올려놓고 여름을 맞이합니다. 홈페이지에는 바닷가 사진을 메인으로 연출하고, 만약 바닷가 사진이 없다면 계곡 사진을 메인으로 내세워서 연출하고, 계곡이 주변에 없다면 수영장 사진을 더 연출해서 바꿔놓고, 수영장이 없다면 여유로운 바비큐장을 마치 여름에 이용하기 좋은 캠핑장처럼 연출해야 합니다. 홈페이지의 설명 문구나 네이버 광고, 네이버 플레이스, 네이버 예약 등에도 바닷가, 계곡, 여름휴가, 수영장, 캠핑 등의 단어들을 사용해 여름용 홍보 문구로 바꿔야 합니다. 이런 작업을 적어도 6월 초순에는 시작을 해야 합니다. 이런 작업은 기본 중의 기본입니다. 이제 근본적인 부분, 즉 펜션의 컨셉에 대해서 설명해보겠습니다.

투자금이 많이 들어간 럭셔리한 풀빌라를 만든다면 여름이건 겨울이건 화려함을 따라온 고객들이 줄을 설 테니 큰 걱정을 할 필요는 없습니다. 하지만 객실 전체 중 풀빌라의 수는 한두 개이고, 나머지는 일반 객실일 경우 또는 풀빌라가 아닐 경우, 오래된 1세대 펜션일 경우라면 컨셉을 여름에 적합한 펜션으로 연출하는 것이 유리합니다. 겨울 내내 운영해도 한 달 매출이 200~300만 원도 안 되는 펜션들이 수두룩합니다. 그런 극비수기에는 차라리 여행을 하든 취미생활을 하든 마음을 비우고 다음 해를 기다리는 게 좋습니다. 하지만 여름철은 다릅니다. 적어도 7월 1일부터 8월 중순 정도까지는 마케팅이 잘 받쳐준다면 만실을 채울 확률이 매우 높아집니다. 이 시기에는 겨울 한 달 내내 벌었던 매출을 하루나 이틀 만에 만들어낼 수도 있습니다. 그럼 컨셉을 맞추는 데 고민을 좀 덜 수 있을 것입니다.

'내가 운영하는 펜션의 컨셉을 어디에 맞출 것인가?'

좀 더 구체적으로 설명해보겠습니다. 앞서 설명한 대로 가장 좋은 방법은 펜션의 하드웨어와 소프트웨어를 모두 신혼여행에 어울릴 법한 분위기로 만들면 영업률은 매우 높아집니다. 일반적으로 신혼여행을 생각하면 떠오르는 이미지가 몇 가지 있을 것입니다. 하와이, 몰디브, 보라보라, 타히티, 보라카이, 발리, 푸껫, 파타야 등 이런 곳의 이미지를 차용하면 매우 좋은 효과를 봅니다. 동경하는 아름다운 휴양지는 매우 좋은 컨셉이 됩니다. 제가 컨설팅한 펜션 중 이러한 컨셉으로 효과를 본 곳들이 매우 많습니다. 최근에 컨설팅한 곳 중에 몽산포의 '몽푸하우스'라는 곳이 있습니다.

오래된 민박집이었지만 적은 비용으로 컨셉을 바꾼 후 대박이 난 펜션입니다. 빈티지한 이미지를 그대로 살려 펜션이 아닌 해외에서 봤을 법한 바닷가 게스트하우스의 이미지를 연출했습니다. 이후 고객 연령층은 점차 낮아져 젊은 고객들이 채워지기 시작했고 SNS를 타고 일파만파 퍼지더니 결국 공중파 방송(KBS 〈생생정보통〉)에 출연도 하게 되었습니다.

이처럼 여름 관련 숙소 이미지는 바닷가 인근에만 국한된 것이 아닙니다. 여름 이미지와 잘 어울리는 컨셉은 얼마든지 찾을 수 있습니다. 바닷가가 아닌 계곡 또는 내륙 안쪽에 만들어진 유명한 여행지도 있습니다. 펜션의 위치, 건축 형태, 운영 방식 등이 다양한 만큼 여름 컨셉을 노출하기 위한 방법도 펜션에 따라 다양합니다. 펜션에서 여름 분위기가 어울릴지를 찾고 노출하는 방법을 알아낸다면, 여름 만실을 며칠이라도 더 채우는 효과를 얻을 수 있습니다.

## 성공 사례 | 몽산포 몽푸하우스

오래되고 낡은 민박집에 작은 변화를 준 후, 지역 내 가장 인기 펜션으로 만든 사례를 소개하겠습니다. 몽푸하우스의 이전 이름은 '몽산포 푸른솔 민박'입니다. 매우 오래되고 작은 민박집에 불과한 이곳이 1개월에 걸친 약간의 변화를 겪은 후 지금은 지역에서 가장 유명한 펜션으로 거듭났습니다.

지금으로부터 1년 전, 몽산포 푸른솔 사장은 당시 운영하던 민박집의 수준이 많이 낮아서 매출을 끌어올리기 힘든 상태라고 판단했습니다. 그래서 '인근에 구입한 땅에 풀빌라를 한두 채 지으면 어떨까?' 하는 고민을 했고, 그러던 중 저에게 연락하게 되었습니다. '풀빌라를 건축하면 큰돈이 들어갈 텐데 큰돈 들어가기 전에 전문가의 의견도 한번 들어보자'라는 생각에 연락을 했다고 했습니다. 하지만 저를 만난 후 사업계획은 전혀 다른 방향으로 향하게 되었습니다.

현장을 답사한 후 좋은 컨셉을 만들기까지 쉽지 않았지만, 며칠을 고민 끝에 합리적인 답을 찾았습니다. 결국 저는 큰돈을 들여서 풀빌라를 짓지 말고 현재 갖고 있는 오래된 민박집에 신경을 써 보는 것이 어떤지 제안했습니다. 오래된 민박집이었지만 독특한 컨셉을 입힐 수 있다면 충분히 더 높은 매출을 낼 수 있다고 판단했기 때문입니다.

제가 처음 몽산포 푸른솔 민박에 방문했을 때 느꼈던 첫 이미지가 아직도 생생합니다. 20~30여 년 전 해변가 근처에 가면 흔히 볼 수 있던 낡은 민박집이었습니다. 저는 처음 이곳을 방문했을 때 '이런 곳이 아직도 영업을 하는구나!' 하는 생각을 했습니다. 최근에 영업에 고전하고 있는 1세대 펜션들과 비교해도 건물의 수준이 꽤 낮아 보였습니다. 하지만 서글서글한 인상에 친화력 좋은 푸른솔 민박의 사장 때문에 오래된 숙소임에도 단골은 꾸준했고, 여름철엔 그럭저럭 영업이 잘되고 있었습니다. 꽤 영업이 되었지만 푸른솔 사장이 원하는 수익에는 조금 못 미쳤습니다. 분명히 큰 변화가 필요한 시점이었습니다. 어떤 변화가 가장 합리적일까? 수익을 더 내야 하는 상황에 많은 고민을 했습니다. 풀빌라로 할 것인가? 민박집을 업그레이드할 것인가? 오랜 고민 끝에 풀빌라 건축은 하지 않기로 했고, 운영 중이던 민박집에 더 신경을 쓰기로 했습니다. 과한 투자가 들어가는 신축은 효율적인 투자가 아니라고 생각했기 때문입니다. 3,000~4,000만 원 정도만 투자해서 낡은 민박집을 공사한다면 사장이 목표한 이익금에 충분히 다다를 수 있는 상황이 될 거라고 확신했습니다.

민박집은 'ㄷ'자 모양으로 작은 객실들이 줄줄이 붙어 있는 형태고 작은 마당에는 오래된 개수대가 하나 있습니다. 개수대는 인근 앞바다에서 조개잡이나 갯벌 체험을 하고 난 후에 몸을 씻는 용도로 사용되는 장소

몽푸하우스 업그레이드 전후 모습(지붕이 있던 개수대)

입니다. 푸른솔 사장은 지저분하고 정리가 안 된 듯한 개수대는 없애버리고 싶은 시설 중 하나였다고 말했습니다. 그런데 저는 눈엣가시와 같던 개수대가 가장 큰 효자 노릇을 할 거라고 생각했습니다. 그렇게 생각한 이유는 다음과 같습니다. 먼저 민박집의 객실은 내세울 것 없는 작고 낡은 모습이었습니다. 크기는 방마다 다양했지만, 침대 하나만 들어가도 꽉 찰 만큼 작은 객실이 대부분이었습니다. 물론 객실 내부는 오래된 민박집 분위기가 강해서 방에 많은 투자를 해서 인테리어를 하면 조금 더 나아질 수는 있겠지만, 경쟁력을 갖출 만큼 발전할 수는 없을 거라 생각했습니다. 그리고 전 객실을 모두 업그레이드할 만큼의 투자금도 준비되어 있지 않은 상황이었습니다. 그렇다면 시그니처 포인트를 만들 수 있는 곳은 객실 안이 아니라 밖에서 찾아야 합니다. 하지만 마당이 넓지 않아 대단한 시설을 넣을 수 없는 상황이었습니다. 그러던 중 발견한 것이 바로 개수대였습니다.

개수대는 신기하게도 마당 중앙쯤에 떡하니 설치되어 있었는데, 사실 동선을 방해하는 요소였습니다. 그래서 저는 이 개수대를 중심으로 해서 바(Bar)를 만들기로 했습니다. 그리고 바(Bar)를 중심으로 전체적인 이미지는 보라카이나 파타야의 노천펍의 이미지를 차용하기로 했습니다. 흰색 판넬로 마감한 건물 벽면을 진한 나무색으로 칠하고 건물 내에 인공적인 시설물들, 즉 플라스틱이나 스틸 소재들은 없애거나 감추기로 했습니다.

정리하자면 '10년 전에 가 봤던 보라카이의 여행 숙소'가 이 펜션의 컨셉이었습니다.

필리핀 보라카이의 작은 숙소

목수를 섭외해 컨셉대로 공사를 했고 페인트칠은 사장이 직접 조금씩 해나갔습니다. 약 한 달여 기간 동안 직영 공사를 했고, 공사가 마무리가 된 이후에는 홈페이지와 광고에 노출되는 이미지와 카피 등을 컨셉에 집중될 수 있도록 모두 일원화시켰습니다. 이렇게 하니 얼마 지나지 않아 손님들의 수가 그야말로 폭발하기 시작했습니다. 예전에는 갯벌체험을 하려고 오는 손님들이 대부분이었지만, 여행자의 연령층이 점점 낮아지더니 여러 방송에도 소개되기 시작했습니다. 이제 몽푸하우스 펜션 사장은 풀빌라를 더 만들어서 소득을 늘리기 위한 생각을 완전히 접었다고 합니다. 단점을 장점으로 바꿀 수 있는 눈을 키운다면 수천만 원 또는 수억 원을 아끼는 현명한 투자가 가능합니다.

KBS 〈생생정보통〉에 출연한 몽푸하우스 사장

# 세일즈를 위한 한 줄짜리
# 카피가 중요한 이유!

저는 펜션 사업자 또는 펜션 창업을 준비하는 분들에게 다음과 같은 질문을 자주 합니다.

"당신의 펜션을 한 문장으로 표현해서 소비자가 펜션에 예약할 수 있도록 설득해보세요."

그럼 보통 한참을 고민한 후 "우리 펜션은 바닷가 전망이 좋은 럭셔리 펜션입니다" 또는 "OO펜션은 휴식을 하기에 좋은 예쁜 펜션입니다" 등의 어정쩡한 답을 주로 합니다. 사실 이 질문을 한 이유는 펜션의 컨셉을 더 단순하고 명확하게 하기 위함입니다.

좋은 펜션의 컨셉은 누구나 쉽게 이해할 수 있어야 합니다. 그렇게 하기 위해서는 대부분의 소비자들이 이해할 수 있는 범위 내의 컨셉으로 만들어 표현해야 합니다. 그리고 쉽게 이해할 수 있도록 연출해야 합니다. 영업하기에 좋은 펜션이란, 단순히 돈을 많이 투자해서 만든 펜션이 아닙니다. 소비자를 쉽게 납득시킬 만큼 컨셉이 확실한 펜션이 좋은 펜션입니다. 소비자를 납득시키기 위해서는 먼저 판매자가 컨셉에 대해서 이야기해야 합니다. 펜션을 멋지게 만들어놓고 '소비자들이 내 펜션의 매력을 알아주겠지…' 하는 생각으로 소비자들에게 숙제를 넘겨줘서는 안 됩니다.

예를 들어, 하와이 분위기의 펜션을 만들고 '하와이의 OO호텔 분위기로 연출한 OO펜션'으로 슬로건을 정합니다. 그리고 해당 슬로건에 어울리는 사진을 촬영해 홈페이지의 메인 사진, 네이버, 소셜 광고 등의 메인 사진으로 사용합니다. 그리고 각종 커뮤니티의 리뷰에는 '하와이 호텔 분위기'라는 문장이 지속적으로 보이도록 리뷰를 늘어놓습니다. 이처럼 펜션에서 노출하고자 하는 이미지를 한 가지 정하고 지속적으로 일원화된 이미지를 노출시켜야 합니다. 그래야만 소비자들은 비로소 이 펜션의 이미지는 '하와이 호텔과 같은 이미지구나'라는 생각을 하게 됩니다. 절대로 소비자가 펜션의 이미지를 스스로 판단하도록 두어서는 안 됩니다.

# 소비자는
# 보이는 대로 믿는다

소비자는 생각만큼 똑똑하지 않습니다. 소비자를 비하하는 것이 아니라 소비자는 펜션 사장만큼 또는 펜션 건축가만큼 전문적이지 않다는 것입니다.

'펜션에 원목을 많이 사용해서 마감했으니 소비자가 알아서 젠스타일이라고 인지할 것이다', '비싼 대리석을 객실 곳곳에 깔고 금색으로 치장을 했으니 최고급 숙소로 인지할 것이다', '이만큼 투자했으니 손님들은 내 펜션이 비싼 펜션이라고 인지할 것이다'라고 예상하면 안 됩니다. 어차피 소비자는 당신의 펜션을 잘 이해하지 못할 것입니다. 펜션을 전문가가 인정할 만큼의 펜션으로 만든다면 좋겠지만, 그 수준까지 가는 것이 쉽지는 않습니다. 앞서도 설명했지만 저는 그럴 필요까지는 없다고 생각합니다. 소비자를 설득시키고 이해시키는 데 필요한 수준만큼만 투자하고 연출하면 됩니다.

펜션의 컨셉에 따라 주 영업 대상이 조금씩 다르지만 주로 큰 매출을 만들어내는 고급 펜션들의 주 타깃은 누구일까요? 바로 20대 초반부터 30대 초중반 정도의 젊은 고객입니다. 그런데 30대 후반이나 저와 같은 40대와 이야기를 나누다 보면 젊은 층과는 조금 다른 생각을 갖고 있다는 걸 알 수 있습니다. 저는 마흔 정도가 되었을 때 '아파트를 떠나고 싶다'라든지 '넓은 마당이 있는 집에서 살아 보고 싶다'는 등 집에 대한 생각을 많이 하게 되었습니다. 그러면서 건축의 소재와 마감재 등에도 조금씩 알아가게 되었습니다.

그런데 제 20대를 생각하면 당시에는 건물과 건축 소재, 고급 자재 등에 별 관심이 없었습니다. 그리고 건축과 집에 대해 잘 몰랐습니다. 그저 여행지에 도착해서 이색적이다 싶으면 행복하고 좋을 뿐이었습니다. 아직도 많은 사람들이 소비자가 아닌 전문가의 눈으로 봐도 인정할 만큼의 수준 높은 펜션을 만들기 위해서 무리한 투자를 하기도 합니다. 하지만 우리의 주 영업 대상은 젊은 소비자입니다. 소비자는 전문적이지 않습니다. 그저 보이는 것을 그대로 믿습니다. 그렇기 때문에 소비자를 설득시킬 수 있는 시그니처 포인트 하나만 제대로 만들어도 충분합니다. 만약 인도네시아의 유명 휴양지 '발리'가 컨셉이라면 펜션 전체에 발리의 분위기를 가미해 발리 스타일을 적용하면 더없이 좋을 것입니다. 하지만 그렇게 할 수 없다면 펜션 전체 중 카페가 되었든, 메인 객실이 되었든, 테라스가 되었든, 적어도 한 부분이라도 완벽하게 발리처럼 보여야 합니다. 중요한 것은 한 부분, 작은 공간이라고 할지라도 완벽하게 발리에서 느꼈던 분위기로 꾸며야 한다는 것입니다. 그저 흉내만

내는 것으로는 부족합니다. 그리고 그 공간이 펜션을 대표하는 메인 사진으로 촬영되어야 하고 그 사진은 광고를 할 때에 가장 자주 등장해야 합니다. 그리고 펜션을 소개하는 문구 역시 발리에 관련된 문장을 만들어야 합니다. 이는 제가 펜션을 운영할 때도 마찬가지였습니다. 지금으로부터 약 4년 전, 오래된 펜션을 인수하고 펜션의 컨셉을 잡기 위해 고민을 하기 시작했습니다. 전체 분위기가 숲속에 들어와 있는 듯한 분위기였기 때문에 발리의 '우붓' 지역을 테마로 하고, 그 이미지를 잘 연출할 수 있는 공간이 있는지 펜션을 둘러봤습니다. 연신 스마트폰으로 화각을 잡아보며 한참을 둘러본 후 우붓 지역처럼 꾸민다면 가장 잘 받쳐줄 수 있는 공간을 찾고 그 곳을 집중해서 꾸미기로 했습니다. 그 공간은 넓은 테라스가 있는 펜션 카페였습니다. 그곳에 야자잎으로 만든 파라솔을 만들고 벽면은 발리에서 많이 볼 수 있는 색채감이 강한 색으로 벽면을 칠했습니다. 그리고 조금 더 투자해 조명 공사까지 마쳤습니다. 결국 그 공간을 노출한 후에 발리 우붓 지역의 이미지를 차용해 만들었다고 광고를 했더니 전문적이지 않은 식견을 갖고 있는 소비자들은 역시나 제가 노출한 이미지 그대로 받아들이기 시작했습니다.

몇몇 펜션을 보면 펜션의 전체 분위기를 고려하지 않고 잡다한 소품들만 가득 채우는 경우가 있습니다. 이는 펜션 연출의 기준이 되는 컨셉을 잡지 못했기 때문입니다. 이해를 돕기 위해서 인테리어 소품이라고 했지만, 소품뿐만이 아니라 리모델링 공사를 할 때도 마찬가지고, 도장 작업 등을 할 때도 마찬가지입니다. 명확한 기준이 있다면 그 기준만 따라가면 됩니다. 그렇게 하기 위해서 펜션을 시작하면서 그 기준이 되는 컨셉을 꼭 만들어야 합니다. 그리고 하나의 이미지를 선정하고 펜션을 운영하는 긴 시간 동안 그 목표 컨셉을 발전시키기 위해 노력해야 합니다. 펜션을 창업할 때 모든 컨셉을 한 번에 완성시킬 생각을 하기보다는 펜션을 운영하며 두세 번에 걸쳐 작은 공사를 하면서 조금씩 목표 컨셉을 완성하기 위한 작업을 하는 것이 좋습니다. 어차피 시간이 지나면서 유행이 변하기 때문에 한 번에 모든 것을 다 만들려고 하지 않는 것이 좋습니다. 그리고 그 눈높이는 전문가를 만족시키기 위함이 아닌 소비자를 만족시키기 위한 노력이어야 합니다.

# 펜션 홈페이지
# 제작 업체 선정 방법

저는 펜션 컨설팅을 할 때 홈페이지 제작 비용에는 아낌없이 투자하라고 권합니다. 펜션 영업의 성패는 연출을 얼마나 잘했느냐 못 했느냐에 따라 결정되기 때문입니다. 그리고 그 연출이 되는 공간은 대부분 온라인이며, 온라인 공간 연출에 가장 기본은 펜션 홈페이지입니다.

만약 펜션 창업 시 객실 열 개를 만들려는데 객실 열 개를 완성시키면 멋진 홈페이지를 제작할 비용이 없고, 만약 객실 열 개 중 일곱 개만 완성시키고 세 개를 포기하면 멋진 홈페이지를 제작할 비용을 만들어낼 수 있다고 가정한다면, 저는 후자를 선택하라고 합니다. 물론 이해를 돕기 위해 단적인 예를 든 것이지만, 홈페이지는 그만큼 중요합니다. 멋진 홈페이지가 있다면 객실 열 개 중 일곱 개를 손님으로 채울 수 있지만, 객실 열 개가 아무리 멋지게 만들어졌다고 해도 홈페이지가 형편없다면 객실 열 개를 모두 못 채울 수도 있기 때문입니다.

최근에 제가 운영하는 네이버 카페와 유튜브채널(김성택TV)에 홈페이지 업체를 추천해달라는 문의 글을 자주 볼 수 있습니다. 간단한 질문이기에 가끔 시간이 되면 질문자에게 답을 해줄 때도 있습니다. 제가 그들에게 설명하는 내용을 간단히 소개하자면 다음과 같습니다.

보통은 펜션 홈페이지를 제작하기 위해 창업 예정자는 홈페이지 제작 회사의 홈페이지에 들어가 포트폴리오를 확인합니다. 과거에 제작했던 홈페이지들을 찾아보면서 홈페이지 제작 회사의 스타일과 수준을 살펴봅니다. 대부분은 포트폴리오를 꼼꼼히 살펴보면 업체의 성향을 알 수는 있으나 간혹 포트폴리오를 확인하고 홈페이지 제작을 맡겼음에도 너무나도 수준 낮은 홈페이지가 만들어지는 경우도 있습니다. 첫 번째 이유는 전에 만들어진 포트폴리오는 말 그대로 과거의 것입니다. 단적인 예를 들어, 만약 포트폴리오의 멋진 디자인을 만들었던 직원들이 모두 퇴사를 하고 그 자리를 실력이 부족한 직원들이 채워져 회사가 운영된다면 전과 같은 퀄리티를 뽑아내지 못할 수도 있습니다. 실제로 영세한 홈페이지 제작 업체에서는 이런 일이 비일비재합니다. 그리고 또 다른 이유는 사진 작가의 부재입니다. 몇몇 홈페이지 제작 회사들의 경우 사진 작가를 아웃소싱해서 일을 맡깁니다. 그렇기 때문에 어떤 작가를 만나느냐에 따라 결과물이 크게 달라질 수 있습니다. 그리고 만약 형편없는 홈페이지가 만들어졌을 경우, 홈페이지 제작 업체에서는 낮은 수준의 결과물은 자신 회사 포트폴리오에 올리지 않으면 그만인 것입니다. 결국 포트폴리오는 잘 만들어진 예시가 되는 홈페이지만 올라와 있는 것입니다.

그리고 홈페이지 업체는 크게 둘로 나뉩니다. 예약 시스템이나 제휴 마케팅으로 수익을 만들어내는 솔루션 업체, 그리고 디자인에 더 집중하는 디자인 업체로 나뉩니다. 이 두 형태의 회사들은 장단점을 갖고 있는데, 솔루션 회사들은 고객 예약 및 모객에 더 많은 노하우를 갖고 있기 때문에 이런 회사들의 솔루션을 잘 활용한다면 고객 예약을 좀 더 쉽게 늘려갈 수 있습니다. 물론 디자인 중심의 회사는 디자인에 더 치중해서 더 좋은 디자인과 결과물을 만들기 위해 노력합니다. 이런 경우, 자체 예약 시스템 등이 없을 수도 있으나, 실시간 예약 시스템은 월 단위, 연 단위로 구입해서 홈페이지에 붙여놓을 수 있으니 걱정할 건 없습니다. 하지만 예약 시스템의 종류나 예약 대행 등의 제휴 방식조차도 모르고 있던 초보 펜션 사장들 중 일부는 펜션을 창업하고 한참을 운영한 뒤에 '왜 수수료를 많이 내느냐?', 또는 '왜 대신 광고를 안 해주느냐?' 등의 질문으로 펜션 홈페이지 업체가 납득하기 어려운 상황을 만들기도 합니다. 그러니 홈페이지 업체를 선정하기 전에 펜션 홈페이지가 과연 무엇이고, 해당 업체가 어떤 강점과 시스템을 갖고 있는지 명확한 판단을 할 수 있어야 합니다. 단지 사진이 예뻐서 결정을 하면 안 됩니다.

또 체크해봐야 할 것이 바로 고객 요청에 얼마나 빠른 대응을 하는지를 보는 것입니다. 펜션 홈페이지 제작 업체에서 관리하는 업체들의 수는 수십 개에서 수백여 개에 달합니다. 홈페이지 제작 업체에서는 수정과 추가, 팝업 광고 등 수많은 요청을 받습니다. 그런데 이런 요청에 빠른 대응을 하는 업체도 있지만, 여러 번 전화를 해도 통화조차 어려운 업체들이 있습니다. 그러니 포트폴리오가 마음에 들어서 결정한 업체라면 그 업체의 홈페이지를 사용하는 펜션업주 몇 분에게 연락해서 해당 업체의 대응이 얼마나 빠른지 알아봐야 합니다. 하지만 우리가 알고 있는 삼성이나 엘지와 같은 대기업처럼 대응이 빠른 것은 아니니 대기업 정도의 속도는 기대하지 않는 것이 좋습니다.

객실 다섯 개에서 열 개 정도의 중소형 규모인 펜션일 경우 홈페이지 제작 비용은 보통 300~500만 원 정도 됩니다. 거기에 드론으로 항공 촬영과 멋진 동영상까지 촬영을 해서 홈페이지에 넣는다면 100만 원 이상이 더 추가 될 수 있습니다. 그래서 보통 동영상까지 촬영해서 만들어진 홈페이지의 가격대를 보면 400~600만 원 정도 됩니다. 그런데 만약 직접 개발을 해서 만든 맞춤형 홈페이지로 제작을 한다면 금액은 단숨에 700~800만 원이 넘어가기도 합니다. 물론 100만 원짜리 펜션 홈페이지도 있습니다. 기능적인 면에서 큰 문제 없이 잘 보여주고 예약이 잘되는 홈페이지를 만들 수 있습니다. 하지만 펜션의 홈페이지는 기능적인 면으로만 판단해서는 안 됩니다. 소비자들에게 가장 멋진 모습을 보여줘야 하기 때문에 디자인과 사진 퀄리티가 매우 높아야 합니다. 제 생각에 중소형 펜션의 홈페이지 제작 적정 비용은 300~500만 원 사이라고 생각합니다. 그 정도 돈을 투자했다면 영업에 큰 도움이 되는 멋진 홈페이지를 제작할 수 있습니다.

여러분은 자주 가는 미용실이 있나요? 자주 가는 미용실은 내 헤어스타일을 잘 알고 잘 관리해주는 미용사가 있기 때문에 자주 가는 것입니다. 저도 그렇습니다. 항상 제 헤어를 잘 커트해주는 미용사가 있습니다. 그런데 가끔은 급하게 머리를 다듬을 일이 생기기도 합니다. 미용실에 들어가서 내 담당 미용사를 찾아보지만, 다른 사람의 머리를 관리하느라 나를 상대할 시간이 없을 때도 있습니다. '예약이라도 할걸…' 후회를 하지만 일단 상황이 급하니 아쉬운 대로 옆에 서 있는 앳된 얼굴의 미용사에게 제 머리를 맡길 수도 있습니다. 하지만 대부분은 이런 경우에는 만족스럽지 않은 커트를 하고 투덜거리며 미용실을 나오게 됩니다. 저는 몇 번 그런 일이 있었습니다. 똑같은 비용과 시간을 들여서 일을 맡기는데 기왕이면 잘 하는 사람에게 맡기는 것이 좋지 않을까요?

홈페이지 업체 선정 시기도 마찬가지입니다. 내일이라도 당장 촬영해달라고 부탁을 하면 바로 달려오겠다는 업체도 있습니다. 그런 업체들은 평소 업무가 많지 않으니 언제든 달려오겠다고 합니다. 한가한 업체에 가장 중요한 펜션 홈페이지를 맡겨야 할까요?

기왕이면 바쁘고 일 잘하는 업체에 맡겨야 하지 않을까요? 만약 그런 업체에 일을 맡기고 싶다면 미리 계약을 하고 대략적인 일정을 정해놓아야 합니다. 보통 비수기 시즌에는 한 달 정도 전에 계약하고 촬영 일자를 맞추는 것이 좋습니다. 하지만 성수기 시즌 전에는 한 달 전에 계약을 해도 촬영 일자를 못 잡는 경우가 많습니다. 그래서 성수기 시즌이나 성수기 시즌 직전에 영업을 시작하려면 적어도 두세 달 전에 홈페이지 제작 회사와 계약을 마무리하고 홈페이지 촬영일자를 정해놓는 것이 좋습니다.

공사를 막 끝내고 객실 스타일링을 마친 후 홈페이지 사진 촬영을 합니다. 하지만 어수선하고 엉성한 모습이 영 마음에 들지 않을 수 있습니다. 또는 분위기가 바뀌어서 재촬영을 해야 할 때가 있습니다. 보통은 필요한 부분을 재촬영 시 비용이 들어가게 됩니다. 하지만 재촬영에 큰 비용이 드는 것이 아니라면 펜션을 오픈 후 분위기가 어느 정도 잡혀가는 시점에 부족한 부분을 보완하기 위한 방법으로 재촬영을 하는 것이 좋습니다. 촬영 후 1~2주가 지나면 홈페이지 업체 측에서는 촬영된 사진을 고르고 그 사진들을 멋지게 보정을 하는 작업을 마칩니다. 그리고 보정된 멋진 사진들을 홈페이지에 사용하게 됩니다. 이때 만들어진 사진이 펜션 영업에 가장 중요한 사진이 됩니다. 그렇기 때문에 전문가가 촬영한 이 사진을 광고에 사용될 네이버 광고, 네이버 예약, 네이버 스마트플레이스, 다음, 구글, 예약 대행 업체 등에 모두 사용해야 합니다. 촬영하고 보정된 사진을 펜션 측에 제공해주지 않는 홈페이지 제작 업체도 있지만, 대부분은 펜션 측에서 활용할 수 있도록 사진을 돌려주니 이 점도 잘 체크해보고 업체를 선정해야 합니다.

신축 펜션이라면 새로운 사진을 등록하면 되지만, 기존 펜션을 인수한 경우라면 촌스러운 펜션의 옛 사진들이 온라인에 그대로 남아 있는 경우가 많습니다. 그런 사진들은 가급적 삭제하기보다는 수정해서 재등록을 하는 것이 더 광고 효과가 좋습니다. 옛날 사진이 어디에 있는지 체크해야 할 공간은 네이버 모두, 네이버 지도, 네이버 클릭초이스 플러스광고의 사진들, 파워링크 광고의 소재 사진, 네이버 예약의 객실 사진, 다음, 구글에 등록한 사진, 제휴업체의 사진들입니다. 대부분은 직접 변경할 수 있습니다. 광고 대행사에 요청해서 변경해달라고 의뢰할 수도 있지만, 디테일하게 관리를 할 수 없기 때문에 가급적 펜션 사장이 직접 사진들을 교체해보면서 소비자의 반응을 살펴보는 것이 좋습니다. 사진을 바꾸는 방법은 어렵지 않기 때문에 꼭 배워서 직접 해보는 것이 좋습니다.

제 지인 중에 남해에 30억 원을 들여 풀빌라를 만든 분이 있습니다. 정말 너무나도 럭셔리하게 만든 펜션입니다. 직접 찾아가서 눈으로 확인하니 마치 해외의 5성급 호텔과 같은 품격이 느껴지는 숙소였습니다. 하지만 그 펜션은 영업 시작부터 지금까지 매월 투자 대비 저조한 영업률에 허덕이고 있습니다. 여러 이유가 있지만 가장 직접적인 문제는 바로 구매 전환율입니다. 눈으로 봤을 때는 참 멋지지만 인터넷을 통해서 봤을 때는 그저 주변의 펜션들과 큰 차이가 없어 보였습니다. 제가 알기로는 이제 막 디자인 학과를 졸업한 딸에게 홈페이지를 맡겼다고 합니다. 이 바닥에서 수십 년을 활동한 전문가에게 맡겨도 경쟁을 할까 말까 한데 펜션 영업에 가장 중요한 부분을 딸에게 맡긴 것입니다. 할 줄 아는 것과 잘하는 것의 차이는 분명히 다릅니다. 건물을 멋지게 만들었다면 수준 높게 연출해야 합니다.

펜션의 홈페이지와 광고로 사용할 수 있는 멋진 사진들은 펜션의 예약률에 매우 큰 영향을 미칩니다. 그렇기 때문에 홈페이지 제작 업체는 정말 신중하게 선택해야 합니다.

# 펜션 온라인 광고,
# 잘할 수 있을까?

저에게 상담을 의뢰한 40대 남성은 시골에 펜션을 할 만한 경치 좋은 땅을 갖고 있었습니다. 당시 그는 창업을 할지 말지 고민하는 중이었는데, 만약 펜션이 만들어진다면 실제 운영은 70대가 된 그의 부모님이 하실 거라고 이야기했습니다. 부모님께서는 은퇴를 하기 전까지 계속 도시에서 일을 하며 거주했고, 은퇴 후에는 줄곧 시골 생활을 동경해왔다고 했습니다. 하지만 생활비를 만들기 위해 노령에 농사를 지을 수는 없으니 소일거리로 작은 펜션을 운영해 보면 어떨지 고민했다고 했습니다. 하지만 이야기를 들어보니 말이 소일거리지, 생활비 전체에 해당하는 연 4,000~5,000만 원의 순수익을 기대하고 있었습니다. 저는 그 정도의 수익을 벌려면 꽤 본격적으로 펜션을 운영해야 한다고 설명했습니다. 그리고 누군가 부모님을 도와서 펜션 사장 역할을 할 수 있다면 펜션을 창업하고, 만약 노부모 둘만 펜션을 운영하도록 한다면 펜션 창업을 반대한다고 말했습니다. 펜션 운영은 근력을 써야 하는 일도 자주 있기도 하지만, 제가 반대했던 가장 큰 이유는 바로 온라인 광고 때문이었습니다.

대부분 펜션 창업자들은 광고의 중요성은 알고 있는 듯합니다. 하지만 어떤 방식으로 광고를 해야 효과적일지 가늠하지 못하는 경우가 많습니다. 그렇지만 나름 몇 가지 마케팅 계획을 갖고 있는 분들도 간혹 있습니다. 현수막 광고, 시내버스 광고, 지역 케이블 방송 광고, 신문 광고, 잡지 광고 등입니다. 그런데 옥외 광고부터 라디오 광고, 신문 광고, 버스 광고, 잡지 광고 모두 해본 제 경험으로 보면 그런 광고들은 그다지 큰 효과가 없었습니다. 다른 업종은 효과가 있을지 모르겠지만 시골의 작은 펜션을 광고하기엔 무리가 있습니다. 불필요한 광고에 돈과 시간을 낭비할 필요가 없습니다. 펜션은 온라인 광고가 최선입니다.

펜션 창업에 가장 필요한 것은 차별화된 컨셉과 이를 뒷받침할 시설이라고 생각합니다. 그리고 펜션 운영에 가장 중요한 것은 광고라고 생각합니다. 수준이 높은 펜션일지라도 광고를 못 해서 심각한 위기에 놓인 펜션도 있고, 낮은 수준의 펜션임에도 광고를 잘해서 항상 만실인 펜션도 있습니다. 펜션 영업은 인터넷에서 이루어지기 때문에 인터넷 광고가 펜션 영업에 전부라고 생각합니다. 그런데 많은 분들이 펜션을 멋지게 만들어놓으면 영업은 알아서 잘될 거라고 기대합니다. 그리고 광고는 그저 야놀자나 여기어때, 에어비앤비와 같은 숙박 예약 사이트에 등록만 해놓으면 손님들이 알아서 찾아오는 줄 알고 있습니다. 절반은 맞고 절반은 틀린 생각입니다. 야놀자나 여기어때 등에 연결해서 진행하는 광고는 그저 기본 중의 기본인 광고 방식입니다. 그래서 저는 펜션 창업 전 저에게 상담을 받는 분들에게 펜션 광고의 종류가 얼마나 되고, 그것들을 얼마나 신경 써서 관리해야 하는지 설명합니다. 제 이야기를 들은 분들 중 인터넷 활용 능력이 부족한 분들은 큰 한숨을 쉬면서 "저는 이런 거 잘할 줄 모르는데 어떻게 하죠?"라고 말하며 걱정을 합니다.

펜션 사업에서 온라인 광고는 굉장히 중요하지만 너무 걱정할 필요는 없습니다. 펜션 사장이 인터넷 활용 능력이 다소 미흡하거나 너무 바빠서 일일이 광고를 직접 집행할 시간이 없다면 광고 대행사에 맡기면 됩니다. 요즘에는 온라인 광고를 대행하는 곳이 많아서 잘 찾으면 저렴한 비용에 일 처리(광고)를 해주는 곳도 어렵지 않게 찾을 수 있습니다. 하지만 광고 대행사에 일을 맡기더라도 펜션 운영자는 내 펜션의 광고가 어떻게 집행되고 또, 어떻게 어떤 효과를 얻고 있는지 체크할 수 있어야 합니다. 그 흐름을 알고 있다면 광고 대행을 맡은 업체도 바짝 긴장해서 소홀함 없이 일 처리를 하게 될 것입니다. 대부분의 광고 대행은 광고를 할 수 있는 온라인상에 사진과 금액을 올려놓고 손님을 기다리는 형식입니다. 그런데 그 안에는 여러 가지 일들이 일어나고 있습니다. 수시로 광고 노출 순위가 바뀌고 경쟁업체는 계절을 바꿔가며 요란한 사진을 앞세워 손님들의 주목을 받길 기대하고 있습니다. 업주는 이런 것들을 잘 체크해야 합니다.

가장 기본적인 광고는 네이버 키워드 광고입니다. 네이버 광고는 여러 가지가 있는데 펜션 운영자는 '네이버 광고 시스템'에 직접 들어가거나 또는 대행을 맡겨서 영업에 영향을 미칠 수 있을 광고 단어들이 잘 노출되고 있는지 자주 체크해야 합니다. 광고 노출 순위를 파악하면서 내 펜션의 순위를 조절해나가야 합니다. 보통 네이버 광고를 할 때는 수십에서 수백 개의 연관 단어들을 등록하는데, 적극적으로 광고를 한다면 최소 백 개 이상의 연관 단어를 네이버 광고에 등록하고 그 단어들이 잘 노출되고 있는지, 하루에 얼마의 광고비가 소진되는지를 체크해가면서 조절하면 됩니다. 복잡하고 어렵고 귀찮아서 온라인 광고를 직접 운영하지 못하더라도 이 과정을 이해하고 있다면 광고 대행사의 담당자에게 요청을 할 수 있습니다. 다시 정리하자면 펜션 사장은 인터넷에 내 펜션이 노출되는 키워드(단어), 클릭률, 하루에 소진되는 광고 비용, 소진되어 광고가 멈추는 시간 정도는 파악하고 있어야 합니다. 그리고 최근 가장 많이 사용하고 있는 SNS를 활용한 광고와 홍보도 꼭 함께 진행해야 합니다. 요즘 가장 인기 있는 SNS는 인스타그램입니다.

SNS에 사진을 올리고 짧은 글을 몇 자 적고 해시태그(#)를 달아 업로드하는 방식은 거의 대부분 누구나 배워서 직접 할 수 있습니다. 만약 SNS에 사진을 올리는 방법이 어려워서 활용하지 못한다면 저는 펜션 사업을 말리고 싶습니다. 그 정도도 못한다면 온라인에서 승부가 갈리는 펜션 사업은 하지 말아야 합니다. 지금 시대에 SNS를 이용한 광고는 매우 중요합니다.

가끔 저도 SNS 광고 관련 책도 읽어보고 기회가 된다면 마케팅 전문가라는 분들의 강의를 직접 찾아가서 들어볼 때도 있습니다. 그런데 실전과 동떨어진 내용을 가르치는 경우가 너무나도 많았습니다.

"꾸준히 SNS에 사진을 올리고 검색이 될 만한 해시태그를 잘 적어놓아야 합니다. 꾸준히 맞팔로 친구 맺기를 하다 보면 점차 나를 좋아하는 팔로워가 생길 것입니다. 그럼 가게 홍보에도 효과가 있을 것입니다."

천만의 말씀입니다. 그렇게 안 됩니다. 우리는 스타가 아니라 일반인이기 때문입니다. 일반인 중에서도 가장 비호감인 상업적인 광고 글을 서슴없이 올리는 SNS를 운영해야 합니다. 보통 SNS에서 인기가 높은 사진과 사람을 살펴보면 멋진 외모의 젊은 남성 또는 여성입니다. 아름답게 보이기 위해서 보정 프로그램을 쓰고 눈길을 끌 만한 화려한 의상을 입습니다. 물론 여행, 음식, 반려동물 등의 사진으로 유명해진 사람들도 있지만, 제가 말하는 건 바로 평균치입니다. 대부분은 화려하고 멋진 사람에 관심을 갖게 됩니다. 하지만 우리는 젊고 화려한 외모를 SNS에 노출시키는 것이 아니라 펜션에 대한 홍보성 사진을 노출해야 합니다. 당연히 사람들의 관심은 멀어질 수밖에 없습니다. 설령 유명한 인플루언서라고 할지라도 지속적으로 상품을 광고하면 사람들에게서 점차 멀어집니다. 그만큼 SNS에서 상업적 콘텐츠는 인기가 없습니다. 그래서 상업적 SNS가 수만 명의 팔로워가 생길 때까지 수개월 또는 수년 동안 도를 닦듯이 운영해서는 안 됩니다. 그러니 지금 바로 유료 광고를 집행해야 합니다.

SNS를 운영하며 평소에는 펜션 주변의 맛집과 여행지 등을 소개하다가 본격적으로 예약으로 이끌어야 할 시기가 닥치면 SNS에 눈길을 끌 사진을 올리고 그 사진에는 짧은 이벤트 문구를 넣습니다. 대부분의 SNS를 사용하는 사람들은 광고성 글이라고 할지라도 자신에게 이익이 되는 이벤트라면 관심을 갖습니다. 그렇기 때문에 할인 이벤트, 바비큐 제공 이벤트, 생일 이벤트과 같은 기념일 이벤트 등 꾸준히 크고 작은 이벤트를 통해 소비자의 관심을 받도록 SNS에 노출하고 유료 광고를 집행해야 합니다.

광고에 대한 제 생각을 짧게 소개했습니다. 어떤가요? 이해가 쉽게 되나요? 이처럼 글로 배우는 것도 중요합니다. 하지만 본인이 직접 해보는 것이 가장 중요합니다. 직접 해보기 전에는 이게 무슨 말인가 싶을 수도 있을 것입니다. 하지만 직접 한번 해보면 생각만큼 어렵지 않다고 느껴질 것입니다. 혹여 복잡하고 어려워서 광고 대행을 맡기더라도 앞서 설명했던 네이버 광고와 제휴 광고, SNS 광고는 직접 만져보고 원리를 이해한 후에 맡기기를 권합니다.

# 펜션 겨울 비수기
# 보릿고개를 넘다

"겨울에도 영업이 잘되게 할 수 있을까요?"

제가 가장 많이 받았던 질문 중 하나입니다. 사실 저는 이런 질문을 받으면 괜한 거품 같은 희망을 줄 수 있을 거 같아 냉정하게 답을 합니다. 겨울에 영업을 잘할지 말지는 선택의 문제입니다. 애초에 공사가 들어가기 전부터 겨울 영업을 대비하는 실내 시설들을 만들어놓으면 됩니다. 인수 후 영업도 마찬가지입니다. 만약 1세대 펜션을 인수 후 큰돈을 들여 리모델링을 하지 않는다면 겨울 영업은 포기하는 게 낫다고 이야기합니다. 괜히 허황된 꿈을 꾸도록 하는 것보다 현실을 먼저 마주하게 하는 것이 업주 입장에 더 도움이 될 것이라고 생각해 냉정한 답을 하고 있습니다. 하지만 사실 이 답은 불편하고 맥 빠지는 답이 아니라 어찌 보면 펜션업주의 삶을 더욱 풍요롭게 만드는 답이라고 생각합니다. 오랜 시간 컨설팅을 하며 쌓은 경험과 직접 1세대 펜션을 운영해보고 드리는 답이니 진지하게 받아들여 주시길 바랍니다.

겨울 영업이 어려운 펜션

　겨울철 이용이 가능한 온수 수영장처럼 실내에 부대시설이 다양한 고급 펜션이 아닌, 오래된 1세대 펜션이라면 겨울 운영은 거의 못 한다고 보는 게 맞습니다. 제가 말하는 1세대 펜션의 기준을 이야기하자면 다음과 같습니다. 만들어진 지는 약 10년이 넘은 흔해 보이는 목조주택으로 객실은 약 열 개 정도이고, 부대시설은 거의 없는 평범한 펜션입니다. 이런 평범한 펜션도 열심히 광고를 한다면 날이 좋은 10월까지 적어도 주말은 채울 수 있을 것입니다. 가을 여행자들도 있고, 분명히 주말 수요는 있기 때문입니다. 하지만 11월, 1월, 2월, 3월은 주말도 절반을 채우기 힘들 것입니다. 물론 평일은 거의 전무하다고 할 수 있습니다. 실내에 온수 수영장이나 실내 부대시설이 다양한 펜션이 아니라면 겨울 비수기는 그야말로 본전치기도 쉽지 않을 수 있습니다. 난방비가 많이 드는 펜션의 경우에는 주말에 한두 팀만 들어오는 게 달갑지 않게 느껴질 때도 있습니다. 아무튼 이런 평범한 1세대 펜션의 주말 요금이 얼마 정도 할까요? 10~15만 원 정도 할 것입니다. 이런 가격대의 펜션이 겨울 주말에 객실 절반 정도를 채운다는 가정하에 한 달 수익을 보겠습니다. 15만 원짜리 객실이 주말에 다섯 개가 찼다면 75만 원입니다. 그리고 4주 한 달 동안 이런 방식으로 주말에 절반 정도를 계속 채웠다면 한 달 300만 원의 수익이 발생합니다. 이 정도 수익도 비수기 한겨울에는 감지덕지하다고 느낄 때가 있습니다. 어쨌든 겨울 한 달 300만 원을 벌었고 두 달을 이렇게 벌면 600만 원입니다. 그런데 이게 순수익은 아닙니다. 난방비에 광고비를 제외하면 한 달에 100~200만 원의 순수익도 못 가지고 갈 수도 있습니다.

그런데 만약 이런 상황의 펜션을 매수해서 리모델링해야 한다면 어떻게 해야 할까요? 겨울 예약률을 조금이라도 늘리기 위해서 실내 부대시설, 즉 스파나 게임 등을 객실 안에 넣어야 할까요? 그렇지 않습니다. 차라리 여름에 더 투자하는 것이 좋습니다. 투자금이 넉넉해서 큰 펜션을 매수 후에도 수억 원의 투자 비용이 남아 있다면 모르겠지만, 대부분은 매수 후 약 1억 원 정도의 투자 비용을 씁니다. 그런데 1억 원 정도의 투자금으로 낡은 펜션 여기저기를 보수하면 어디에 썼는지도 모를 정도로 금세 돈이 빠져나갑니다. 그러니 적은 돈으로 수영장, 물총놀이 경기장, 미니 캠핑장 등의 여름 이미지를 업그레이드하는 데 투자금을 쓰는 게 합리적입니다.
보통 펜션을 주말 장사 또는 여름 장사라고 이야기합니다. 그만큼
여름철에는 공급보다 수요가 많습니다. 장사가 잘되는 펜션들의 경
우에는 여름 성수기 기간 한 달 내내 만실을 채우기도 하고, 시설
이 그럭저럭인 보통의 펜션들도 약 2주 이상은 만실로 채웁니다.
이 그럭저럭 평범한 펜션에 약간의 공사를 해서 여름에 즐기기 좋
은 펜션의 모습으로 바꾼다면 만실이 되는 날을 며칠 더 늘릴 수 있
을 것입니다. 여름 분위기를 만들어내는 펜션으로 공사해서 3일 정
도를 더 만실로 만들었다면 매출이 어느 정도 늘어날까요? 앞에 소
개한 상황과 같이 열 개의 객실이 있고, 비수기 주말에 15만 원을
받는다면 성수기 시즌에는 약 20만 원에서 25만 원까지 더 받을 수
있습니다. 만약 객실 한 개당 20만 원씩 가정하고 열 개 객실이 만
실이 되면 하루 200만 원의 수익을 얻습니다. 하루에 200만 원의
수익이고 3일을 만실로 채우면 600만 원의 수익이 발생됩니다. 3
일에 600만 원입니다. 겨울에 영업이 될 만한 시설을 공사한 후에
눈 오는 겨울날 오매불망 손님들을 기다리면서 두 달 동안 600만
원을 벌겠습니까? 아니면 여름철 3일을 더 일하고 600만 원의 추
가 수익을 얻겠습니까?

"오래된 1세대 펜션으로 겨울 비수기 영업을 잘 해낼 수 있을까
요?"라는 질문에 대한 저의 답은 이렇습니다. 실내 시설이 부족한
1세대 펜션을 운영하거나 매수를 해야 하는 상황이라면 소비자들

이 여름 이미지를 그릴 수 있는 분위기로 연출하는 것이 매출 증대에 좋은 효과를 낳는다는 것입니다. 몇몇 분들은 겨울 예약률을 늘리겠다고 큰돈을 들여서 객실 내에 비싼 스파나 여러 시설들을 집어넣습니다. 당연히 오래된 펜션과는 전혀 매칭이 되지 않는 어색한 분위기만 만들어질 뿐입니다. 오래된 1세대 펜션에 1억 원을 쓴다고 해도 겨울철에도 매력적인 펜션으로 변신하기는 어렵습니다. 주변에 너무나도 화려하고 고급스러운 경쟁 펜션들이 있기 때문입니다. 차라리 같은 1억 원을 쓴다면 여름철에 매력적인 펜션으로 거듭나도록 꾸미는 것이 현명한 투자입니다.

겨울에도 이용이 가능한 1세대 펜션의 온수 돔 수영장

# 당신을 더욱 단단하게
# 만들어줄 긍정의 힘

아시다시피 저는 펜션 컨설팅으로 전국 곳곳 수없이 출장을 다니고 있습니다. 그런데 과거에는 이보다 더 멀리, 긴 시간 동안 이동을 하며 일을 했습니다. 젊은 시절 저는 해외 호텔과 풀빌라 마케팅 일을 했습니다. 그래서 여행 숙소를 어떻게 파는 건지 어릴 적부터 익혀왔습니다. 아무튼 그런 일을 하다 보니 자연스럽게 해외의 유명 풀빌라와 호텔들을 자주 경험하게 되었고, 우리나라의 유명 연예인과 함께 해외로 가서 광고 촬영을 하고 호텔과 여행에 관한 글을 신문, 잡지 등에 기고를 하기도 했습니다. 생각하면 참 젊은 나이부터 지금까지 지치지도 않고 열심히 해왔습니다.

지금도 저는 일주일에 2~3회 이상은 펜션 컨설팅으로 지방 출장을 다니고 있습니다. 시간이 없어 당일치기로 다녀오는 경우가 태반인데, 비나 눈만 오지 않는다면 항상 즐거운 마음으로 출장길에 오릅니다. 이 일을 오래 했지만 아직도 출장길은 항상 즐겁습니다. 그 이유는 당연히 제가 좋아하는 일이기 때문입니다. 좋아하는 일이기에 미친 듯이 달렸고 이 일을 이제 거의 20년 가까이 하다 보니 나름 전문가라는 소리도 듣게 되었습니다. 지금 저는 저 스스로 만들어낸 결과에 만족하고 있습니다. 그런데 한편으로 이런 생각을 해봤습니다. 만약 이렇게 열심히 했는데 좋지 못한 결과를 만들었다면 어땠을까? 아마도 지치고 실망해서 계속 이 일을 좋아하긴 힘들었을 것입니다. 어쩌면 이 일이 지긋지긋하다고 생각했을 수도 있었을 겁니다. 그런데 그건 아무도 모르는 것입니다. 직접 해보기 전까지는 모릅니다. 많은 분들이 저에게 어떻게 해야 펜션 사업을 잘할 수 있는지를 묻습니다. 펜션 사업을 잘하려면 기획, 연출, 운영 방법 등 몇 가지 패턴이 있는데 그것들만 잘 충족시키면 큰 무리 없이 펜션은 잘 돌아갑니다. 그런데 그것보다 더 중요한 것이 있습니다. '과연 내가 그 일을 진심으로 좋아할 수 있느냐?'입니다.

얼마 전, 저를 찾아와 펜션 창업을 할지 말지 3년을 고민했다는 분과 만나 이야기를 나눴습니다. 그분은 펜션 사업에 관심은 있지만 그 일이 과연 자신에게 맞는 일인지 아닌지 판단할 수 없으니 걱정된다고 말했습니다. 그런데 솔직히 말해서 이 일을 좋아하는지, 싫어하는지는 해보지 않고서 알 수 있는 방법이 없습니다. 그렇다고 수억 원에서 수십억 원이 들어가는 펜션 사업을 한번 해보고 결정하라고 권하는 것도 무리입니다. 어떤 분들은 연습 삼아 1년만 임대펜션을 운영하는 건 어떠냐고 묻는 사람도 있지만, 그것도 꽤 큰 리스크를 안고 가야 합니다. 아무튼 얼마 전 상담을 나눴던 분은 펜션 사업에 대해 잘못 알고 있는 부분들이 참 많았습니다. 예상 매출도 터무니없게 잡았고 가장 중요한 펜션의 컨셉도 대중적이지 않아서 영업 효과가 없을 듯했습니다. 사업계획에 리스크가 너무 크게 보였습니다. 망하든 안 망하든 본인이 하고 싶다는데 제삼자가 옆에서 뭐라고 할 필요는 없지만, 그래도 펜션 사업에 조언을 얻겠다고 찾아온 분이니 주제넘지만 진지한 조언을 해드려야겠다는 생각이 들었습니다. 그래서 상담 시간을 훌쩍 넘겨 한참을 이야기했습니다.

'좋아하는 일을 선택할 것인가? 잘하는 것을 선택할 것인가?'

재능을 살려 자신이 좋아하는 일을 선택하는 사람들은 물론 있지만 그리 많지는 않습니다. 그런데 좋아하고 동경하던 것도 직업이 되는 순간 동경의 대상은 정복한 목표가 되어버립니다. 열정이 식습니다. 그리고 일이 손에 익숙해지기 시작하고 의무감에 업무를 보기 시작하면서 동경하고 좋아했던 일은 그저 돈을 벌기 위한 수단이 되어버립니다. 물론 전부는 아니지만 많은 사람들이 그런 경험을 합니다. 저 역시도 그랬습니다. 한때는 일이 취미라고 자신 있게 말하던 때가 있었습니다. 아마 그때가 30대 후반 정도였을 것입니다.

물론 지금도 저는 제 일을 사랑하고 있지만, 오랫동안 같은 일만 해오다 보니 매일매일 설레는 기분으로 일하지는 않습니다. 가장 잘하고 좋아하는 것이 직업이 될 수도 있지만, 그것 역시 영원하지 않다고 생각합니다. 좋아하던 일도 어차피 시간이 지나면 무뎌지고 점차 싫증이 나기 시작합니다. 그런데 펜션의 경우 그 정도가 더 심한 것 같습니다. 바쁠 때는 바쁘지만 한가할 땐 매우 한가합니다. 그리고 그 한가한 시간을 조용한 시골에서 보내야 합니다. 생각할 시간이 너무나도 많습니다. 그래서 저는 이 일이 나한테 맞는지 또는 진심으로 좋아하는 일인지에 대한 답을 구하는 것도 중요하지만, 그것보다 더 중요한 것은 과연 긍정적인 생각을 유지할 수 있느냐가 더 중요한 자세라고 생각합니다. 멘탈이 망가지면 저는 제 기분과 상태를 긍정적 상태로 바꾸기 위해서 의도적으로 노력을 하며 멘탈 관리를 합니다.

저도 과거에는 눈을 감고 깊은숨을 들이쉬며 긍정적인 마음과 몸 상태로 만드는 것은 종교인들이나 경기에 나가기 전의 스포츠 선수들에게나 필요한 방법이라고 생각했습니다. 그동안 살아오면서 그럴 필요를 전혀 못 느꼈기 때문입니다. 직장 생활을 할 때에는 내 기분과 상태에 상관없이 밀려드는 업무를 싫으나 좋으나 해결만 하면 되었기 때문에 내 기분과 상태 같은 건 별로 신경을 쓰지 않았습니다. 하지만 내 기분과 상태가 내 업무와 직접적인 영향을 미친다는 것을 퇴사 후 내 사업을 시작하면서 너무나도 크게 느꼈습니다. 그리고 기분에 따른 업무의 영향은 매출에도 영향을 미치게 된다는 걸 알게 되었습니다. 회사에선 내 기분이 망가져도 버텨줄 수 있는 직장 동료들이 있었지만, 내가 하는 작은 사업은 내가 곧 회사이기 때문에 내가 망가지면 바로 매출이 하락합니다. 그래서 지금은 외부 환경이 어떻든 내 상태를 매우 긍정적이고 행복한 상태로 만들기 위해서 의도적인 행동을 하곤 합니다. 가장 마음이 편해지고 가장 좋아하는 장소를 찾아가 상상을 합니다. 예를 들어 스트레스를 받을 만큼 어려운 프로젝트가 있다면 그 프로젝트를 멋지게 성공시키는 상상입니다. 그런 상상을 반복하면 스트레스를 받을 만큼 어렵던 프로젝트가 점차 편안하게 받아들여지게 됩니다. 민망하지만 저는 이런 상상을 대중목욕탕의 온탕에 앉아서 하는 걸 좋아했습니다. 온몸이 이완되고 뇌도 유연해지는 기분이 들었기 때문입니다. 지금까지 수동적인 직장 생활을 했다면 이제 능동적인 생활에 익숙해져야 합니다. 규모가 큰 사업을 하든 작은 사업을 하든 사장이 된다면 자신의 기분마저도 스스로 바꿀 수 있는 멘탈을 갖추어야 합니다. 어렵게 생각할 필요 없습니다. 기분 좋게 상상하고 기분 좋게 웃는 것입니다. 앞서 저에게 상담을 받았던 분과 같은 이유로 고민을 하고 있다면 긍정적인 생각으로 나를 바꾸는 연습을 해보길 권합니다.

## 성공 사례 | 초록수채화펜션

펜션을 잘 운영하기 위해 가장 중요한 것은 역시 펜션 건물의 수준입니다. 하지만 펜션을 멋지게 만들어놨다고 해도 시류를 잘 타면서 운영해야만 까다로운 소비자를 잡을 수 있습니다. 저는 이 시류를 서핑에도 비유를 합니다. 펜션은 주변의 상황과 소비자들의 성향 등을 파악하면서 펜션을 운영해야 좋은 성과를 올릴 수 있기 때문입니다. 하지만 대부분 펜션업주들은 펜션 영업률이 어느 정도 오르게 되면 주변을 살피지 않고 그대로 안주하다가 실망스러운 결과물을 받아보게 됩니다. 창업자도 마찬가지입니다. 막대한 투자금으로 멋지게 펜션을 지어놓고 적어도 수년 동안은 손님들이 자신의 펜션을 좋아할 것이라는 기대를 해서는 안 됩니다. 시류를 타야 합니다.

이번에 소개할 성공 사례는 이전 책에도 소개했던 강원도 양양의 초록수채화펜션입니다. 이전에도 제 책과 유튜브를 통해서 자주 소개해서 이 펜션을 알고 있는 분들도 많으리라 생각됩니다.

이곳은 벌써 16년 동안 지속적으로 영업이 매우 잘되는 곳입니다. 펜션 사장은 매해 수익의 일부를 펜션에 재투자해서 펜션을 업그레이드해왔고, 1세대 펜션임에도 항상 지역 내에서 객실 판매율 상위의 펜션이 되었습니다. 객실의 색감 변화와 리모델링은 물론이고 펜션의 카페 공사, 데크 공사, 조명 공사 등 더 멋스럽게 연출이 가능한 곳에는 아끼지 않고 투자를 했습니다.

그중 가장 큰 영향을 미쳤던 투자가 하나 있는데, 그것은 바로 온수 돔 수영장이었습니다. 야외 수영장이 있는 펜션도 많지 않았던 10여 년 전, 제가 알기로 국내에서는 거의 처음으로 초록수채화펜션에서 온수 돔 수영장을 만들었습니다. 당시에는 국내 제작회사가 없어 해외에서 수입해 들어온 돔 형태의 덮개를 설치해야 했습니다. 이 돔 수영장이 설치된 이후 초록수채화펜션은 더 높은 객실 판매율을 보이게 되었습니다. 당시 온수 돔 수영장으로 인한 효과는 대단했습니다.

초록수채화펜션은 강원도 깊은 산속의 펜션이었기 때문에 겨울 예약률이 매우 떨어지는 곳이었는데, 돔 수영장 설치 후 겨울 판매율이 거의 세 배 이상 오르기도 했습니다. 그리고 온수 돔 수영장 설치 이후 거의 10년 가까이 큰 변화 없이 높은 매출을 지속해서 만들게 되었습니다. 큰 악재만 없다면 초록수채화펜션의 인기는 지속될 수 있을 거라고 생각했습니다.

하지만 2020년 초에 시작된 코로나19로 인해 상황이 급변하게 되었습니다. 손님들은 줄기 시작했고 사회적 거리두기로 인해 손님들의 수영장 이용 빈도도 떨어지게 되었습니다. 그사이 주변에는 화려한 풀빌라 펜션들이 많이 만들어졌고, 소비자들의 관심은 더욱 독립된 공간의 숙소로 옮

겨지게 되었습니다.

펜션업주 입장에서는 분명히 이 상황을 해결해야만 했지만, 당장 독립 공간을 만들 투자금도 없었을 뿐더러 펜션의 구조상 공간을 만들기도 어려운 상황이었습니다. 광고를 더 많이 진행해보기도 하고 카페를 더 꾸며보기도 하고 객실에 소품도 더 넣어봤지만 역시나 펜션이 조금 더 예뻐지는 것만으로는 모객에 큰 영향을 미치지 못했습니다. 하지만 고민 끝에 문제를 해결했습니다. 그 해결책은 바로 '평상'이었습니다. 저는 펜션 사장이 코로나로 깊은 고민에 빠졌을 당시 펜션 사장에게 최근 영업이 잘되는 펜션에 대해서 이야기한 일이 있었습니다. 어려운 상황에서도 영업이 잘되는 펜션들은 대부분 독립 공간을 연출해서 그 모습을 소비자들에게 보여주는 곳들이었습니다. 예쁘고 화려한 모습을 인터넷을 통해 보여주는 것도 중요하지만, 당시에는 독립된 공간을 소개하는 것이 더 중요한 시기였습니다.

펜션 사장은 펜션 주변을 돌아보며 독립된 공간으로 보일 수 있는 곳들을 체크했습니다. 그리고 그곳들을 모두 독립된 공간으로 연출해서 광고했습니다. 그리고 펜션에는 계곡 앞 넓은 공간이 있었는데, 이곳에 평상을 설치했습니다. 평상은 거리를 많이 띄워놓고 평상 옆에는 바비큐 그릴과 테이블, 의자, 해먹, 타프를 설치해서 광고를 하기 시작했습니다.

예전 같으면 소비자들은 예쁜 공간을 이용하기 위해 초록수채화펜션을 찾았지만, 이제는 예쁜 곳을 찾기보다는 안전한 공간에서 편히 쉬길 원하는 사람들이 펜션을 찾기 시작했습니다. 광고 연출 방법을 바꾼 이후 예전

초록수채화펜션의 계곡 앞 평상

의 객실 판매율 상태로 돌아오게 되었습니다. 결국 펜션에서 크게 변한 건 거의 없었습니다. 결국 소비자들이 해당 펜션을 어떻게 바라보는지 그 위치를 바꾼 것이 전부였다고 할 수 있습니다. 사람도 마찬가지입니다. 어떤 옷을 입느냐에 따라 사람의 분위기가 바뀝니다. 저 역시도 만나는 사람들에 따라 의복을 달리합니다. 젊고 어린 사람들을 만날 때에는 좀 더 캐주얼한 옷을 입습니다. 연세가 좀 더 있거나 저에게 전문성을 기대하는 사람들을 만날 땐 정장을 입기도 합니다. 펜션을 완성했다고 해서 그대로 노출해선 안 됩니다. 그 상황에 맞도록 연출법을 달리하며 내 펜션을 바라보는 위치를 바꿀 수 있어야 합니다.

# | 마치며 |

궁극적으로 펜션을 하려는 이유는 경제적인 여유로움이나 시간의 여유를 얻기 위함입니다. 그런데 과연 현재 펜션 사업을 하는 분들은 어떤 여유를 갖고 있는지 생각해봤습니다. 저는 제 업무상 많은 펜션 사업자들을 만납니다. 예전에는 펜션 사업자들과 상담을 나눌 때 오직 펜션이 잘되기 위한 노하우를 전달하고 그와 관련된 질문만을 했습니다. 하지만 요즘엔 상담을 받는 분들의 취미가 무엇인지, 그리고 무엇을 좋아하는지를 묻기도 합니다. 펜션 사업을 통해 그들이 과연 만족하고 행복할 수 있을지를 가늠해보기 위함입니다.

오랜 시간 펜션 사업자들과 교류하면서 희로애락을 자주 접해서 그런지 저는 진심으로 펜션 운영자들이 좀 더 여유로운 삶을 살았으면 좋겠습니다. 앞서도 이야기했지만 펜션 사업을 선택한 분들을 보면 수익과 삶의 여유 때문에 선택한 경우가 대부분입니다. 이전에 하던 일을 과감히 털어버리고 과하다 싶을 정도로 돈을 끌어모아 인생에서 마지막으로 큰 투자를 합니다.

불안하지만 우리는 큰 모험을 했습니다. 어찌 보면 우리들의 인생에 가장 큰 모험이 될 수도 있습니다. 그러니 안정을 버리고 더 나은 미래를 위해 불안한 미래를 선택한 우리는 그만한 보상을 받아야 한다고 생각합니다. 그래서 고생하는 펜션 사장의 삶보다는 여유로운 펜션 사장의 삶을 살아야 합니다.

그런데 과연 펜션 일에 만족하며 여유로운 삶을 사는 사람들이 얼마나 될까요? 제가 만나본 분들을 쭉 돌이켜보면 여유로운 삶을 사는 펜션 사장은 절반이 채 되지 않는 것 같습니다. 아직 시간적·금전적 여유가 없어서 삶을 누리지 못하는 분들도 있지만, 제 주관적인 생각대로 짐작하자면 그들은 여유가 생겨도 어떻게 노는지를 몰라서 누리지 못하는 경우가 더 많았습니다. 평생 열심히 일만 해오다 보니 여유로움에 익숙하지 않습니다. 정작 펜션을 운영하며 여유가 생겼음에도 일주일의 나태함을 용납하지 못하는 경우도 있고, 눈앞의 숙박료 100~200만 원을 놓지 못해 자신의 시간을 포기하는 경우도 있습니다.

하지만 반대로 제대로 즐기는 분들도 있습니다. 비수기 평일에 골프를 자주 즐기러 나가는 분도 있고, 평일에는 여행을 즐기는 분도 있습니다. 그리고 낚시터와 가까운 곳에서 펜션을 만들어 낚시를 즐기고 펜션을 운영하는 분도 있습니다.

저는 당연히 시간을 즐기는 삶을 권합니다. 물론 창업 초기에는 펜션이 안정화될 때까지 쉼 없이 노력해야겠지만, 일단 펜션 사업이 안정화가 된 후에는 그동안 하고 싶었던 것들을 하고 즐기면서 펜션을 운영하는 방식이 가장 멋지다고 생각합니다.

정말 멋진 라이프 스타일을 만들어가는 펜션 사장은 1년 중 8개월 정도를 펜션 일을 하고, 3~4개월은 자신의 삶을 즐기기 위해 시간을 씁니다. 해외에서 한 달 살기 또는 여행을 하거나 공부, 취미 활동을 열심히 하기도 합니다.

당신은 시간과 금전적 여유가 생긴다면 무엇을 하고 싶은가요?

'난 돈만 잘 벌 수 있다면 그걸로 만족한다!'와 같은 추상적인 계획이 아닌, 내가 행복해질 수 있는 구체적인 계획을 세워보길 바랍니다. 그 계획이 동반되어야 펜션 사업을 지속시키기가 수월해집니다.

저는 이전에도 그랬고 앞으로도 잘 노는 사람이 되려고 합니다. 지금까지는 돈을 벌기 위한 일을 해왔다면, 이제는 당신의 삶을 풍요롭게 하기 위한 일을 하길 바랍니다. 이 사업을 선택한 모든 분들이 자신이 정말로 원하는 삶과 안정을 찾기를 진심으로 기대합니다.

펜션 사업을 위한 최고의 조언,

# 내 인생을 바꾼 멘토의 이야기

제1판 1쇄 | 2022년 1월 24일
제1판 2쇄 | 2022년 10월 19일

지은이 | 김성택
펴낸이 | 오형규
펴낸곳 | 한국경제신문*i*
기획제작 | ㈜두드림미디어
책임편집 | 최윤경, 배성분   디자인 | 얼앤똘비악earl_tolbiac@naver.com

주소 | 서울특별시 중구 청파로 463
기획출판팀 | 02-333-3577
E-mail | dodreamedia@naver.com
등록 | 제 2-315(1967. 5. 15)

ISBN  978-89-475-4784-0 (03320)

# 한국경제신문 *i* 부동산 도서 목록

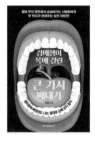

# 한국경제신문 *i* 부동산 도서 목록

# 한국경제신문*i* 부동산 도서 목록

# 한국경제신문 *i* 부동산 도서 목록

㈜두드림미디어 카페,(https://cafe.naver.com/dodreamedia)